人力资源管理与企业发展研究

刘剑　胡玉婷　张国晖　主编

延吉·延边大学出版社

图书在版编目（CIP）数据

人力资源管理与企业发展研究 / 刘剑，胡玉婷，张国晖主编. -- 延吉：延边大学出版社，2024.7.

ISBN 978-7- 230-06920-5

Ⅰ．F2

中国国家版本馆CIP数据核字第2024LD4299号

人力资源管理与企业发展研究

RENLI ZIYUAN GUANLI YU QIYE FAZHAN YANJIU

主　　编：刘剑　胡玉婷　张国晖	
责任编辑：乔双莹	
封面设计：文合文化	
出版发行：延边大学出版社	
社　　址：吉林省延吉市公园路977号	邮　　编：133002
网　　址：http://www.ydcbs.com	E-mail：ydcbs@ydcbs.com
电　　话：0433-2732435	传　　真：0433-2732434
印　　刷：三河市嵩川印刷有限公司	
开　　本：710mm×1000mm　1/16	
印　　张：18.5	
字　　数：320 千字	
版　　次：2024 年 7 月 第 1 版	
印　　次：2024 年 7 月 第 1 次印刷	
书　　号：ISBN 978-7- 230-06920-5	

定价：90.00元

编写成员

主　　编：刘　剑　胡玉婷　张国晖

编写单位：中铁十九局集团有限公司

前　言

在知识经济时代，企业间的竞争日趋激烈，而人力资源作为企业最宝贵的资源，对其进行有效管理和优化配置成为企业成功的关键。与此同时，随着经济环境的不断变化，企业发展对人力资源的配置和管理提出了更高要求。因此，深入研究人力资源管理理论与实践，促进企业人力资源管理各个方面的优化，不仅有助于提升企业的核心竞争力，还对促进企业的可持续发展具有重要意义。

企业之间的竞争，说到底就是人才的竞争，在市场经济飞速发展的今天，人的因素对企业的影响至关重要。谁拥有了人才，并合理地使用、开发、储备人才，使其发挥最大的潜能和作用，谁就会在市场竞争中占据有利地位。企业要想在竞争激烈的市场上站稳脚跟，牢牢掌握发展的主动权，就必须掌握人才竞争的主动权。因此，提高人力资源管理水平，做好人力资源管理工作，增强核心竞争力，是我国企业发展的必然要求。

企业应加强人力资源管理，建立能够留住人才、吸引人才、让人才充分发挥才能的有效激励机制和科学考核机制，并充分重视人才，努力发现人才，科学地使用人才。企业只有拥有丰富的人力资源，才能不断地提升发展潜力，实现企业的目标和价值，因此进一步加强人力资源管理对于我国广大企业来说，具有十分重要的意义。

《人力资源管理与企业发展研究》一书共十一章，字数 32 万余字。该书由中铁十九局集团有限公司刘剑、胡玉婷、张国晖担任主编。其中第五章、第六章、第七章第二节由第一主编刘剑负责撰写，字数约 10.7 万字；第二章、第四章第一节、第八章、第九章由第二主编胡玉婷负责撰写，字数约 10.7 万字；

第一章、第三章、第四章第二节、第三节、第七章第一节、第十章、第十一章由第三主编张国晖负责撰写，字数约 10.6 万字。

笔者在撰写本书的过程中，参考了大量的文献资料，在此对相关文献资料的作者表示由衷的感谢。此外，由于笔者时间和精力有限，书中难免会存在不足之处，敬请广大读者和各位同行批评、指正。

笔者
2024 年 5 月

目　　录

第一章　人力资源与人力资源管理 ……………………………………… 1

  第一节　人力资源概述 …………………………………………… 1
  第二节　人力资源管理的目标和内容 …………………………… 4
  第三节　人力资源管理的意义和原则 …………………………… 14

第二章　人力资源规划与人力资源战略 ………………………………… 20

  第一节　人力资源规划原理与实践 ……………………………… 20
  第二节　人力资源战略概述 ……………………………………… 34
  第三节　人力资源战略的总体设计 ……………………………… 47

第三章　员工的招聘、录用与培训 ……………………………………… 55

  第一节　员工的招聘 ……………………………………………… 55
  第二节　员工的录用 ……………………………………………… 57
  第三节　员工的培训 ……………………………………………… 60

第四章　职业生涯管理 …………………………………………………… 76

  第一节　职业生涯管理的目的和作用 …………………………… 76
  第二节　个人职业生涯管理与优化 ……………………………… 82
  第三节　组织职业生涯管理与优化 ……………………………… 90

第五章　绩效管理 ··· 98

第一节　绩效管理概述 ································· 98
第二节　绩效管理的流程 ······························ 104
第三节　绩效考评方法 ······························· 123

第六章　薪酬及福利管理 ································ 136

第一节　薪酬与薪酬管理 ······························ 136
第二节　薪酬设计 ··································· 151
第三节　员工福利 ··································· 173

第七章　劳动关系管理 ·································· 178

第一节　劳动关系的基本理论 ·························· 178
第二节　劳动争议处理 ······························· 193

第八章　企业发展战略 ·································· 198

第一节　一体化战略 ································· 198
第二节　多元化战略 ································· 202
第三节　并购战略 ··································· 208
第四节　虚拟经营战略 ······························· 216

第九章　人力资源管理职能的战略转型与优化 ··············· 221

第一节　人力资源管理职能的战略转型 ·················· 221
第二节　人力资源管理职能的优化 ······················ 237

第十章　人力资源管理中的领导者观念 …… 252

第一节　领导者的权威观与人员能动性 …… 252
第二节　领导者的人才观与队伍素质 …… 256
第三节　领导者的价值观与组织文化 …… 260

第十一章　企业职业经理人制度与契约化管理探索 …… 266

第一节　职业经理人制度概述 …… 266
第二节　企业契约化管理发展历程 …… 274
第三节　企业推行职业经理人制度与契约化管理的具体策略 …… 279

参考文献 …… 284

第一章　人力资源与人力资源管理

第一节　人力资源概述

一、人力资源的概念

资源指的是一切可进行生产活动与物质财富创造的要素,譬如人力、材料、时间、资金以及信息等。在生产活动中,最重要也最活跃的因素是人力资源,故人力资源被誉为第一资源。

"人力资源"一词最早出现在约翰·康芒斯(John R. Commons)于1919年所著的《产业信誉》一书中。1921年,康芒斯对"人力资源"的概念作出了解释。之后,在《管理的实践》一书中,彼得·德鲁克(Peter F. Drucker)认为,人力资源是有别于金融、物质等资源的特殊资源,其要经由激励机制的有效激励才能进行开发利用,并且能够给企业创造比较可观的经济价值,这种资源具有想象力、判断力、协调能力等。此外,德鲁克还提到,在管理过程中,企业管理人员可综合运用时间、物质、信息等其他资源,但是人力资源是一种有助于自我价值实现的重要资源。以上理念直至目前仍然具有实用价值。

之后,人力资源的概念又有了一定的发展。关于人力资源,人们普遍认为其是以特定工作需求为参照,促使工作任务得以完成的体力与智力资源,是在空间与时间范围内从事体力与智力劳动的劳动者的统称。

综上可知,人力资源的概念主要包括两大方面的内容:第一,人力资源的质量，譬如劳动者的文化水平、身体健康状况、技术水平、对工作的态度等；第二，人力资源的数量，也就是在某一段时间范围之内，具有劳动能力，并且从事社会劳动的人口之和。

随着社会经济的持续高速发展，企业也越来越重视人力资源质量，普遍认为人力资源质量对社会经济的进步及发展具有重要的促进作用。

二、人力资源的基本特征

（一）能动性

人区别于一般动物的本质所在，是人具有主观能动性，人能够有目的地进行各种活动，有目的地改造自身和外部世界。因而人力资源就具有主体的主观能动性特征，即人力资源是体力与智力的结合，带有主体的心理机制，因而具有主观能动性，有不断开发的潜力。人具有对自身与外部关系的社会意识，作为劳动者的人在区域社会生产中居于主体地位，这就使得人的体力和智力结合了起来，共同发挥作用。这种结合，就使人力资源具有了能动作用。人运用自己所拥有的劳动手段，作用于劳动对象，引发和控制区域社会的生产过程，使区域社会经济活动按照人类自己的意愿来发展。

人力资源的主观能动性作用巨大，能决定生产的发展。在现实生活中，我们常可看到这样的现象：条件大体相同的人，包括集体或个体，甚至是同一个人、同一个群体，对其使用同样的手段，但其情绪、努力程度不同，就会导致生产效益出现很大的差别。这就是能动性因素导致的劳动数量、质量和效果出现差异。所以，开发人力资源不能忽略其主观能动性。

人力资源的能动性主要表现在以下三个方面：一是自我强化。即通过人自身的有目的的活动使人力资源得以形成和强化。此外，人们通过努力学习、接收更多更好的信息、积极锻炼身体等自身的主动行为，可以使自己获得更强的劳动能力，这都是自我强化的结果。二是选择职业。人可以根据自己的爱好和需要选择职业。这个自主选择的过程，就是人力资源主动与物质资源能动结合的过程。三是积极劳动，或者说能发挥劳动积极性。正是有效地发挥了劳动积极性，人的资源潜力才得以开发和利用。

而在人力资源开发过程中，要发挥其主观能动性，必须借助主体其他因素的配合，特别是消费追求。比如求得温饱、获得更优越的物质条件、得到更好的发展等。同时，人所具有的信仰、精神追求等，也是其主观能动性得以发挥的要件。

（二）时效性

时效性指人力资源如果长期不用，就会荒废和退化，而且即使人力资源随时在用，随着社会的发展变化，其功能也会衰竭。人力资源的形成、开发和利用等，都会受到时间的限制。从个体的角度分析，人是生物有机体，有其生命的周期。发育成长期、成年期、老年期是人的生命周期的三大阶段。在这三大阶段中，只有成年期的人才能算现实的人力资源，因为这一阶段的人的体力和脑力都已发展到较高的程度，能够胜任一定的劳动，创造应有价值；而处于发育成长期和老年期的人，前者发育还不够成熟，体力和脑力不足，后者则是体力和脑力衰退，劳动能力丧失，因此都无法创造价值，因此都不能称为人力资源。人力资源具有时效性，这就要求企业把握好人力资源受时间限制的特点，在遵循人的成长规律的基础上，适时及时地开发和利用，发挥人力资源的最大价值和作用。

（三）连续性

连续性也叫可持续性，是指人力资源可以不断开发，人力资源的开发可以连续进行。而一般的物质资源只能有一次开发或二次开发，形成产品后或产品使用之后，就不存在继续开发的可能性。人力资源在开发使用之后，还可以继续开发，在使用过程中也可以开发，使用过程其实也是开发过程。特别是随着高新技术的发展和普及，知识量激增，知识的更新周期缩短，知识废弃率或失效率、陈旧率等都明显提高。这样，人就得不断学习，接受终身教育，人在得到一次开发、二次开发之后，还必须不断充实、提高自己。人力资源的开发者和管理者，要把人力资源看作需要不断开发的对象，加以有效地开发和利用，以适应区域社会的发展需要。

总的来说，作为一种战略性资源，人力资源已经成为人类创造利润的主要资源，特别是在知识经济社会里，人力资源的创新能力成了企业和各用人单位的最大财富。因为这些特征，在开发这一活的资源的时候，企业有意识地进行加工和创造，就可以使人力资源产生巨大的价值。

第二节　人力资源管理的目标和内容

人力资源管理目标是指企业人力资源管理需要完成的职责和需要达到的绩效。人力资源管理既要考虑组织目标的实现，又要考虑员工个人的发展，强调在实现组织目标的同时实现个人的全面发展。

一、人力资源管理的目标

（一）人力资源管理目标的主要内容

人力资源管理目标包括全体管理人员在人力资源管理方面的目标与任务以及专门的人力资源部门的目标与任务。显然两者有所不同，专门的人力资源部门的目标与任务不一定是全体管理人员在人力资源管理方面的目标与任务，而属于全体管理人员的人力资源管理目标与任务，一般都是专门的人力资源部门应该完成的目标与任务。

无论是专门的人力资源部门还是其他非人力资源部门，进行人力资源管理的目标与任务，主要包括以下三个方面：

①保证组织对人力资源的需求得到最大限度的满足；

②最大限度地开发与管理组织内外的人力资源，促进组织的持续发展；

③维护与激励组织内部人力资源，使其潜能得到最大限度的发挥，使组织的人力资本得到应有的扩充。

（二）不同维度的人力资源管理目标

1.人力资源管理的最高目标

人力资源管理的最高目标是指通过人力资源管理活动所争取达到的一种未来状态。它是开展各项人力资源管理活动的依据。

人力资源管理的最高目标是促进人的发展。从生理学角度来看，人的发展包括生理发展与心理发展。生理发展是心理发展的基础，心理发展则进一步影响和促进生理发展。从教育学的角度来看，人的发展包括全面发展与个性发展。全面发展是指人的体力和智力以及人的活动能力与道德品质的多方面的发展，个性发展是指基于个性差异的个人兴趣、特长的发展。全面发展和个性发展是相互促进的。二者有机结合是社会高度发展的产物，也是人力资源开发与管理的最高目标。

2.人力资源管理的根本目标

人力资源管理是为充分、科学、合理地发挥和运用人力资源对社会经济发展的积极作用而进行的资源配置、素质提高、能力利用、开发规划等。已经存在的人力并不等于现实的生产力。人力资源常常以潜在的形态存在。因此，人力资源管理的根本目标就是采取各种有效的措施充分发挥劳动者的潜力，提高劳动者的质量，改善劳动者的结构，以促进劳动者与生产资料的有效结合。

3.人力资源管理的具体目标

（1）经济目标

人力资源管理的经济目标是使人力与物力经常保持最佳比例的有机结合，使人和物都发挥出最佳效能。

（2）社会目标

人力资源管理的社会目标是培养高素质人才，促进经济增长，提高社会生产力，以保证国家、民族、区域、组织的兴旺发达。

（3）个人目标

人力资源管理的个人目标是通过职业生涯设计、个人潜能开发、技能存量和知识存量的提高，使人适应社会、融入组织、创造价值、奉献社会。

（4）技术目标

人力资源管理的技术目标是不断完善和充分使用素质测评、工作职务分析等技术手段和方法，并以此作为提高人力资源管理水平的前提和基础。

（5）价值目标

人力资源管理的价值目标是通过合理地开发与管理，实现人力资源的精干和高效。正如马克思所说，真正的财富在于用尽量少的价值创造出尽量多的使用价值，即在尽量少的劳动时间内用尽量低的成本创造出尽量丰富的物质财富。

二、人力资源管理的内容

（一）人力资源现状分析

对企业现有人力资源状况进行分析，目的在于掌握现状，分析问题，为企业进一步解决问题提供明确的方向。

1. 人力资源需求与供给现状分析

这一点是指企业的人力资源部门对企业在现有生产经营状态下人力资源的需求程度、饱和程度进行分析，并观察和分析企业的各类人员是否符合定编定岗的要求、工作任务与人员安排是否平衡、是否有人力短缺或富余等不科学的人力资源管理情况。

2. 企业职务结构现状分析

这一点是指对现有组织结构状态下企业各类职务（岗位）之间的匹配关系进行分析，观察各类职务（岗位）之间的比例关系是否合理、职务（岗位）标准是否恰当、对各类人员的要求是否合适等。

3. 企业人员结构现状分析

这一点是指对企业现有人员队伍的质量和数量关系进行分析，观察人员队伍在知识、经验、技能、学历、职称、年龄等方面是否合理。

4. 企业人员使用现状分析

这一点是指对企业各类人员的实际使用效果进行分析，观察各类人员是否能够达到各职务（岗位）标准的要求、各项定额指标的完成程度、各类人员工作潜力的发挥程度等。

（二）人力资源发展预测

对企业未来人力资源状况进行分析，目的在于掌握企业未来各种生产经营要素的变化及其对人力资源需求可能产生的各种影响，为编制人力资源规划提供可参考的内容和标准。一般应预测的内容主要有：

①未来人才和劳务市场的变化对企业人力资源需求的影响；
②企业未来经营方向或经营规模发生变化对人力资源结构的影响；
③企业未来组织结构的发展变化对人力资源结构的影响；
④企业未来产品结构的发展变化对人力资源结构的影响；
⑤企业未来技术结构的发展变化对人力资源结构的影响；
⑥企业未来劳动生产率的变化对人力资源结构的影响。

（三）人力资源选拔和任用

人力资源选拔指的是企业员工招聘与录用，是用人单位根据用人条件和用人标准，通过各种渠道，进行各类人员的聘用的过程。人员的招聘与录用是员工进入企业的关口，也是人力资源管理的重要环节。人力资源选拔对企业的重要性主要体现在三个方面：

第一，此项工作直接关系着企业人力资源的质量，只有选用合格的人员，才能满足企业发展的需要。

第二，这项工作关系着员工队伍结构建设，招聘与录用不仅能够补充员工，而且在提高员工队伍整体素质、保证企业的人员结构合理化上也发挥着重要作用。

第三，这项工作也是发掘人才资源的重要手段，企业内部和外部都蕴藏着丰富的人才资源，只有广开才路、择优任用，才能使企业具备良好的人力资源基础。

1.人力资源选拔的程序

（1）准备阶段

①计划编制，即根据企业各部门的实际需要，确定招聘计划。

②职务分析，即对所需配备人员的职位进行分析，明确职务的责任、工作范围和任职资格，了解承担这一职务所应具备的知识、能力、技巧、学历和工作经历。

③确定标准，即依据职务分析的结果和职务说明书的要求，制定出合理的聘用标准，并科学选择聘用途径和聘用方式。

④招聘宣传，即采用各种媒介途径对企业的招聘意向进行广泛宣传，以吸引各种人才的注意。

（2）选择阶段

①初步筛选，即审查求职申请表，经过筛选，确定具备考试资格的人选。

②考试，这是招聘阶段的关键环节，对于了解应试者的知识储备和能力水

平起着关键的作用。考试分为笔试和面试两种形式,笔试侧重于考查应试者的文化水平和专业知识;面试侧重于考查应试者的素质和能力。

③背景调查,即通过多种渠道对拟录用人员的历史状况、以往的工作经历和工作表现情况进行调查了解。

(3)录用阶段

①录用批准,即将拟录用人员的材料上报相关主管部门,以获得批准,并向录用人员发出录用通知。

②签订劳动合同,即由用人单位和录用人员双方签订劳动合同,把企业与员工双方的责任、权利和义务等内容以合同的形式固定下来。

③岗前培训,对进入新岗位的人员进行岗前教育与培训,以便于员工能够尽快进入角色,达到履行职责的要求。

2.人事任用的主要方式

(1)聘任制

聘任制是根据企业生产经营和发展的需要,面向社会或在企业内部,选拔和发现人才,并予以聘任。聘任制的具体操作是由用人单位经过对聘任人的资格审查和全面考核后,与聘任人签订聘书,并明确双方的权利义务关系以及受聘人员的职责、待遇、聘任期等。

(2)考核制

考核制是指通过公开考试的办法,考查应试者的知识和才能,并以考试成绩为依据,择优选拔任用人员。考核制的优点是能够保证招聘对象有足够的岗位专业知识储备,缺点是过分注重考核结果可能会导致部分人才的流失。

(3)竞选制

竞选制是指由竞选人提出竞选方案,通过自由竞争,由具备选举资格的人员直接选举,确定入选人员。

(4)委任制

委任制是指由有任免权的机构或人员,直接指定下属人员职务的任用方式。

（四）员工的绩效考评及激励

1. 员工的绩效考评

绩效考评是指企业按一定的标准，采用科学的方法对员工的思想、品德、学识、业务、工作能力、工作态度和成绩，以及身体状况等方面进行考核与评定。

（1）绩效考评的内容

从广义上理解，绩效考评是对一个人的全面考查，内容包括德、能、勤、绩、体五个方面：德是指人的政治素质、思想品德等；能是指一个人完成各项工作的能力；勤是指一个人的勤奋精神和工作态度；绩是指一个人的工作成绩和效果；体是指一个人的身体状况。

人力资源管理中的日常绩效考评，一般主要包括工作成绩、工作态度和工作能力三方面内容。

（2）绩效考评的方法

按范围和角度的不同，绩效考评的方法可分为综合考评法、工作行为考评法、工作成果考评法等。

按绩效考评的性质，绩效考评的方法可分为主观考评法和客观考评法等。

按考评的时间，绩效考评的方法可分为定期考评法和不定期考评法。

2. 员工激励

激励是指激发人的动机，鼓励人充分发挥内在动力，朝着所期望的目标采取行动。在管理工作中，激励就是通常所说的调动人的积极性。

优秀的管理者需要深刻洞察员工不同的需求、不同的目标，并从表象挖掘出实质，采取针对性强、行之有效的激励方式，使员工长久保持最佳的工作状态。

（1）员工激励的原则

每个企业的情况不同，管理者需要针对员工的不同特点制定不同的激励政策。为取得好的激励效果，管理者需要遵循以下原则：

①以满足需要为基础的原则；

②个人需要与组织目标相结合的原则；

③内在激励与外在激励相结合的原则；

④物质激励与精神激励相结合的原则；

⑤奖励与惩罚相结合的原则；

⑥公平合理的原则。

（2）制定员工激励政策的过程

在制定员工激励政策时，管理者首先要对员工的所有需求进行认真的调查，并制定一份详细的清单；其次要将公司可以满足和不可以满足的内容区分开，画掉不能满足的内容，然后得出每个激励等级的员工需要满足的条件，并在每个激励等级上设置几种不同的选项供员工选择；最后要根据员工需求的变化，不断完善激励政策，以保证激励政策的有效性。

（3）激励方法

企业管理者在激励员工方面可采用的方法是多种多样的，常见的方法有：目标激励、工作设计激励、竞争激励、参与激励、信息激励、感情激励、教育激励。

（五）员工的教育与培训

员工的教育与培训是指企业为提高员工的政治、文化、科学、技术和管理水平而进行的教育和训练。员工的教育与培训从宏观角度看是国民教育体系的重要组成部分，从微观角度看是企业人力资源开发的重要途径，是人力资源管理的重要内容。

现代企业人力资源管理应重视对企业人力资源的开发。人力资源开发包含两方面的含义，一方面是对人力资源潜力的充分发掘和合理利用；另一方面是对人力资源的培养。企业要想实现这两方面的目标，离不开对员工的教育与培训，教育与培训是企业人力资源开发的必要手段。

员工教育与培训工作的要求主要包括以下几点：

①要有健全的组织管理体制。这是正常开展员工教育与培训工作的必要条件。

②要针对不同的培训对象安排不同的培训内容。培训工作必须因人而异，有的放矢。

③要注重培养内容全面性与专业性的结合。这是指员工教育与培训工作应有利于员工整体素质的提高，既要重视对员工科学文化知识的培养，也要注重思想政治教育；既要注重技术与技能的培训，也要注重基础文化知识的教育。

④要注重培训方法理论性和实践性的结合。理论知识和实践技能是相辅相成的，人的实践活动要借助于理论知识的指导，人们对理论知识的深刻理解和认识，也有赖于实践活动的帮助。

⑤要符合成人教育的特点，注重培训形式和方法的多样化。企业的员工教育与培训具有在职教育和职业培训的特点，其培训的形式和方法应与普通学校的在校教育有所区别。

（六）人才流动管理

人才流动是人才调节的一种基本形式，是调整人才社会结构，充分发挥人才潜能必不可少的重要环节。留住和吸引人才，是人力资源开发与管理的重要任务。

1.人才流动的主要原因

所谓人才，是指在一定社会条件下，能够以其创造性劳动对社会的发展做出某种重大贡献的人。人才包括管理人才、专业技术人才、高级技工、技师人才、特殊人才等。影响人才流动的因素很多，主要包括薪酬、福利、工作兴趣、工作稳定性、晋升、职位和权力、企业形象、培训机会、有效沟通、工作环境等。

2.人才流动的意义

在计划经济条件下,由于单位所有制的束缚,较少有人才流动,人们甚至把人才流动当作贬义词。市场经济体制建立后,人才流动已很正常,人才流动对整个社会合理使用人力资源有重大意义:

①有利于发挥每个人的潜力;

②有利于淘汰一些素质差的企业;

③有利于促使整个社会重视人才。

3.人才流动的心理因素

人才在不同需要的驱使下,产生流动的愿望,从而形成不同的流动心理。人才流动的心理因素主要包括以下几种:

①学以致用的心理;

②追求高能级、接受新挑战的心理;

③追求和谐人际关系的心理;

④寻求符合自身性格和兴趣的岗位的心理;

⑤追求高薪和良好的福利待遇的心理。

4.留住和吸引人才的措施

留住和吸引人才的措施主要有以下几点:

①为人才创造环境;

②强化感情投入,营造融洽和谐的气氛;

③诚心诚意地求聘人才;

④重金招聘人才。

第三节　人力资源管理的意义和原则

在人类所拥有的一切资源中，人力资源是最宝贵的，自然成了现代管理的核心。不断提高人力资源开发与管理的水平，不仅是当前发展经济、提升市场竞争力的需要，也是一个国家、一个民族、一个地区、一个企业长期兴旺发达的重要保证。

一、人力资源管理的意义

实践证明，重视和加强企业人力资源管理，对于调动企业员工的积极性、使企业获得竞争优势、保证企业获得最大的经济效益有着重要的意义。

（一）人力资源管理有利于调动员工的积极性

企业中的员工是有思想、有感情、有尊严的，这就决定了企业人力资源管理必须设法为企业员工创造一个满足他们需要的劳动环境，使他们安于工作、乐于工作、忠于工作，并能积极主动地发挥个人劳动潜能。因此，企业必须善于处理物质奖励、行为激励以及思想教育工作三个方面的关系，以保证员工拥有高涨的工作热情，从而更好地学习技术和钻研业务，充分发挥自己的专长，不断改进工作，进而达到提高劳动生产率的目的。

（二）人力资源管理是增强企业竞争力的根本途径

IBM（International Business Machines Corporation，国际商业机器公司）创始人托马斯·沃森（Thomas J. Watson）曾说过："你可以接管我的工厂，烧掉我的厂房，但只要留下我的员工，我就可以重建 IBM 公司。"可见，人力资源是企业生存和发展的关键资源。随着世界经济全球化进程的加快和知识经济时代的到来，人在价值创造过程中的作用越来越突出，企业的生存和发展越来越依赖于人的因素。企业的竞争力归根到底取决于企业所拥有的人力资源状况、企业对人力资源的开发及管理的水平。而要改善企业内人力资源状况，提高企业的竞争力，加强人力资源管理是根本途径。

（三）人力资源管理是提高企业经济效益的重要保证

企业发展的目标就是要提高自身的经济效益。而要提高经济效益，就必须合理配置企业的各种资源，争取发挥每种资源的最大作用。在资本、技术和物资等资源的配置中，人力资源的合理配置至关重要。而人力资源的合理配置主要取决于人力资源管理的水平。只有合理配置企业人力资源，协调好各种资源之间的关系，才能减少劳动消耗，提高企业经济效益。

二、人力资源管理的原则

（一）以人为本原则

人力资源是第一资源，是生产要素中最活跃、最重要的因素，是当今社会生产力发展的核心要素。随着社会生产力水平的提高和科学技术的不断进步，人类经济的发展正从以依赖物质资源为主转向以依赖人力资源为主。物质资源的开发利用是社会发展的基础，而人力资源的开发利用程度则决定着对物质资源开发的深度和广度。在知识和技术成为经济社会发展的决定性因素的今天，人力资源已上升为十分重要的战略资源，成为推动经济社会发展的主要力量和直接的动力源泉。以人为本，就是把促进人才健康成长和充分发挥人才的作用放在首要位置，努力营造鼓励人才干事业、支持人才干成事业、帮助人才干好事业的社会环境。以人为本，就是立足于人，理解人才、尊重人才、关心人才、保护人才、用好人才，对人力资源进行科学的开发和利用，使人能够全面发展；就是放手让一切劳动、知识、技术、管理和资本的活力竞相迸发，让一切创造社会财富的源泉充分涌动，为人民造福。以人为本是人力资源管理的基本原则，也是人力资源管理活动的出发点和归宿。

（二）系统优化原则

系统是由若干相互联系、相互影响的具有特定功能的模块构成的有机整体。系统优化原则包括以下几个方面的内容：系统的整体功能必须大于各要素功能之和；系统的整体功能必须在大于各要素功能之和的各值中取最优，系统内的各要素（人力资源各部分）必须和谐与合作，整体奋发向上，竞争力和综合实力较强；同时系统内部的消耗必须达到最小。

（三）能级对应原则

能级对应原则的基本内容是：对个人存在的能力差别予以承认；人力资源管理的能级按层次建立和形成稳定的组织形态。能级的概念出自物理学，表示事物系统内部按个体能量大小形成的结构、秩序、层次。人力资源管理与开发中的能级则主要指具有不同能力的员工，应该安排在企业内不同的位置上，有不同的权力、责任，实现能力与职位的对应。为使有限的人力资源发挥出最大的系统功能，必须在组织系统中建立一定的层级结构，并制定相应的标准、规范，形成纵向、横向的网络体系。由于个体素质能力千差万别，因此要做到岗能匹配，实现能级对应就应该做到以下几点：

①对人员素质进行评价，掌握个体素质状况；

②设置岗位必须合理，做到因事设岗、因事择人；

③各类能级的对应具有动态性和可变性，随着时间的推移、事情的发展，各个职位及其要求在不断变化，个体的素质能力也在不断变化，因此必须经常不断地调整"能"与"级"的关系。

（四）互补增值原则

由于个体的多样性、差异性，因此通过互补可以发挥个体优势，形成合力。互补增值包括气质互补、知识互补、能力互补、性别互补和年龄互补等方面。

1.气质互补

气质互补是指气质方面刚柔相济，比如一个组织中既要有踏踏实实的"管家型人才"，也要有敢冲敢闯的"将军型人才"和出谋划策的"协调型人才"。我们经常可以看到这样的情况，某一公司同时拥有两位或更多的优秀管理人才，但是公司的业绩并不好。在他们分道扬镳之后，公司的业绩反而更加出色。仔细分析可以发现，他们的优势都集中在同一方面，由于他们之间既缺乏有效的协调，又没有对对方缺点的补充，最终导致失败。

2.知识互补

知识互补是指不同知识结构的人思维方式存在差异，他们相互弥补，就容易产生新的思路，从而使方案最佳。例如，人才多样化是麦当劳的一大特点，在麦当劳公司，真正毕业于饮食学校的员工只占30%，而40%的员工来自商业学校，其余的则为大学生、工程师、农学家和中学毕业后进修了2~5年的人，多样化的人才组合与庞大的后备力量构成了麦当劳快速稳定发展的稳固基石。

3.能力互补

能力互补是指一个组织中应汇集拥有不同能力的人才，既要有善于经营管理的人才，也要有善于公关协调的人才，还要有善于搞市场营销的和做行政人事的人才。一个组织不是单一的，它有自己的开发部门、行政部门、销售部门等。人也不是全能的，其知识、经验和注意力往往只集中在某一特定的方面，也可以说人的优势是有限的。这意味着复杂的组织需要的人员体系也更复杂。

4.性别互补

性别互补是指使组织在性别方面实现互补，既发挥女性细心、耐心的优势，又展现男性坚强、勇敢的一面，使二者各展其优，使企业更好地运转。

5.年龄互补

年龄互补是指一个组织中既要有经验丰富、决策稳当的老年人，同时也要有精力充沛、反应敏捷的中年人，还要有勇于开拓、善于创新的年轻人。不同年龄段的人相互补充，组织效率会更高。年龄互补是普遍存在的。

（五）激励强化原则

激励是持续激发人的心理动机的过程。激励可以使个体在内部或外部刺激的影响下始终处于兴奋的状态。将"激励"用于管理，就是通常说的充分调动人的积极性。而要调动人的积极性，所采用的各种措施，也就是各种激励手段，必须符合人的心理和行为活动的客观规律。根据心理学的研究，人的心理行为模式可以表示为：需要引起动机，动机引起行为，行为指向一定的目标。人的行为是在动机支配下，为达到某个目标的有目的的活动，人的行为的激励过程，其实质就是使外界的刺激引起机体发生变化，产生持续不断的兴奋，从而引起积极的行为反应，当目标达到之后，经反馈继续对行为进行强化，如此周而复始、延续不断。激励可以调动人的主观能动性，强化期望行为，从而显著地提高劳动生产率。

（六）公平竞争原则

公平竞争是指竞争者各方以同样的起点、用同样的规则，公正地进行考核、录用和奖惩。在人力资源管理中引进竞争机制，可以较好地解决奖勤罚懒、用人所长、优化组合等问题。坚持公平竞争原则，就是要做到公平竞争、适度竞争和良性竞争。

1.公平竞争

公平包括两层意思——公道和善意。公道就是严格按协定、规定办事，一视同仁，不偏不倚。善意就是领导者对所有人都采取鼓励和帮助的态度。

2.适度竞争

没有竞争或竞争不足，都会造成死气沉沉，缺乏活力；但过度竞争又会导致人际关系紧张，不利于协作，甚至产生内耗，损害组织的凝聚力。

3.良性竞争

竞争必须以组织目标为重，同时使个人目标与组织目标相结合，个人目标包含在组织目标之中，这样才能形成良性竞争，竞争才具有意义。

（七）全面发展原则

在组织发展的同时要促进人的发展是现代人力资源管理的基本理念。人的全面发展包括人的需要的全面发展、人的素质的全面发展和人的本质的全面发展。马克思认为，人的本质不是单个人所固有的抽象物，在其现实性上，它是一切社会关系的总和。因而，人的全面发展的本质在于人的社会属性和社会关系、社会性需要和精神需要、社会素质和能力素质的全面发展。

1.人的主体性不断发展

所谓人的主体性，是指人在与客体相互作用中应具有的能动性。这种能动性主要表现在两个方面：一是从人对自然与社会的认识、利用和改造方面上看，表现为人的主动性、自主性、选择性、创造性；二是从人对自然、社会的责任方面上看，表现为人的道德性、理智性、自觉性等。人的主体性，应是这两方面的统一，缺少任何一个方面都是对人的主体性的片面理解，都不利于人的主体性的发挥和发展。

2.人的思想和精神的全面发展

这是指人们的品德、知识、能力、心理与生理的全面、协调发展，是人的内在发展。这种内在发展，既是社会发展的基础和条件，也是人们追求更高生活质量的标志。

3.人与自然、社会协调发展

一方面，人的发展是社会发展的前提和目的，离开人的发展就谈不上社会的发展；另一方面，社会发展也为人的发展提供条件和手段。

第二章 人力资源规划与人力资源战略

第一节 人力资源规划原理与实践

一、人力资源规划概述

（一）人力资源规划的含义

对于什么是人力资源，目前学术界的认识不尽相同，普遍被大家接受的定义是，人力资源是指一定范围内人口总体所具有的劳动能力总和，或者说是指能够推动社会和经济发展的具有体力和智力劳动能力的人的总和。从人力资源管理角度分析，人力资源等同于劳动力资源；从开发角度看，人力资源开发是为了提供更高素质的劳动者。人才是人力资源中素质层次较高的那一部分，人才资源在人力资源中的比例是衡量一个国家人才资本存量和综合国力的重要指标，也是衡量企业人力资本存量和竞争能力的重要指标。

伴随着人力资源管理理论的兴起，人力资源规划也日益受到企业的重视。人力资源规划就是一个国家和组织科学地预测、分析人力资源的供给和需求状况，制定必要的政策和措施，以确保自身获得各种需要的人才（包括数量和质量两个方面），并使组织和个体得到长期的利益的规划。企业人力资源规划，就是根据企业发展目标，为贯彻落实企业战略规划而制定的有关人力资源配置、流动、培训、升迁等方面的规划。人力资源规划与战略规划密切相关，两者形成一个有机的整体。

（二）人力资源规划的目标

人力资源规划是为了确保组织实现下列目标：

第一，得到和保持一定数量的具备特定技能、知识结构和能力的人员。

第二，充分利用现有人力资源。

第三，预测企业中潜在的人员过剩或人力不足等问题。

第四，建设一支训练有素、运作灵活的劳动力队伍，增强企业适应未知环境的能力。

第五，减少企业在关键技术环节对外部招聘的依赖性。

（三）人力资源规划的内容

人力资源规划包括两个层次，即总体规划与各项业务计划。人力资源总体规划是有关计划期内，人力资源开发利用的总目标、总政策、实施步骤及总预算的安排。人力资源规划中的各项业务计划包括人员补充计划、升职或降职计划、教育培训计划、薪资计划、人员使用计划、减员计划、劳动关系计划等。这些业务计划是总体规划的展开和具体化。

人力资源规划按其用途及时间幅度，可分为战略性的长期规划（5年或5年以上），策略性的中期规划（2～5年）和作业性的短期计划（1～2年），它们与企业的其他规划相互协调、联系，既受制于其他规划，又为其他规划服务。人力资源规划是企业整个发展规划的重要组成部分，其首要前提是服从企业整体经济效益的需要。

在制订人力资源规划时，不管哪种规划，都必须与企业的战略目标相适应，只有这样才能保证企业目标与企业资源的协调，保证人力资源规划的准确性和有效性。

人力资源规划主要包括以下几个方面：

1. 晋升规划

晋升规划实质就是根据组织的人员分布状况和层次结构，拟订人员的提升政策。它一般由晋升比例、平均工资、晋升时间等指标表达。

2. 补充规划

补充规划即拟定补充的政策，目的在于使企业能够合理地、有目标地在中长期内把所需数量、质量、结构的人员填补到可能产生的职位空缺上。补充规划与晋升规划密切相关，因为晋升规划也是一种补充，只不过补充源在企业内部。晋升表现为企业内低职位向高职位的补充运动，运动的结果使职位空缺逐级向下推移，直至最低职位空缺产生，这时内部补充就需转化为外部补充。此外，补充规划与培训开发规划和配备规划也有类似的联系。

3. 培训开发规划

培训开发规划是为企业中长期发展所需要的一些职位准备人才，是围绕着改善配合关系而制订的。

4. 配备规划

配备规划表示中长期处于不同职位的人员分布状况。它可解决下述问题：

①当从事某种职务的人员需同时具备其他类型职务的经验、知识时，就要进行有计划的水平流动。这意味着未来职务对人员质量要求高，若水平流动量小，则满足不了对人员质量的要求。

②当上层职位较少而待提升人员较多时，企业可以通过配备规划增强流动，这样可以减少人员对工作的不满，使其有耐心等待上层职位空缺的出现。

③在超员情况下，通过配备规划可改变工作的分配方式，从而减少负担过重的职位的数量。

5. 职业规划

职业规划是职业发展的一个子系统，它是规划一个人工作、生活的人事程序。职业规划把个人的职业发展与组织的发展结合起来，使二者的利益在发展过程中得到实现。人的职业发展要与组织发展对人的需求结合起来，脱离组织需求的个人职业发展，必将导致人员的流失。

6.薪酬规划

薪酬规划是为确保既能吸引人才、留住人才又不至于使成本超过合理的支付界限导致约束组织的发展而事先进行财务预算控制的过程。

（四）人力资源规划的作用

1.人力资源规划的战略作用

人力资源是组织最重要、最核心的资源，制约着组织的其他资源效益的发挥，是组织管理的重要依据，在组织中的角色已由传统的被动地位转向组织发展战略伙伴的地位。将人力资源规划提升到组织发展战略的高度，与组织其他发展策略相结合，为组织人力资源管理提供了方向、指明了道路，可以保证从人这一组织最重要的资源方面协助组织各部门达成组织目标，提高组织工作绩效。

2.人力资源规划的先导作用

人力资源规划具有前瞻性，通过对组织未来环境的预测，可以及时为组织人员的录用、晋升、培训、调整以及人工成本的控制等提供准确的依据。人力资源最大的特点在于其供需刚性。从人力资源的供应来看，组织要寻觅到有助于组织发展的高层次人才，在竞争激烈的今天实属不易，而人的天赋、个性等较难改变，人的素养培育是个长期累进提高的过程，这又决定了组织培养现有的人才，使之符合组织发展需要也是一个长期的过程。人力资源规划能预先掌握组织发展对人才的需求动向，可以及早引导组织开展相应的人事工作，以免面对环境的变化措手不及。所以，人力资源规划可以把握组织的发展趋向，引导组织的人事决策，有助于组织帮助员工就此开展职业生涯设计和制订职业生涯发展计划。

3.人力资源规划的保障作用

预测并调整人力资源供求差异，是人力资源规划的基本职能。组织的生存和发展与人力资源的结构、人员素质密切相关，人力资源规划从人力资源数量、质量、结构上为组织的生存发展提供了保障。对于一个动态的组织来说，组织的内外环境由于种种原因处在不断变动之中，外界环境的变化、组织内部人员的离职等都会造成人力资源的缺口、需求与供给的不平衡。这种缺口和不平衡不可能自动修复，人力资源规划通过分析供求的差异，并采取适当的措施吸引和留住组织所需人员，以此调整这种差异，满足组织对人力资源的各种需求。

（五）人力资源规划的基本程序

人力资源规划是以组织对人力资源的需要为基础的，既包括对人力资源供给的确定，又包括对人力资源需求的确定。人力资源规划的过程可分为四个阶段：

①收集、分析和预测信息，以便进行人力资源供给预测（并形成一个人力资源信息系统）和人力资源需求预测（并附加到人力资源信息中）；

②制定人力资源目标和政策，并获得高层管理者的支持；

③设计为了达到人力资源目标而进行的招收、培训和晋升等活动的方案；

④完善人力资源方案，以便组织达到人力资源目标。

二、人力资源需求与供给预测

（一）人力资源需求预测

1.人力资源需求预测的含义

人力资源需求预测是指根据组织的发展规划和内外条件，为实现既定目标选择适当的预测技术，对人力资源的数量、质量和结构进行预测。人力资源规划的目的是使组织的人力资源供需平衡，保证组织长期持续发展和员工个人利益的实现。

2.人力资源需求的影响因素

（1）企业的人力资源策略

企业的人力资源策略，特别是薪酬策略，对内部和外部人力资源的影响很大，如企业的薪酬是否处于同行业的领先水平等，对企业吸引内部和外部的人力资源有重要的决定作用。

（2）政府方针政策的影响

政府的方针政策对于人力资源需求也有较大的影响。例如，2013年7月1日起施行的新修订的《中华人民共和国劳动合同法》中指出："劳动合同用工是我国的企业基本用工形式。劳务派遣用工是补充形式，只能在临时性、辅助性或者替代性的工作岗位上实施。前款规定的临时性工作岗位是指存续时间不超过六个月的岗位；辅助性工作岗位是指为主营业务岗位提供服务的非主营业务岗位；替代性工作岗位是指用工单位的劳动者因脱产学习、休假等原因无法工作的一定期间内，可以由其他劳动者替代工作的岗位。"企业在进行需求分析时应该考虑相关政府方针政策变动对人力资源需求的影响。

（3）劳动力成本的变化趋势

随着我国经济的不断发展，劳动力成本呈逐年上升趋势，这对于企业影响很大。企业会最大限度地使用内部员工，尽量不对外招聘新员工。因此，劳动力成本的变化趋势会对企业人力资源需求产生影响。

（4）市场的动态变化

从市场动态看，随着城乡交往、地区间往来的日益频繁，国际交流的增多，人口的流动性越来越大，消费者的需求日益复杂。因此，企业要密切关注市场动态，提供适销对路的产品，这样才能在竞争中立于不败之地。这就要求企业对人力资源结构进行不断调整，在进行人力资源需求分析时充分注意市场的动态变化。

3.人力资源需求预测的步骤

人力资源需求预测是一个从收集信息和分析问题，到找出问题解决办法并加以实施的过程。这一过程大致包括如下环节：

第一，根据工作分析的结果来确定职务编制和人员配置，包括工作分析和工作评价两部分内容。工作分析即借助一定的分析手段，确定工作的性质、结构、要求等基本因素的活动。工作评价是指根据工作分析的结果，按照一定标准，对工作的性质、强度、责任、复杂性及所需资格条件等因素的程度差异进行综合评价，用以确定企业各部门的人员编制及具体要求。

第二，进行人力资源盘点，统计出人员缺编、超编等情况，确定人员是否符合职务资格要求。人力资源盘点包括统计现有人员的数量、质量、结构以及人员分布情况。企业应当弄清楚这些情况，为人力资源规划工作做好准备。这项工作要求企业建立人力资源信息系统，详细记载员工的各种信息，如个人基本情况、录用资料、工资、工作执行情况、职务和离职记录、工作态度和绩效表现等。只有这样，才能对企业员工的情况进行全面了解，才能准确地进行人力资源规划。

第三，针对上述统计结论与部门管理者进行讨论，修正统计结论，该统计结论为现实人力资源需求。

第四，根据企业发展规划，确定各部门的工作量。

第五，根据工作量的增长情况，确定各部门还需增加的职务及人数，并进行汇总统计；该统计结论为未来人力资源需求。

第六，对预测期内退休的人员进行统计。

第七，根据历史数据，对未来可能发生的离职情况进行预测。

第八，将第六条和第七条中得到的统计和预测结果进行汇总，得出未来流失人力资源需求。

第九，将现实人力资源需求、未来人力资源需求和未来流失人力资源需求预测的结果汇总，即得出企业整体人力资源需求。

4.科学运用人力资源需求预测的方法

由于经济全球化进程的加快及信息技术的飞速发展，当今企业面临的内外部环境日趋复杂。如今，企业在进行人力资源需求预测时，考虑的往往不是单个因素的影响，而是多种因素的共同作用和相互影响。人力资源需求预测方法

总体上分为定性方法和定量方法两大类,下面介绍几种常用的方法:

(1) 德尔菲法

德尔菲法又称专家调查法,它依据系统的程序,采用匿名发表意见的方式,专家之间不得互相讨论,不得发生横向联系,经过多轮次调查专家对问卷所提问题的看法,经过反复归纳、征询、修改,最后汇总成专家基本一致的看法,作为预测的结果。这种方法具有广泛的代表性,较为可靠。

德尔菲法一般采用问卷调查的形式,具体操作过程如下:

首先,在企业内、外广泛选择各个方面的专家,人力资源部门要通过对企业战略定位的审视,确定关键的预测方向、相关变量和难点,然后使用匿名填写问卷的方法,设计一套可以使各位专家自由表达自己观点的预测工具系统。

其次,人力资源部门需要在每一轮预测后,将专家提出的意见进行归纳,并将综合结果反馈给他们,然后再进行下一轮预测。

最后,经过多次反复以使专家在重大问题上取得较为一致的意见和看法。

在预测过程中,人力资源部门应该为专家们提供充足的信息,以便专家能够做出正确的判断。另外,所提出的问题应尽可能简单,以保证所有专家能够从相同的角度理解相关的概念。

德尔菲法的优点是:能充分发挥各位专家的作用,集思广益,准确性高;能把各位专家的分歧点表达出来,取各家之长,避各家之短;能够使专家独立地表达自己的意见,不受其他人的干扰。其缺点是过程比较复杂,花费的时间较长。

(2) 转换比率分析法

人力资源需求预测的目的是揭示未来经营活动所需要的各种员工的数量。转换比率分析法能将组织的业务量转化为对人力的需求,是一种适合于短期需求预测的方法。

转换比率分析法的具体操作过程如下:首先估计组织中关键岗位所需的员工数量,其次根据这一数量估计辅助人员的数量,最后汇总得出组织的人力资源总需求。组织经营活动规模的计算公式为:经营活动=人力资源的数量×人均生产率。在使用这种方法将组织的业务量转换为对人力资源的需求量时，其实质是以组织过去的人力需求数量同某个影响因素的相互关系为依据，对未来的人力资源需求进行预测。例如，依据过去销售额与销售人员数量的比率，预测未来的销售业务量对销售人员的需求。

应该注意的是，这种预测方法有两个特点：一是进行估计时需要对计划期内的业务增长量、目前人均业务量、生产率、增长率等进行较精确的估计；二是这种预测方法只考虑员工需求的总量，没有说明其中不同类别人员的情况。

（3）经验预测法

经验预测法是根据以往的经验进行预测的方法。有些企业常采用这种方法做预测。例如，企业认为车间里一个管理者管理 10 个员工最佳，因此依据将来生产员工的增加数就可以预测管理者的需求量。这种方法的优点是简便易行，通常用于普通的工作岗位，缺点是不够准确。

（二）人力资源供给预测

人力资源供给预测是人力资源预测的又一关键环节。人力资源部门只有进行人员拥有量预测，并将预测结果与人员需求量相比之后，才能制订各种具体的规划。人力资源供给预测需要从组织内部和组织外部两方面进行。在进行人力资源供给预测的过程中，人力资源部门要调查组织现有的人力资源存量，在假定人力资源政策不变的前提下，结合企业内外部条件，对未来的人力资源供给数量进行预测。

1.人力资源供给预测的步骤

第一，进行人力资源盘点，了解企业员工现状。

第二，分析企业的职务调整政策和历史员工调整数据，统计出员工调整的比例。

第三，向各部门的人事决策者了解可能出现的人事调整情况。

第四，将第二条和第三条得到的情况汇总，得出企业内部人力资源供给数量。

第五，分析影响外部人力资源供给的地域性因素。

第六，分析影响外部人力资源供给的全国性因素。

第七，根据第五条、第六条的分析结果，得出企业外部人力资源供给数量。

第八，将企业内部人力资源供给预测和企业外部人力资源供给预测结果汇总，得出企业人力资源供给数量。

2.人力资源供给预测的方法

（1）内部供给预测

企业内部人力资源供给预测是企业满足未来人力资源新需求的基础，是人力资源的内部来源。内部供给预测的思路是：先确定各个工作岗位上现有员工的数量，然后估计下一个时期每个工作岗位上可能留存的员工数量，这就需要估计有多少员工将会调离原来的岗位或离开企业。由于实际情况比较复杂，如企业的职位安排会发生变化等，因此在进行预测时，管理人员需要依据主观判断加以修正。常用的内部供给预测方法有以下几种：

①技能清单

技能清单是用来反映员工工作能力特征的列表，这些特征包括培训背景、以前的经历、持有的证书、通过的考试、主要的能力评价等。技能清单是对员工竞争力的反映，可以帮助人力规划工作者估计现有员工调换工作岗位的可能性，决定哪些员工可以补充企业未来的职位空缺。人力资源规划不仅要保证为企业中空缺的工作岗位提供相应数量的员工，还要保证每个空缺都由合适的人员补充。因此，有必要建立员工的工作能力记录，其中包括基层操作员工的技能和管理人员的能力，以及这些技能和能力的种类及所达到的水平。

技能清单可以用于晋升人选的确定、管理人员接替计划的制订、培训、工资奖励、职业生涯规划、组织结构分析等。员工频繁调动的企业或经常组建临时性团队或项目组的企业，其技能清单应包括所有骨干员工，而那些主要强调管理人员接替计划的企业组织，技能清单可以只包括管理人员。

②管理人员接替图

管理人员接替图也称职位置换卡,它记录着各个管理人员的绩效、晋升的可能性和所需的训练等内容,用于确定哪些人员可以补充企业的重要职位空缺。该方法被认为是把人力资源规划和企业战略结合起来的一种较好的方法。管理人员接替图主要涉及的内容有:对主要管理者的总的评价;主要管理人员的现有绩效和潜力,发展计划中所有接替人员的现有绩效和潜力;其他关键职位上的现职人员的绩效、潜力及对其评定意见。

③马尔可夫分析法

马尔可夫分析法主要用于市场占有率的预测和销售期望利润的预测,也是组织内部人力资源供给预测的一种方法,可以显示具有相等时间间隔的时刻点上各类人员的分布状况。在具体运用中,假设给定时期内从低一级向上一级或从某一职位转移到另一职位的人数是起始时刻总人数的一个固定比例,即转移率一定,在给定各类人员起始人数、转移率和未来补充人数的条件下,企业就可以确定出各类人员的未来分布状况,做出人员供给的预测。这种分析方法通常通过建立流动可能性比例矩阵,来预测某一岗位上的工作人员流向组织内部另一岗位或离开的可能性。简言之,就是根据过去人事变动的规律,以此来推测未来的人事变动趋势。

(2) 外部供给预测

当企业内部的人力资源供给无法满足需要时,企业就要分析企业外部的人力资源供给情况。一般来说,进行外部供给预测应考虑的因素主要包括以下几个方面:

①宏观经济形势和失业率预期

了解劳动力市场供给情况,判断预期失业率。一般说来,失业率越低,劳动力供给越紧张,招聘员工越困难;失业率越高,劳动力供给越充足,招聘员工越容易。相关数据可以参考各类统计资料和公开出版物。

②地域性因素

企业所在地的人力资源整体现状、企业所在地的有效人力资源的供求现状、企业所在地对人才的吸引程度、企业薪酬对所在地人才的吸引程度、企业能够提供的各种福利对当地人才的吸引程度、企业本身对人才的吸引程度等。外部供给分析需要研究企业可能吸引的潜在员工的数量、能力等因素。企业可以根据过去的招聘与录用经验，了解那些有可能进入组织的人员状况，以及这些潜在员工的工作能力和经验、性别和成本等方面的特征，从而确定他们能够承担组织中的哪些工作。

③劳动力市场

劳动力市场是人力资源外部供给预测需要考虑的一个重要因素。有些机构定期为企业进行外部劳动力市场条件的预测和劳动力供给的估计。劳动力市场对企业人力资源外部供给预测有十分重要的影响，主要涉及以下几个方面：劳动力的数量，劳动力的质量，劳动力对职业的选择，当地经济发展的现状与前景，企业为员工提供的工作岗位的数量与层次，员工的工作地点、企业为员工提供的工资、福利等。这种分析的主要意义在于为企业提供一个研究新员工的来源和他们进入企业方式的分析框架。

④国家政策法规

国家政策法规，特别是国家的教育政策、产业政策、人力资源政策等，对人力资源供给的影响更大。为了及时有效地供给人力资源，国家要从政策环境上努力培育劳动力和人才市场，完善劳动力和人才市场体系，健全各种必要的法律和法规，充分发挥劳动力或人才市场对人力资源的配置作用。

⑤科学技术的发展

科学技术的发展，特别是互联网技术的迅速发展，对人力资源的外部供给产生很大影响。随着办公自动化的普及、中层管理人员的大规模削减，有创造力的人员更显珍贵。科学技术的发展使得人们从事生产的时间越来越少，闲暇时间越来越多，因此服务行业的劳动力需求量越来越大。

三、人力资源规划制订程序

一般来说，人力资源规划的制订包括四个阶段，分别为准备阶段、预测阶段、实施阶段与评估阶段。

（一）准备阶段

信息资料是制订人力资源规划的依据，要想制订出有效的人力资源规划，就必须获得丰富的相关信息。影响人力资源规划的信息主要有以下几种：

1.外部环境信息

外部环境信息主要包括两类，一类是宏观经营环境的信息，如经济、政治、文化、教育以及法律环境等。由于人力资源规划与组织的生产经营活动密切相关，所以这些影响组织生产经营的因素都会对人力资源的供给与需求产生作用。另一类是直接影响人力资源供给与需求的信息，如外部劳动力市场的结构、供求状况，劳动力择业的期望与倾向，政府的职业培训政策、教育政策，竞争对手的人力资源管理政策，等等。

2.内部环境信息

这类信息也包括两个方面：一是组织环境信息，如组织发展战略、经营计划、生产技术以及产品结构等；二是管理环境信息，如组织的结构、管理风格、组织文化、管理结构、管理层次与跨度及人力资源管理政策等。这些因素都决定着组织人力资源的供给与需求。

3.现有人力资源信息

即对组织内部现有人力资源的数量、质量、结构和潜力等进行调查，包括员工的基本情况、录用资料、教育资料、工作经历、工作能力、工作业绩和态度等方面的信息。组织现有人力资源的状况直接关系到人力资源的需求和供应状况，对于人力资源规划的制订有着直接的影响，只有及时准确地掌握组织现有人力资源信息，人力资源规划才能有效进行。

（二）预测阶段

预测阶段的主要任务是在充分掌握信息的前提下，选择有效的预测方法，对组织在未来某一时期的人力资源供给与需求做出预测。人力资源的供需达到平衡，是人力资源规划的最终目的，进行供给与需求的预测就是为了实现这一目标。在整个人力资源规划过程中，预测阶段是最为关键的一环，也是难度最大的一个阶段，它直接决定着人力资源规划是否能够成功。人力资源管理人员只有准确地预测出人力资源的供给与需求状况，才能采取有效的平衡措施。

（三）实施阶段

在供给与需求预测的基础上，人力资源管理人员根据两者的平衡结果，制订人力资源的总体规划和业务规划，并制定出实现供需平衡需要的措施，使组织对人力资源的需求得到满足。需要说明的是，人力资源管理人员在制定相关措施时，应当使人力资源的总体规划和业务规划与组织的其他规划相互协调，这样制订的人力资源规划才能得以有效实施。

（四）评估阶段

对人力资源规划实施效果进行评估，是整个规划过程的最后一个阶段。由于预测不可能做到完全正确，因此人力资源规划也需要进行修订。在人力资源规划实施过程中，人力资源部门要随时根据变化进行供给与需求的预测，调整平衡供需的措施；同时，也要对预测的结果及制定的措施进行评估，对预测的准确性和措施的有效性做出评价，吸取经验教训，为以后的规划制订提供借鉴和帮助。

第二节 人力资源战略概述

在激烈的市场竞争中，企业为了寻求发展，需要从企业外部的环境和条件出发，根据自身的实际情况，在明确企业的目的、经营宗旨和目标的基础上，制定出切实可行的总体发展战略，并根据主客观条件的变化，对战略目标和战略措施进行必要、适时的调整，这样才能登高望远，把握战略全局，充分发挥企业的竞争优势，克敌制胜。从企业战略管理的不同层次看，企业的战略是由人力资源战略、市场营销战略、技术开发战略、生产制造战略、供应管理战略、财务管理战略等构成。在这些战略中，人力资源战略是核心性、中心性战略。

一、战略的含义及企业战略的一般特点

（一）战略的含义

战略一词原是军事上的一个重要术语，是指指导战争全局的计划和方略，是交战国的一方运用武装力量赢得战争胜利的一种科学和艺术。

对企业战略基本概念的表述有很多种，如阿尔弗雷德·钱德勒（Alfred D. Chandler）认为，战略是企业基本的长期目标及其为达到目标所采取的行动方案与配置所需资源的决策。而迈克尔·波特（Michael E. Porter）认为，战略是公司为之奋斗的一些终点与公司为达到它们而寻求的途径的结合物。亨利·明茨伯格（Henry Mintzberg）则认为战略是"一系列或整套的决策或行动方式"，这套方式包括刻意安排的方式，即计划性的方式，也包括临时随机决定采取的方式，即非计划的方式。

（二）企业战略的一般特点

从上述对战略以及企业战略基本概念的表述中不难看出，企业战略具有以下几个基本特点：

1.目标性

企业战略的第一个特点是它必须体现企业发展的总体目标的要求。企业发展目标是企业使命和宗旨的具体化。企业使命是指为了达到生存、发展和盈利等经济目的，对经营活动内容和业务范围，即企业长期的战略意向，以及价值观、行为准则和经营理念所做出的正确定位。企业使命包括企业生存发展的目的、企业宗旨、管理哲学和经营理念等具体内容。企业目标是一个体系，既有长期目标，又有中短期目标；既包括总体的全局性战略目标，又包括局部的阶段性战术目标。

企业目标是以下六种基本要素综合平衡的结果：

①获利水平。获得满意的较高水平的利润，是实行战略管理企业的主要目标之一。

②产出能力。企业的生产规模及产出能力标志着企业的贡献程度，在市场稳定的条件下产出能力与获利水平呈正相关关系。

③竞争地位。企业产品的销售额和市场占有率是衡量企业绩效的一个主要指标，提高企业的竞争地位是企业战略的目标之一，不占领市场的制高点，企业的经济目标就无法实现。

④技术水平。企业的技术水平标志着企业参与竞争的能力，决定着产品的市场地位，关系到企业的战略选择，企业常常将技术领先作为重要的战略目标。

⑤员工发展。在21世纪，员工的发展同企业的发展具有同等重要的意义，而且员工必须先于企业发展，才能形成企业的核心竞争力，员工技能开发战略是企业发展战略极其重要的支撑点。

⑥社会责任。企业为何存在？现代企业是为了满足社会日益增长的文化和物质需要而存在的。企业为谁存在？现代企业是为了人民，即消费者而存在的，

是为了提高人民的物质、文化、精神生活质量而存在的。因此，它必须承担一定的社会公共责任，如保护环境、支持公益事业等。

2.全局性

无论是从战争战略学的角度看，还是从企业战略学的角度看，战略问题是具有全局性的问题。研究企业生存发展的带有全局性的指导规律，应当是企业战略管理学的任务。

3.计划性

计划是由计划信息采集与分析、计划目标的定位、计划资源的供需平衡、计划决策、计划实施与检查、信息反馈等具体环节构成的，企业战略的形成过程也就是一项战略管理计划形成的过程。企业战略管理的计划过程，包括战略分析（了解企业组织所处的环境和相对竞争地位）、战略选择（战略制定、战略方案评价与选择）、战略方案的实施（采取措施实现战略目标）等内容。

4.长远性

企业战略是由总目标和若干分目标组成的。这些目标不是权宜之计，而是具有前瞻性的长远大计，即企业战略需要从企业发展的大局出发，经过充分的预测、考量、剖析和综合平衡而最终确定。企业发展战略是需要企业领导和全体员工在未来相当长的一段时期内共同努力奋斗才能实现的。

5.纲领性

企业战略是企业为了生存、发展和盈利，实现企业的使命，达到一定时期的发展目标而提出的一个纲领性的文件。这个文件指明了企业发展的总体方向，规划了企业未来发展的总体框架，对经营活动领域、业务扩张范围、技术攻关重点、企业获利水平、市场营销策略等一系列关键性问题做了基本定位，但它不可能面面俱到。战略规划"具体细化"的任务是由企业中短期计划如年度计划来体现的。企业年度计划是实施战略规划的具体操作计划，是实现战略规划目标的保障计划。

6.应变性、竞争性和风险性

一些专家、学者认为，就总体而言，企业战略具有双重属性和特点。一方面是它具有目标性、全局性、计划性、长远性和纲领性，另一方面是它具有应变性、竞争性和风险性，前者是相对稳定的，而后者是动态的、随机可变的。由于企业外部社会环境和经济条件的复杂性和多变性，以及内部资源的多样性，企业将遭遇始料不及的各种挑战、压力和威胁，这些随机出现的困难和问题，既是一种挑战，又是企业发展的一种机遇。这就需要企业高度重视对企业战略"例外的特殊问题"的管理，增强企业战略的应变性、竞争性，提高其抵御风险的能力。

二、人力资源战略的概念及特点

人力资源是与物力、财力等资源相对的。它是企业在一定的时间、空间条件下，劳动力数量和质量的总和。作为企业战略的下属概念，人力资源战略可以定义为企业在对其所处的外部环境、内部组织条件以及各种相关要素进行系统、全面分析的基础上，从企业的全局利益和发展目标出发，就人力资源的开发所做出的总体策划。

人力资源战略作为企业战略的重要组成部分，除了具有上述企业战略的一般属性和特征，还具有两个鲜明的特点。一是它的精神性，相对于其他资源来说，人力资源是软件，属于哲学的精神范畴，而企业生产经营资料和条件、物力、财力等则属于哲学的物质范畴。按照正确的哲学观点，物质决定精神，精神又对物质产生巨大的反作用。作为企业战略的一部分，人力资源战略虽然受到一定时期内企业外部环境和条件、企业的经营范围、生产规模、财务实力等因素的制约和影响，但它始终是一种核心性战略，它对企业的物质资源具有巨大的推动力。二是它的可变性和可调性。企业其他的职能性战略，如技术开发战略、生产制造战略、供应销售战略等计划运作的周期长，见效慢，而人力资源战略却具有更大的弹性和灵活性，运作的周期短，见效快，潜力大，效益高。

三、人力资源战略的分类

在军事上,根据范围的不同,决策问题按照战争、战役和战术区分为战略和策略两个层次。如前所述,战略是指导战争全局的计划和方略;策略是为了实现总体战略的目标和要求,根据客观形势的变化而确定的工作方针、具体政策和行动方式。

(一)一般分类

1. 总体战略

总体战略也称公司战略,指从事多种经营、多元化的大中型企业、企业集团(总公司)所制定的最高层次的战略。其重点是:如何有效配置公司内的资源,各个下属单位如何提高绩效、相互协调形成团体的竞争优势,如何根据公司的体制和战略目标开拓新的事业、进入新的领域。总体战略经常涉及公司财务资金运作和组织结构变革创新等事关全局的重大战略问题。

2. 业务战略

业务战略也称竞争战略、经营战略,是公司的二级战略或属于事业部层次的战略。它一般是指单一生产经营的企业为了生存、发展和盈利,实现总体战略目标,围绕优化企业的生产经营模式、增强市场竞争优势、提高整体绩效等问题所做出的战略决策。

3. 职能战略

职能战略是涉及公司各个职能部门(如生产部门、技术部门、人事部门、财务部门、供应部门等),充分发挥其功能,以推动企业总体发展战略实现的具体的分支战略。因此,在专指某种职能战略如人力资源战略时,一些专家往往采用"人力资源策略"的提法。实际上,有些专家、学者并没有完全将业务战略和职能战略严格区分开,通常使用竞争策略、营销策略、人力资源策略等提法。

（二）按照标志分类

1.从时限上分

从时限上，人力资源战略可以分为：长期战略，即 5 年以上的人力资源的总体战略（规划）；中短期战略，即在近期的 3~5 年所采取的战略决策，或者称为人力资源策略。

2.从内容上分

从内容上，人力资源战略可以分为人力资源开发策略、组织变革创新策略、专才培养选拔策略、员工招聘策略、绩效管理策略、薪酬福利与保险策略、员工激励与发展策略、劳动关系管理策略等。

3.从性质上分

从性质上，人力资源管理战略可以分为吸引策略、参与策略和投资策略等三种类型。

四、人力资源战略的重要意义

在当代，企业发展战略以及人力资源战略，之所以受到企业家的普遍关注，成为企业发展的热点和焦点问题，其原因有三：

首先，世界经济的全球化以及变幻莫测的外部环境给企业带来了巨大的压力，特别是在我国加入 WTO（World Trade Organization，世界贸易组织）以后，巨大的挑战和压力使企业不得不以全新的视角来审视和思考未来。可以说，每一个成熟的企业都需要对以下几个基本问题做出正确的回答：企业未来将如何发展？企业如何迎接外资企业的挑战？企业在日益激烈的市场竞争中怎样才能克敌制胜？

其次，企业在日后的发展中如何把握事关全局的关键性工作，即需要明确地指出战略的重点是什么。毛泽东同志在《中国革命战争的战略问题》中指出，如果全局和各阶段的关照有了重要的缺点或错误，那个战争是一定要失败的。战争如此，企业的发展也是如此，企业的决策者只有懂得全局的规律性东西，学会指导和把握全局，才能更有效地指导各个阶段的局部工作，使局部的阶段性工作服从于全局、服务于全局。

最后，现代企业除了面临外部环境的压力，还面临如何有效开发与利用自身的各种资源的问题。特别当涉及企业发展的重大战略问题时，企业不可能超越现有物质资料的占有情况，也不可能超越现有的财务实力和人力资源的现状，盲目地做出某种超现实的设想。

总之，企业需要根据内外部的环境和条件，从现实出发，通过对各种资源的综合平衡，明确自身的努力方向和奋斗目标，这样才能把握企业发展的全局，在激烈的市场竞争中保持优势。

在企业总体战略确定的情况下，制定人力资源战略具有以下重要意义：

①有利于使企业明确在未来相当长的一段时期内人力资源管理的重点，即哪一项工作是真正值得投入、需要加以关注的。

②有利于界定人力资源的生存环境和活动空间。企业的管理问题可以分成内外两个部分，对内管理的目的是在现有的组织构架下，提高生产和工作活动的效率；对外管理的目的是在所处的环境下选择和拓展自己的生存发展空间，与外界机构、组织以及资源提供者保持均衡的互利互惠关系。企业总体战略的着眼点在于后者，而人力资源战略不仅要重视前者，更多的是考量后者。事实证明：很多企业的成功，并不完全是靠高水准的内部管理。有些企业是在关键时刻把握住了商机，有些企业则是掌握了关键性的资源，如核心技术、顶尖的专门人才等，有些企业则是设置了各种"防火墙"，采取积极的防御措施，保持了人力、物力和财力等的竞争优势。由于企业人力资源战略的着眼点是如何使企业保持人才的竞争优势，因此它的制定有利于界定人力资源的生存环境和活动空间。

③有利于发挥企业人力资源管理的职能以及对相关政策进行合理定位。企业人力资源管理的职能包括吸引、录用、保持、发展、评价和调整等六个方面。

这些职能之间相互制约、相互影响和相互作用，在企业价值链的运行中发挥着积极的主导作用。但是这种主导作用的正常发挥，有赖于正确的策略和劳动人事政策的指引。企业必须根据人力资源战略的要求，对一定时期内的工作重点，以及与之配套的劳动人事政策做出明确的规定，才能使人力资源的职能部门明确工作的目标，把握住正确的工作方向。

④有利于保持企业人力资源长期的竞争优势。企业人力资源战略的核心是从全局发展的要求出发，着眼于企业人力资源的未来，增强和保持人力资源的竞争优势。企业人力资源战略虽然着眼于将来，对企业资源的长期开发利用有着重要的指导意义，但是它并没有忽视对企业当前的工作目标和行动方向的指引，特别是对那些带有全局性的关键事项的调控。一项成功的人力资源战略不仅要具有前瞻性，对企业人力资源管理发展的总方针和总方向做出明确的规定，还必须从企业现有资源状况出发，对各个阶段的工作做出正确的指引。

⑤有利于增强领导者的战略意识。人力资源战略的确定是企业领导者的职责。其原因如下：第一，企业人力资源战略决策所需要的各种信息，源于企业各个部门，只有企业领导者才有可能接触并掌握这些资料和数据；第二，由于居于高位的领导者与外界保持密切联系，只有他们才最了解谁是自己的主要竞争对手，谁又是潜在的、未来的竞争对手，或者是有力的支持者、合作者；第三，战略的实施需要调动包括人力资源在内的企业所有资源，唯有企业的领导者有权全面地调节、配置这些资源；第四，战略决策具有很大的风险性，为了规避风险，提高战略的效度和信度，唯有企业领导者可能具有这样的能力和远见。

⑥有利于全体员工树立正确的奋斗目标，鼓舞员工的士气，增强员工的信心。人力资源战略的确定和贯彻落实，将使员工树立起正确的信念和奋斗目标，从根本上拓展了员工生存和发展的空间，为有效地调动员工的生产积极性、主动性和创新性提供了前提。

五、人力资源战略制定面临的挑战

随着互联网、大数据和共享经济等的发展,层级式的组织框架已经渐渐被内部互动协同关系网络所取代,传统的人力资源管理方式已经不足以应对现有的组织问题。为了更好地发挥员工的主观能动性及创造性,企业需要运用互联网思维创新人力资源管理模式。

(一)员工流动性加强,企业间人才竞争越来越激烈

在"互联网+"的大环境中,信息传播速度快,人员流动更加自由、便利,企业间人才流动频繁、人才竞争激烈。企业中掌握核心技术的人员的流失会给企业造成重大经济损失,甚至有可能导致重要信息泄露,或其他核心人员集体跳槽的情况出现,所以人力资源部门需要处理好员工高流动性及核心人员离职的问题。

(二)组织形式变革,领导与下属间界限逐步弱化

在"互联网+"时代,传统的组织发生了巨大变化,以规模小、扁平化为特点的组织结构开始出现。不少大型企业通过划分企业、成立新的事业部等形式促成更加敏捷的决策机制。敏捷型组织在组织合作、工作设计、绩效管理、工作流程及职业路径方面都有较大的优势。该组织形式具有能加强层级和组织间合作、鼓励员工参与创新及决策、能根据工作目标灵活调整绩效目标、轻度流程化、发展路径更加长远等优点。互联网的介入使得企业各部门间人员的沟通交流方式发生了巨大的变化。在"互联网+"时代,企业是一个信息共享、人人平等的社区。信息沟通平台的建立让每个员工都拥有了话语权,从而弱化了领导与下属的界限。

（三）跨文化带来管理考验

随着我国人力资源素质的不断提升，人才的国际化流动日益增强，文化冲突和价值观冲突成为人力资源管理一个重要难题。解决具有不同职业精神和文化习惯的人员如何在企业标准化的人事管理办法下实现高效工作的问题，极其考验管理者的协调能力与管理能力，这需要管理者保持包容、客观的态度去处理具体问题。

六、影响人力资源战略制定的因素

随着生产经营活动的不断拓展，企业人力资源与企业的其他资源一样，总是受到外部环境和内部条件的制约和影响。因此，在制定企业人力资源战略时，只有充分地把握企业内外部各种影响因素及其作用的程度，才能切实保证战略的科学性、合理性和可行性。

企业人力资源战略的制定必须建立在对客观环境和形势冷静分析、正确评价的基础上，而对同行业或同类产业结构的分析研究是最重要的前提。迈克尔·波特在他的《竞争战略》一书中，通过对产业竞争的系统分析，提出有五个重要因素决定着产业竞争状态：①新进入本行业者的威胁；②产业内部现有公司的竞争；③替代性的产品或服务的威胁；④购买者的谈判条件和实力；⑤供应商的谈判条件和实力。企业对这些产业竞争因素做出全面分析和正确把握之后，便可以根据实际情况制定适合自己的竞争策略。由于人力资源战略的基点是企业竞争策略，因此在对外部环境和条件进行分析评估时，企业应当将重点放在劳动力市场、国家劳动法律法规以及工会组织等重要影响因素上。

（一）企业外部环境和条件

1.劳动力市场的完善程度

劳动力市场的运行过程也就是求职者与用人单位以及社会中介、政府之间相互影响和作用的过程。具有市场主体资格的劳动者和用人单位始终是劳动力市场运作的主角，企业在一定时期内对具有一定数量和素质的劳动力进行补充，成为劳动力市场的需求方，而素质不同、要求各异、个性多样的劳动者，无论是从事短期劳动还是长期劳动，始终是劳动力市场的供给方。

企业外部劳动力市场的劳动供给与以下因素有关：

①劳动力参与率。由于经济的发展，我国劳动力参与率在逐年提高，劳动力参与率受到社会文明程度、教育普及率、劳动时间的长短等因素的制约和影响。

②人口的平均寿命。

③工作时间长度。

④人员的素质和技能水平提高的程度。

⑤国家经济发展水平，以及增长率、投资率与消费率的影响。

⑥产业结构的调整，第一、二、三产业比重的变化等。

企业作为劳动力市场的需求主体，要根据企业总体战略发展的目标，从生产经营、财务实力、装备水平、技术研发等方面的要求出发，确定一定时期内劳动力补充的种类和数量。在企业所在地区的劳动力市场不太健全，即企业处在不完全竞争的劳动力市场的情况下，一方面劳动者信息不灵，对劳动力市场缺乏全面的了解，另一方面劳动力供给相对大于需求，很多求职者不愿冒失业的风险，这就使企业在劳动力需求上具有一定的独占性，可以按照自己预定的劳动价格招收劳动力。正是这种劳动交易的相对独占性，使企业往往按照例行的规则和一般通行的办法，调整劳动力市场的供求关系。目前我国大多数企业在人员招聘方面所依据的规则或标准，基本上是本行业或本企业经过较长时间的尝试认为可行的方法，采用这些例行的规则，可以减少劳动力供需双方的风险。

实际上,在社会保障制度、劳动法律体系、员工技能培训与开发机制,以及劳动就业服务机构等基础工作都比较健全的条件下,企业作为劳动力需求方,将处于劳动力市场的完全竞争之中,企业不仅要受到法律法规的约束,还要遵守市场公平竞争、公平交易的原则,其独占性将面临巨大的挑战。在这种情况下,每个企业虽然对求职者具有不同的偏好,但它不可能以市场的平均价位录用所有符合条件的求职者。企业必须根据不同时期劳动力市场的供求关系,以及各类劳动者薪酬、福利、保险等条件的变化情况,及时地制定适合的人事政策和招聘策略。

一般而言,企业劳动力的补充有两种来源:一是外部的劳动力市场;二是企业内在的劳动力市场。企业中大部分级别比较低的岗位,其人员是由外部市场招聘录用的,而企业中级以上的岗位空缺,大部分是通过内在市场来补充,即由企业现有人员升任的。企业在采用内部升补制时,员工的薪酬水平并不完全受市场价位的制约和影响,企业要考虑诸如任职年限、技能水平、贡献大小,以及同类、同级岗位的薪酬水平等很多因素。

2.工会组织的作用

在我国,中华全国总工会以及下属的各级地方工会是唯一合法的代表企业员工权益的社团组织。随着社会主义市场经济体制的逐步健全和完善,工会组织在企业中的地位和作用越来越突出和重要。

工会的基本职责是维护职工合法权益,工会通过平等协商和集体合同制度,协调职工与用人单位的劳动关系,维护职工劳动权益。工会依照法律的规定,通过职工代表大会或者其他形式,组织职工参与本单位的民主决策、民主管理和民主监督。此外,工会还是企业文化的积极宣传教育者和推动者,它要动员和组织职工积极参与企业的经济建设,努力完成生产任务和工作任务,不断提高思想觉悟、技术业务水平和科学文化素质;协助用人单位建设有理想、有道德、有文化、有纪律的职工队伍。

为了切实保障职工的合法权益,工会将在劳动合同的签订、劳动关系的建立和调整、工资谈判与集体协商、劳动争议的处理、职工工资福利和保险、劳动保护、职业安全和卫生、职业病防治、工作时间和工作轮班、女职工合法权益保护等涉及职工切身利益方面发挥重要的作用。同时,《中华人民共和国工会法》还针对不同类型企业的工会组织,在参与企业生产经营和管理方面的地位和作用做了明确的界定。

(二)企业内部环境和条件

企业人力资源战略作为企业总体发展战略的一部分,它的制定受到竞争策略的制约和影响。此外,企业还需要在充分考量外部环境和条件的基础上,分析研究企业内在的要素,把握这些要素的相关性以及交互作用和影响的程度,从而增强人力资源策略的针对性、配套性和可行性。

1.企业文化

企业文化是指在企业中长期形成的共同思想、作风、价值观念和行为准则。它表现为一种具有企业个性的信念和行为方式。罗伯特·奎恩(Robert Quinn)按照企业的内向性和外向性、灵活性和稳定性,将企业文化区分为家族式文化、发展式文化、市场式文化等。

①家族式文化。强调人际关系,企业如同一个大家庭,成员彼此关心爱护,忠心敬业,发扬企业良好传统。

②发展式文化。强调创新和创业,企业组织比较松散,非正规化,一切注重发展与创新。

③市场式文化。强调市场导向,以产品为中心,强调员工按时、按质、按量完成工作任务和经营目标。

企业文化实质上是企业内部的物质、精神和制度诸要素的动态平衡和最佳结合,它的精髓是提高员工的道德素质、文化水平与职业素养,重视员工的社会价值,尊重员工的独立人格。

2.生产技术

企业的生产技术水平与企业人力资源管理制度存在着非常密切的联系。不同的技术装备对员工的素质和技能有不同的要求，其直接对企业员工的招聘、选拔和培训等提出了具体标准和要求。

3.财务实力

企业的财务状况直接关系到人力资源策略的定位，直接影响到企业的招聘能力、劳动关系、绩效考评、薪酬福利与保险、员工技能培训与开发等人力资源运作模式的选择以及具体管理制度的制定。当遇到经济不景气或者因市场激烈竞争造成产品滞销，企业资金不足，财务遇到严重困难，需要采取应急措施时，企业的劳动关系将面临较大的挑战和压力：是与员工保持良好的合作关系，同舟共济呢？还是遣散员工，让其自谋生路呢？在巨大的财务压力下，有些企业不得不"忍痛割爱"，采取大幅度裁员的办法；也有的企业及时调整对策，寻求新的途径，如适度减薪或暂时冻薪、停薪等，以渡过难关。虽然财务实力对企业人力资源策略具有很大的约束力和影响力，但企业在进行决策时还是有一定的空间和回旋余地的。

第三节 人力资源战略的总体设计

从某种意义上说，企业领导者既是企业战略的设计者，也是战略实施的指挥者。一个企业的领导者只有积极主动地参与企业战略管理的全过程，担当起战略指挥的重任，才能成为一个成功的领导者。

一、企业人力资源战略设计的要求

企业人力资源战略的设计，应当充分体现"信念、远景、任务、目标、策略"等基本要素。

①信念是企业文化的内涵，属于精神范畴，它要对企业为什么存在，企业的价值观做出简洁明确的概括，如摩托罗拉公司将自己企业的信念概括为：始终如一，以礼待人，恪守公正，诚信不渝。再如，TCL公司提出了员工应当秉持"敬业、诚信、团队、创新"的信念。

②远景是企业发展的宏伟蓝图，决定企业将在国内或国外成为一家什么样的企业。如宏碁集团提出：我们要成为广受各地赞誉的企业。摩托罗拉公司则提出：我们要成为世界上最好的公司。

③任务是企业所肩负的责任和义务，以及对社会和客户的承诺。如富士施乐公司提出：我们要帮助您提高办公效率。再如台积电公司（台湾积体电路制造股份有限公司）提出：我们要兼顾员工福利与股东权益，尽力回馈社会。

④目标是对企业发展的长期、中期和短期目标的定位。

⑤策略是实现战略的具体措施和办法。

二、企业人力资源环境的分析

企业人力资源管理受到多种因素的制约和影响。在制定企业人力资源战略时，人力资源部门需要从企业战略的基本概念体系（信念、远景、任务、目标、策略）出发，对企业人力资源环境进行总体的分析研究。

（一）人力资源外部环境分析

企业人力资源外部环境分析的目的是全面了解和掌握外部环境的状况及

其变化的总趋势,并揭示企业在未来发展中可能遇到的机会(发展的机遇)和威胁(面临的风险)。分析的内容包括:

①社会环境分析,主要是对社会经济、政治、科技、文化、教育等方面发展状况和总趋势的分析。

②劳动力市场环境分析,包括对劳动力市场四大支持系统的分析(就业与失业保险体系、劳动力的培训开发体系、中介服务体系和相关法律法规体系);对劳动力市场功能的分析,如劳动力市场覆盖率、劳动力流动率以及劳动力流动的结构分析,各类专门人才供给分析,劳动力市场价位变动情况的分析;对通过劳动力市场进入本企业的各类劳动力供给来源的分析(地域特点、员工素质状况、劳动力稳定性等);劳动力市场的这些变数将会对企业产生何种有利与不利的影响。

③劳动法律法规和政策分析,各种法律法规对企业产生了何种影响,利弊得失如何。

④产业结构调整与变化对企业人力资源供给与需求的影响分析,它对本企业将产生何种影响,企业的优势和劣势是什么。

⑤同行业各类劳动力供给与需求分析,本企业与同业在人才市场的竞争中具有何种优势和劣势。

⑥竞争对手分析,掌握竞争对手的相关情况,如竞争对手采用何种策略吸引和留住人才,其企业文化状况与人力资源策略、人力资源管理具体模式等。

(二)人力资源内部能力分析

企业人力资源内部能力分析是指从企业人力资源的现状出发,通过全面深入的分析,了解并掌握企业在未来发展中的优势和劣势,为人力资源战略的制定提供依据。对人力资源内部能力的客观全面分析,将有利于企业针对人力资源现存的问题,有效地克服各种妨碍企业战略目标实现的缺点,并就如何继续保持和增强企业人力资源的竞争优势做出正确的决策。

企业人力资源内部能力分析的内容包括：

①企业人力资源的现状分析，如各类专门人才（技术人才、管理人才和其他人才）的需求情况分析，人员素质结构的分析，员工岗位适合度与绩效情况的分析等；

②企业组织结构的分析，通过组织分析和诊断，发现组织上的优势以及存在的主要问题，提出组织变革和创新的设想；

③人力资源管理的规章制度以及相关的劳动政策的分析，企业在劳动组织、分工与协作、工作小组、工时与轮班制度、安全生产与劳动卫生、薪酬福利与保险，以及劳动关系和劳动争议处理等方面存在的优势和劣势；

④企业文化的分析，针对企业文化的内涵，如企业精神的培育、员工信念的树立、企业价值观的认同、企业形象的设计，通过认真的探讨，找出企业文化的优势与不足，并提出意见和建议。

在对人力资源环境条件分析的基础上，人力资源部门还需要进一步对企业人力资源在未来发展中可能获得的机遇以及可能遇到的威胁和挑战做出冷静客观的分析。机遇包括：经济高质量发展、政府政策更加宽松、劳动力市场机制日臻完善、竞争对手决策失误、突破同业的防御进入新的领域、企业全员素质迅速提高、集团凝聚力明显增强等；威胁包括：经济低迷、发展速度明显放慢、政府政策不力、劳动力市场供求矛盾突出、劳动力成本上涨、竞争对手迅速成长、潜在竞争者进入市场、防御失败等。

三、企业人力资源战略的决策

一般来说，企业在对人力资源外部环境和内部能力系统分析的基础上，首先应当就人力资源战略的类型做出正确的抉择。

当外部环境良好，企业人力资源内部能力与竞争对手相比却处于劣势时，宜选择扭转型战略；而当企业人力资源具有较强的优势时，则应采用进攻型战略。当外部环境存在巨大威胁，企业人力资源内部能力与竞争对手相比处于劣势时，宜采用防御型战略；而当企业人力资源内部能力与竞争对手相比具有较强的优势时，则应运用多样型战略。目前，从我国企业的实际情况来看，大多数外资或合资企业采取了进攻型战略，利用自己的资金、技术等方面的优势，从劳动力市场吸引了大量专门人才，在市场竞争中具有一定的独占性；而一些国有企业无论从外部环境还是从内部资源的配置来看，都处于巨大的压力之下，因此这些企业多采用防御型战略，以维系与劳动者的关系。企业在制定人力资源战略时，不仅要紧紧把握全局性和关键性的问题，还需要从以下六个方面做出全面评析和综合平衡，具体包括：①人员甄选、晋升和替换的模式；②人员绩效考核与评价的重点；③人员薪酬、福利与保险的设计；④员工培训与技能开发的类型；⑤员工关系调整与员工职业生涯规划的政策；⑥企业内部组织整合、变革与创新的思路。

四、企业人力资源战略的实施与评价

企业战略的管理过程是战略的制定和形成、战略的实施以及战略的评价等三个环节的循环过程。以下对企业人力资源战略的实施和评价展开叙述。

（一）企业人力资源战略的实施

在企业人力资源战略形成之后，企业应从以下几个方面入手，对人力资源战略的实施进行有效的管理。

1.认真做到组织落实

为了切实保证人力资源战略决策的实现，企业首先应当组建起一支反应迅速、机动灵活的人力资源管理专业队伍。具有竞争优势的专门管理人才是落实企业人力资源战略的根本保证。

2.实现企业内部资源的合理配置

人力资源战略的实施有赖于企业的技术、财力、物力、信息和人力等资源的合理配置和有效运作。企业应当根据战略规划的要求，建立职能部门、制定项目规划和经费预算，将主要资源集中在人力资源战略的实施上，以确保战略目标的实现。

3.建立完善的内部战略管理支持系统

为了保证战略的实施，企业必须对原有人力资源政策和规章制度进行全面检索，并做出必要的调整和更新，使它们成为战略实施的支撑点；建立畅通的信息传输、处理、存储和反馈的渠道，对战略实施过程进行监控；优化职能和业务部门的办事程序，提高组织和人员的工作效率，增强实施战略目标的兼容性；建立机动灵活的内部监控和制衡系统，将权限适当下移，重大问题由决策层定夺，一般问题由执行层落实，确保战略方向的准确性。

4.有效调动企业的积极因素

企业战略的实施有赖于全体员工的积极性、主动性和创造性。企业应采取一切有效措施，调动一切积极因素，如培育员工的企业精神、激发员工的进取斗志、营造良好的工作氛围、鼓励员工追求卓越的品质和一流业绩、在物质与精神上激励员工等，推动企业战略的实施。

5.充分发挥领导者在战略实施中的核心和导向作用

就实质而言，企业战略的制定与实施是企业领导者的神圣天职。在企业战略实施过程中，企业领导者必须具有战略家的眼光和胸怀，高瞻远瞩，审时度势，把握机遇，坚持正确的方向，最终实现企业的战略目标。

（二）企业人力资源战略的评价

对企业人力资源战略的评价过程包括：

1.确定评价的内容

①企业战略使命与战略目标的执行情况；

②在战略实施过程中局部工作与全局工作协调配合以及具体运作的情况；

③影响战略实施的主要因素及其变化情况；

④各个部门和员工对战略目标的实现所做出的贡献，通过对这些情况的分析评价，可以全面掌握战略实施的进度和所取得的业绩及成效；

⑤人力资源战略与企业总体发展战略以及其他职能性战略的配套性和统一性，即对其实际发挥的作用做出评估。

2.建立评价标准

监测和衡量企业人力资源战略的具体指标和方法主要有：

①岗位员工的适配度，岗位人员配置与人员接替的及时率、岗位工作的负荷率等；

②员工的工作满意度，既可以通过上下级之间的沟通和对话来了解实际情况，也可以通过劳动力流动率、岗位人员流失率等统计指标，或发放调查问卷的方法来掌握实际情况；

③员工工作绩效，可以通过劳动生产率、出勤率、工时利用率、劳动定额完成率、文件传递速度、目标的实现率或工作进度、利润率、资金周转率等指标衡量；

④员工心理和生理承受程度和状态，通过测试、问卷调查或面谈等方式来掌握实际情况；

⑤员工的收入水平，与社会平均水平、同行业同类岗位水平进行对比评估；

⑥员工对本企业文化的认知程度，通过面谈或问卷来掌握实际情况；

⑦员工接受培训以及素质提高的情况，通过面谈以及问卷调查等手段采集相关的信息等，并根据这些指标提出具体评价标准。

3.评估实际绩效

在战略评价的主要内容和评价标准确定之后，人力资源部门应当定期、定点地对企业人力资源运行的实际情况做出测量记录，为进行有效的战略控制提供必要的数据资料和信息依据。在这个阶段，人力资源部门应当注意采用定量分析与定性分析相结合的方法，深入实际进行调查。只有采集到第一手真实的数据资料，才能保证战略评估的全面性和准确性。

4.根据分析结果采取行动，对战略决策进行必要的修改和调整

在战略评价过程中，将预定的标准与实际取得的业绩进行对比，以便查找出战略实施中存在的主要问题和偏差，如果偏差处于允许范围内，可以继续按照原定的战略计划执行，如果偏差太大，必须查明原因，经过比较分析，提出改进和调整的具体对策，并付诸实施。

在战略实施过程中，有两种情况可能导致企业发展目标和方向发生偏移，一是以分目标替代总目标，因局部利益牺牲全局利益；二是以工作方法或手段作为目标。究其原因有三：首先是管理层对战略意图的认知与实际的要求不对称；其次是管理者所掌握的数据资料和相关信息与事实不对称；最后是评价的指标和标准与战略实施的要求不对称。因此，为了确保工作方向和目标的正确性，首先，企业应当向员工反复强调战略目标的内涵和实际意图，使大家在战略实施中的重点、要点以及事关全局的关键步骤方面达成共识，同时要建立畅通的信息沟通渠道，保证信息传递的及时性和准确性。其次，企业应选择和确定有利于实现企业人力资源战略目标的评价考核指标，对于难以定量考核的因素，可采用规章制度或标准程序进行行为监控，以确保战略目标的实现。

同时，在对战略实施情况进行评价与调控的过程中，企业的高层决策者应当紧紧把握住关系企业发展的全局性问题，借助各种监控手段，有效防止以战术的运行与控制替代战略的运行与控制的倾向，使企业当前的行为不偏离大方向和长远目标，始终沿着正确的道路前进。

第三章　员工的招聘、录用与培训

第一节　员工的招聘

一、招聘方式与渠道

根据面向群体的不同，招聘可分为内部招聘和外部招聘。内部招聘指面向本企业内部员工开展招聘，内部招聘最重要的原则就是坚持公平公正和程序透明。内部招聘的优点是对员工的激励性强，有利于保持企业文化和优良传统；缺点是不利于引入新思路、新方法，容易形成保守的企业文化。外部招聘又包括面向毕业生的校园招聘和面向有工作经验人员的社会招聘，针对不同的招聘对象可采用不同的招聘方式和渠道。

（一）校园招聘

校园招聘的优势是可以用较低的成本吸引高潜力的人才，毕业生更容易接受企业文化，有利于扩大企业知名度。常用的方式包括以下几种：

1.建立网申系统

企业在自己的网站上建立网申系统，接受毕业生的申请。网申系统可以自动屏蔽不符合条件的应聘者，从而大大提高简历筛选效率。但如果企业的知名度不高，则收到的简历量就会很少。

2.开展校企合作

企业可以与高校进行合作，在各高校开展巡回宣讲，这种方式可以让学生直接感受到企业的魅力。许多企业有时还会请已经毕业的校友担任"宣讲大使"，以进一步增强企业的吸引力。开展校企合作，有利于扩大企业在学生中的影响力，有助于其发掘优秀人才。企业在开展校园招聘时要注意与各大高校的招生就业办或就业指导中心合作，提前在高校发布相关消息，并凭借校方的协助在学生中进行宣传和组织活动。

（二）社会招聘

社会招聘最常用的渠道就是专业招聘网站。招聘网站有很多，各有不同的侧重点。企业可以根据自己所在行业的特点以及对人才的要求选择合适的招聘网站发布社会招聘信息，招募具有专业经验、能够满足岗位需求的高素质人才。

二、招聘工作流程

招聘工作从制订年度招聘计划开始，直到岗位候选人入职结束。首先，制订年度招聘计划，根据用人部门人员规划确定用人需求，制定招聘预算，包括差旅费、租赁费、材料费等。其次，确定面试方法，面试是考查候选人素质的非常重要的方法，技术性较强。接着，要求候选人填写应聘登记表。最后，制作面试评价表。该表是对面试考查要点的指引，招聘者围绕这些要点提问，对候选人进行评价。

在确定招聘的录用条件时，许多企业都会对候选人提出一些素质层面的要求，如积极主动、善于沟通等，有些岗位对这些素质的要求甚至很高。企业要在面试中对候选人的素质进行很好的判断，就要设计好面试问题，一种有效的方法就是行为事件访谈法（behavioral event interview, BEI）。最初完整的BEI主要用于素质模型的建立，现在一些知名企业也掌握了BEI，并将其应用于面试过程中，取得了良好的效果。比如，许多企业要求员工具有"事业激情"，用 BEI 的方法可以提出以下问题：

①请您列举一个对工作很投入、充满激情的事例。

②请您列举一个近两年工作中受到巨大挫折的事例。

③请您列举一个在工作中突破重重阻力和困难，最终取得成功的事例。

使用 BEI 时，企业要重点挖掘事件关键节点的 FACT，即 feeling（你当时有什么感受）、act（你当时做了什么）、circumstances（当时是什么场景、什么背景下产生的）、thinking（你当时有什么想法）。要挖掘行为的细节，对照目标素质，解码其所展现的素质层级。

第二节 员工的录用

一、员工录用的程序

企业通过招聘，做出初步录用决定后，接下来要对这些入选者进行背景调查、健康检查，合格者与企业签订试用协议。同时，企业应及时通知未被录用的应聘者。

（一）背景调查

背景调查的主要目的是了解应聘者与工作有关的一些背景信息，使企业对应聘者有一个更为全面的了解。背景调查主要包括学历学位调查、工作经历调查以及不良记录调查等，这些信息可以向应聘者过去的雇主、过去的同事甚至客户了解。在进行背景调查时，企业要注意把重点放在与应聘者未来工作有关的信息上，尽量从各种不同的信息渠道验证信息，避免偏见，同时要注意避免侵犯应聘者的个人隐私。

（二）健康检查

在被录用者正式入职之前，企业应组织被录用者进行健康检查。健康检查的目的是了解被录用者的身体健康情况。健康检查后，如发现被录用者有严重疾病，则应取消其录用资格。

（三）签订试用协议

被录用者经过健康检查发现无重大疾病后，企业就可与其签订试用协议，以法律形式明确双方的权利和义务。试用协议是保障被录用者合法权益的重要凭证。

（四）被录用者报到

被录用者携带录用通知书和其他材料到企业人事部注册报到，试用合格后，与企业正式签订用工合同。企业也不可忽视对未被录用的应聘者的回复，因为未被录用的应聘者以后还有可能成为企业的一员，或成为企业的顾客与竞争者。不过，企业在回复未被录用的应聘者时要非常小心，首先可以对他们参加企业的招聘表示感谢，同时还可以对应聘者的某些优点表示欣赏，然后再告知应聘者暂时没有适合他的职位。

（五）测评

由于面试的信度和效度会受到面试官的影响，尤其是当岗位对候选人的深层次素质，如个性、价值观甚至动机等有较高的要求时，仅靠面试来对应聘者进行考查存在较大风险，此时可以引入测评技术辅助判断。

测评是指采用科学的方法和工具，对人所具备的能力、素质进行评价，并对其未来在工作中的表现进行预测。测评的理论依据有很多，其中比较著名的是美国著名心理学家戴维·麦克利兰（David C. McClelland）的"冰山模型"。麦克利兰将个体素质的不同表现划分为表面的"冰山以上部分"和深藏的"冰山以下部分"，其中"冰山以上部分"包括基本知识、基本技能，是外在表现，容易直接测量；而"冰山以下部分"包括社会角色、自我认知、特质和动机，是人内在的、难以直接观察和测量的部分，而且相对稳定，不太容易受到外界的影响而发生明显改变，却对个体的行为与表现起着关键性的作用。对于"冰山以下部分"，一般企业很难自己测量，因为这不但要求深厚的心理学背景，而且要有大量的样本进行对照，需要借助第三方专业机构开展。

二、员工录用的原则及模式

（一）员工录用的原则

1. 补偿性原则

这是指应聘者在招聘测评中成绩高的项目可以补偿成绩低的项目。一般来说，企业在评价时会对不同项目设置不同的权重，权重越高的项目，其录用价值也越高。但在特殊情况下，不能光看总成绩的高低来确定录取结果，而应根据对不同职位的要求，侧重对某一项目的测评，从而确定录取结果。如果某个应聘者成绩高的项目恰是该职位侧重的项目，这样就可以认为成绩低的项目不重要了，该应聘者可以录用。补偿原则可以用于选择具有特殊才能的人才，使其不至于因总成绩不高而被淘汰。

2. 多元最低限制原则

这是指求职者在测评的每个方面都必须达到某个最低的标准，如达不到就被淘汰。这一原则适用于综合素质的测评。

3. 混合原则

企业在录用求职者的过程中，经常会遇到这样的问题，即在某个方面对求职者有最低的要求，但是在其他几个方面对其没有最低的要求，这时就可以运用混合原则。具体的步骤是首先运用多元最低限制原则将求职者淘汰一部分，然后运用补偿性原则对求职者进行综合评价。

（二）员工录用的模式

1.逐步筛选淘汰模式

在这种模式中，每一步骤都视为一关，通过这一关的人方能进入下一关，在整个甄选过程中，求职者人数逐步减少，选择目标逐步集中。在人员甄选工作量较大的情况下通常可采取这种模式。

2.信息累积综合评价选拔模式

这种模式的甄选过程是为了了解求职者的情况、积累有关信息，在对每个求职者在每个步骤的表现或成绩进行综合评价和比较之后，再做出取舍。采用这种模式可以避免在甄选过程中淘汰不应淘汰的人，但甄选工作量比采取逐步筛选淘汰模式的工作量要大。

第三节　员工的培训

一、员工培训的概念和类型

（一）员工培训的概念

培训是给新雇员或现有雇员传授其完成本职工作所必需的基本技能的过程。员工培训是组织通过学习、训导的手段提高员工的工作能力、知识水平，最大限度地使员工的个人素质与工作需求相匹配,进而促进员工现在和将来的工作绩效提高的活动。在传统意义上,培训侧重于近期目标,重心放在提高员工当前工作的绩效,从而开发员工的技术性技巧,以使他们掌握基本的工作知识、方法、步骤和过程。

(二)员工培训的类型

员工培训与其他常规教育,特别是学校教育的区别在于:从性质上讲,员工培训是一种继续教育,是常规学校教育的延伸;从内容上讲,员工培训是对受训人员的专业知识和特殊技能进行的有针对性的培训,目的是使其适应工作的需要;从形式上讲,员工培训的形式灵活多样,立足于实践需要,而不像学校教育那样整齐划一。培训的主体是全体员工,由于员工工作岗位不同,员工的发展需求不同,所以员工培训的类型多种多样。

1.根据培训对象划分

根据培训对象的不同,培训可以分为管理人员培训、专业技术人员培训、基层员工培训及新员工培训。管理人员培训的目的主要是让管理人员掌握必要的管理技能、管理理论和先进的管理方法;专业技术人员培训的目的是让技术人员提高专业领域的能力,如新产品研制能力等;基层员工培训的目的是提高基层员工的操作技能,主要针对不同岗位所要求的基本知识与能力进行训练;新员工培训为新进入组织的员工指引方向,使之对新的工作环境、条件、工作关系、工作职责、工作内容、规章制度和组织经营理念等有所了解,使其能尽快地融入组织和岗位工作之中。

2.根据培训涉及的范围划分

根据培训涉及的范围,培训可以分为普通培训和特种培训。普通培训针对广泛的对象,培训的内容范围广、适应面广,如管理知识的培训。特种培训是指针对特定岗位、特定对象而进行的培训,如专项技能的训练。

3.根据培训时间期限划分

根据培训时间期限，员工培训可以分为长期培训、中期培训和短期培训。

4.根据培训方式划分

根据培训方式，培训可以分为脱产培训、半脱产培训和业余培训等。脱产培训是指接受培训者在一段时期内完全脱离工作岗位，接受专门培训后，再继续回原岗位工作。半脱产培训是指接受培训者在保证岗位工作基本正常的情况下，每天或每周抽出一部分时间参加培训。业余培训是指接受培训者完全利用个人业余时间参加培训，不影响正常生产或工作的培训形式。

5.根据培训体系划分

根据培训体系，培训可以分为组织内部培训和组织外部培训两种。组织内部培训包括基础培训、适应性培训、日常培训、个别培训和目标培训等。组织外部培训按教育机构来划分，包括两大类：全日制的高等院校开展的培训、专门教育培训机构开展的培训。

二、员工培训的目的和作用

（一）员工培训的目的

1.培养员工的能力

通过培训，员工可以掌握相关的技术程序方法、工具等，这个过程可以培养员工的能力。

2.提高企业效益

培训是为了不断地提高企业的效益。对员工培训的任务是使员工掌握与工作有关的知识和技能，并使他们能够承担随着工作内容变化的新工作。

3.灌输企业文化

让员工适应并融入企业文化中，自觉地遵守企业文化，是企业培训中的一项重要内容。

4.迎合员工的需要

培训的目标之一就是使员工不但要熟练地掌握现有工作岗位上所需要的知识和技能,还要使他们了解和掌握本企业或本行业最新的科学技术动态,以增强他们的实际工作能力。

5.适应竞争的需要

企业进行培训的目的就是培养一大批始终站在科学技术前沿的高级人才,使广大的员工能适应工作内容的变化。正是由于管理的基本作用是管理人和使人掌握现代的科学技术,又由于环境的复杂多变,因而企业必须重视对员工的培训。

培训目标是培训方案实施的向导。有了明确的培训总体目标和各层次的具体目标,培训指导者就有了确定的实施计划,从而为实现目的而教学;对于受训者来说,明了学习目的,才能少走弯路,朝着既定的目标而不懈努力,进而取得事半功倍的效果。相反,如果目的不明确,则易造成指导者、受训者偏离培训的期望,造成人力、物力、时间和精力的浪费,提高了培训成本,从而可能导致培训的失败。

培训目标与培训方案的其他因素是有机结合的,只有明确了目标才有可能科学地设计培训方案的其他各个部分,使设计科学的培训方案成为可能。

(二)员工培训的作用

在企业面临全球化、高质量、高效率的工作系统挑战时,培训显得更为重要。培训使员工的知识、技能与态度明显提高与改善,从而提高企业效益,使企业获得竞争优势。员工培训的作用具体体现在以下几个方面:

1.有助于提高企业经营绩效

员工培训的直接目的是发展员工的职业能力,使其更好地胜任现在的日常工作及未来的工作任务。在能力培训方面,传统培训的重点一般放在基本技能与高级技能两个层次上,但是未来的工作需要员工具有更广博的知识,因而企业要培训员工学会知识共享,具备创造性地运用知识来调整产品或服务的能力。有效的培训能够帮助员工提高自身的知识技能,改变他们对工作的态度,增进员工对企业战略、经营目标、规章制度、工作标准等的理解,从而提高员工的工作业绩,进而促进企业整体绩效的提高。

2.有助于增强企业的竞争优势

人类社会步入以知识经济资源和信息资源为重要依托的新时代,智力资本已成为获取生产力、竞争力和经济成就的关键因素。企业之间的竞争不再依靠自然资源、廉价的劳动力、精良的机器和雄厚的财力,而主要依靠知识密集型的人力资本。美国的一项研究资料表明,企业技术创新的最佳投资比例是5:5,即人力资本投资和硬件投资各占50%。在同样的设备条件下,增加人力资本投资,可达到1:8的投入产出比。员工培训是创造智力资本的途径,智力资本包括基本技能(完成本职工作的技术)、高级技能(如怎样运用科技与其他员工共享信息、了解客户和生产系统)以及创造力。因此,企业要建立一种新的适合未来发展与竞争的培训观念,提高员工的整体素质,从而获取持续的竞争优势。

3.有助于培育企业文化

企业文化是企业的灵魂,它是一种以价值观为核心对全体职工进行企业意识教育的微观文化体系。良好的企业文化对员工具有强大的凝聚、规范、导向和激励作用,能够使员工拥有共同的价值观念和道德准则,而培训是一种非常有效的培育企业文化的手段。企业管理人员和员工认同企业文化,不仅会自觉学习、掌握各种知识和技能,而且会增强主人翁意识、质量意识、创新意识。这样可以培养企业管理人员和全体员工的敬业精神、革新精神和社会责任感,形成一种良好的文化氛围。

4.有助于提高员工的满意度

对员工适时的培训不仅可以提高员工本身的能力,有助于其在现在或将来的工作中有进一步的提升,提升员工的成就感,而且可以使员工感受到企业对他们的关心和重视，提升员工的归属感。有资料显示，百事公司对深圳270名员工中的100名进行了一次调查，这些人几乎全部参加过培训。其中80%的员工对自己从事的工作表示满意，87%的员工愿意继续留在公司工作。培训不仅提高了员工的技能，而且提高了员工对自身价值的认识，使其对工作目标有了更好的理解。

三、员工培训的原则和应注意的问题

（一）员工培训的原则

1. 战略性原则

企业都希望确保自己的培训计划能够支持战略目标的实现，所以企业必须将员工培训放在战略的高度来认识。基层员工培训能够立竿见影，很快会反映到员工工作绩效上，而管理人员培训可能在若干年后才能收到明显的效果。例如，美国的卡特彼勒公司创建了自己的卡特彼勒大学来负责对公司员工的培训，该大学的理事会由公司的高层管理者组成，他们负责制定企业大学的各种政策，以此确保各种学习需要与企业的经营战略保持一致。

2. 广泛性原则

企业员工培训网络涉及的面应该广泛，不仅中高层管理者需要培训，一般员工也需要培训。员工培训的内容应涉及企业经营活动或将来需要的知识、技能以及其他问题，而且员工培训的方式与方法也要具有广泛性。

3. 层次性原则

企业战略不同，培训的内容及重点也不同，而且不同知识水平的员工，所承担的工作任务不同，知识和技能需要也各异，企业需要根据不同层次的员工设计培训方案。

4. 实用性原则

员工的培训投资应产生一定的回报。员工培训系统要发挥其功能，即将培训成果转移或转化成生产力，并能迅速促进企业竞争优势的发挥与保持。首先，企业应设计好的培训项目，使员工所掌握的技术、技能，更新的知识结构适应新的工作。其次，企业应让受训者获得实践机会，为受训者提供应用培训中所学的知识、技能和行为方式的机会。最后，企业应构建学习型组织，为培训成果的转化创造有利的环境。

5. 长期性和适应性原则

随着科学技术的日益发展，人们必须不断接受新的知识，不断学习。任何企业对其员工的培训都是长期的，也是永恒的。员工学习的主要目的是促进自身发展。所以，培训的针对性要强。许多培训是随企业经营环境的变化而设置的，如为改善经济技术指标而需要掌握的知识和技能，为开展已决定进行的攻关课题、革新项目而需要的知识和技能，为强化企业内部管理而需要掌握的基本管理技能等。

（二）员工培训应注意的问题

一些企业在员工培训上花费了许多时间，却效果不佳，这与企业的培训理念有关。企业要想开展有效的培训，就需要注意以下几个方面的问题：

1. 企业培训应与企业的战略紧密结合

企业的培训部门应该对企业的战略、愿景和规划有深刻的认识，围绕企业的战略来制订培训计划和方案，在培训的各个环节体现企业的经营战略脉络，使培训服务于企业的战略。

2. 培训应有前瞻性，做好人才储备

员工培训是一个持续的过程，培训在短期内能够提高员工的工作技能，在长期内有利于员工的职业发展。因此，企业需要了解受训员工目前和未来的需求，有针对性地开展培训工作。

3.培训体系的建立应与企业所处的发展阶段相适应

企业的发展可以分为初创期、成长期、成熟期和衰退期四个阶段,在每个阶段对员工的要求存在较大差异。企业在初创期需要将其倡导的经营理念和价值观传递给每一个员工,使员工能够与企业朝着共同的方向前进。在快速成长期,企业需要注重对中层管理人员的培训,这部分员工是企业能否顺利成长的关键。在稳定成熟期,企业的各项管理制度趋于完善,需要建立一个完整的培训体系。在衰退期,为了提高生存活力,企业需要进行创新培训,扭转衰退的趋势。

4.培训既要有全面性,又要有对核心人才的侧重性

企业的培训既要考虑覆盖所有的员工,又要重点照顾关键员工和核心人才,即用80%的资源去培训20%有潜力的员工,使培训的效益最大化。

5.注重中高层的沟通培训

企业要通过沟通培训,提升中高层管理者的决策能力和执行能力。高层管理者和中层管理者共同参与培训,可以使高层管理者与中层管理者即刻沟通、分享灵感。

6.做好培训成本控制

培训成本属于企业人力资源成本中的开发成本,是企业培训新入职员工或一些老员工所要付出的人力、物力、财力的总和。企业要做好培训成本控制,确保培训能够以较低的成本取得较好的效果。

7.做好培训跟踪

培训跟踪是培训流程中的最后一个环节,它是对培训工作进行修正、完善和提高的重要手段,也是员工培训流程必不可少的组成部分。培训跟踪的重要内容至少有三项:培训知识转换效果、培训技能转换效果、培训后工作效率提高效果。而这些效果都不是在培训结束后就能立刻体现的,必须经过时间的检验。

8.培训是激励,不是福利

企业不能让员工认为企业对员工的培训是应该的,是企业欠员工的。企业对员工的内部培训和外部培训都是需要成本的。企业应该让员工觉得,通过培

训学到了东西，提高了水平，所以要带来更高的工作绩效。培训要成为激励因素而不是保健因素。

四、员工培训流程

员工培训流程就是企业实施培训活动的有序排列。员工培训的全过程，按时间顺序应包含培训需求分析、培训计划和方案设计、培训计划实施、培训效果评估与反馈四个部分。

（一）培训需求分析

在员工培训过程中，许多企业管理者都能凭借直觉来确定员工需要学习什么。然而，如果单纯地采取一种非正式的、直觉性的方法来判断员工需要学习什么，很可能会遗漏一些重要的内容。因此，绝大多数经验丰富的人力资源管理者都会首先进行培训需求分析。

1.培训需求分析的作用

从整体上来说，培训需求分析对培训过程具有较强的指导性。培训需求分析是现代培训活动过程中的首要环节，是培训评估的基础。培训需求分析具有以下作用：

（1）有利于找出差距，确立培训目标

在进行培训需求分析时，企业应从绩效差距入手，找出员工素质能力短板，或是企业战略和企业文化需要的员工能力与员工实际能力之间的差距，从而确定能否通过培训消除差距，提高员工工作效率。找出员工素质能力短板的步骤一般有三个，一是明确培训对象目前的知识、技能、能力水平；二是分析培训对象理想的知识、技能、能力模型；三是对培训对象理想和现实的知识、技能、能力水平进行对比分析。

（2）有利于进行前瞻预测分析

企业的发展过程是一个动态的过程，当组织发生变革时，培训计划也必须进行相应的调整。这种调整涉及培训内容、培训方法、培训程序和培训人员。培训需求分析有利于企业进行前瞻预测分析，进而对培训进行调整。

（3）有利于进行培训成本预算

进行培训需求分析能够帮助培训管理人员做出培训成本预算，并对不进行培训所造成的损失与进行培训的成本进行对比。

（4）有利于促进企业各方达成共识

通过培训需求分析，企业可以收集制订培训计划、选择培训方式的大量信息，促进企业各方达成共识，有利于培训计划的制订与实施。

2.培训需求分析的层次

员工的层次不同，他们的培训需求是不一样的，高层有战略方面的需求，中层有管理方面的需求，基层有业务方面的需求。所以，用同一种方法去做不同的事情，效果甚微。只有对不同层次的员工进行不同的培训，这样的培训才具有针对性。完整、科学的培训需求分析将确保工作、绩效、培训高度契合。培训需求分析应从以下三个层次入手：

（1）组织分析

组织分析主要通过对组织的目标、资源、特质、环境等因素进行分析，准确地找出组织存在的问题与问题产生的根源，以确定培训是否是解决这类问题最有效的方法。组织分析需要关注三个问题：

①从战略发展高度预测企业未来在技术、销售市场及组织结构上可能发生的变化，对人力资源数量和质量的需求状况进行分析，确定适应企业发展需要的员工能力。

②分析管理者和员工对培训活动的支持态度。大量研究表明，员工与管理者对培训的支持是非常关键的。培训成功的关键在于：受训者的上级、同事对其受训活动持有积极态度，并同意向受训者提供将培训所学的知识运用于工作实践中的信息；受训者将培训所学习的知识运用于实际工作之中的概率较高。

如果受训者的上级、同事对其受训不支持,培训成功概率就不大。

③对企业的培训费用、培训时间及培训相关的专业知识等培训资源的分析。企业可在现有人员技能水平和预算的基础上,指派内部咨询人员对相关的员工进行培训。如果企业缺乏必要的时间和专业能力,也可以从咨询公司购买培训服务。

(2) 工作分析

工作分析的目的在于了解与绩效问题有关的工作的详细内容、标准和达成工作所应具备的知识和技能,适用于新员工的培训需求分析。工作分析的结果也是将来设计和编制相关培训课程的重要资料来源。工作分析需要工作经验丰富的员工和专家参与,以提供完整的工作信息与资料。工作分析需要注意以下三点:

①对员工的工作过程进行反复观察,特别是操作性、重复性较强的工作,以确认工作说明书中的工作任务、工作技能要求是否符合实际。

②尽量发挥有相关工作经验人员的智慧。例如,对有经验的雇员、离退休人员、部门主管以及制定工作说明书的部门负责人进行访谈,以对工作任务和所需技能进行进一步确认。

③让权威人员来对工作分析的结论进行认证。向专家或组织顾问委员会求证,以确定任务的执行频率、完成每一项任务所需的时间、完成的关键、完成任务的质量标准、完成任务的技能要求及规范的操作程序等。只有经过这样的程序,才能更科学、准确地确认工作任务及所需知识、技能。

在工作分析中,企业需要对员工的胜任力进行分析,可通过胜任素质模型将某一职位所需具备的各种胜任素质(知识、技能、行为等)整合在一张图上。图3-1是描述性人力资源经理胜任素质模型。

图 3-1 描述性人力资源经理胜任素质模型

该人力资源经理胜任素质模型说明了三个问题。金字塔顶层部分的内容说明了企业希望这位人力资源经理具备的四种职能——直线职能、参谋职能、协调职能、战略性职能。金字塔顶层的下一层说明了为了履行上述职能，这位人力资源经理必须精通哪些领域的知识。例如：成为人力资源管理实践和战略规划领域的专家。紧接着下面一层则是这位人力资源经理如果想成为上述各个领域的专家，并且具备四种职能，必须具备的一些基本胜任素质。对于这位人力资源经理来说，这些基本胜任素质包括个人能力（比如行为符合伦理规范）、人际关系能力（比如有效沟通）、人力资源及业务管理能力（比如建立有效的人力资源管理系统）。

（3）员工绩效分析

员工绩效分析是一个确认员工是否存在绩效缺陷并且判断这种绩效缺陷是否能通过培训或者其他手段来加以解决的过程，主要是通过分析员工个人现有绩效状况与应有绩效状况之间的差距，来确定哪些员工需要和应该接受培训以及培训的内容。员工绩效分析适用于在职员工培训需求的分析。员工绩效分析主要包括以下几个方面：

①绩效评价情况；

②与职位相关的绩效数据（包括生产率、缺勤率和迟到情况、争议、浪费、交货延期、停工期、维修、设备利用以及客户投诉等）；

③员工的直接上级或其他专家观察到的情况；

④对员工本人或者其直接上级进行的访谈；

⑤对工作知识、技能以及出勤状况等所做的测试或考查；

⑥员工态度调查；

⑦员工个人的工作日志；

⑧评价中心的评估结果；

⑨具体的"绩效差距"分析软件。

员工出现绩效差距的原因有两方面，一是员工不会做，即员工可能不知道自己应该做什么、企业的绩效标准不明确、工作中的工具或条件不足、缺乏必要的工作协助、员工所受培训不足等。二是员工不愿意做导致绩效不佳，这时候需要通过培训来改变员工的工作态度。

（二）培训计划和方案设计

在培训需求分析之后，企业管理人员需要设计培训计划和方案，具体包括以下几个方面：

1.培训目标的确定

确定培训目标会给培训计划提供明确的方向。有了培训目标，企业才能确定培训对象、内容、时间、教师、方法等具体内容，并在培训之后对照此目标进行效果评估。确定了总体培训目标，再对培训目标进行细化，就成了各层次的具体目标。目标越具体，越具有可操作性，就越有利于总体目标的实现。

2.培训内容的选择

一般来说，培训内容包括三个层次，即知识培训、技能培训和素质培训。知识培训是企业培训中的第一个层次。员工听一次讲座或者看一本书，就可能获得相应的知识。知识培训有利于员工理解概念，增强对新环境的适应能力。技能培训是企业培训中的第二个层次。招进新员工、采用新设备、引进新技术等都要求进行技能培训，因为抽象的知识培训不可能使员工立即满足具体的操作要求。素质培训是企业培训中的最高层次。素质高的员工即使在短期内缺乏知识和技能，也会为实现目标有效、主动地进行学习。究竟选择哪个层次的培训内容，是由不同受训者的具体情况决定的。一般来说，管理者偏向于知识培训和素质培训，一般职员偏向于知识培训和技能培训。

3.培训师的确定

培训师有内部培训师和外部培训师之分。内部培训师包括企业的领导、具备特殊知识和技能的员工，外部资源是指专业培训人员等。内部培训师和外部培训师各有优缺点，企业应根据培训需求分析和培训内容来确定培训师人选。

4.培训对象的确定

企业可以根据培训需求、培训内容确定培训对象。岗前培训的目的是向新员工介绍企业规章制度、企业文化、岗位职责等内容，使其迅速适应环境。对于即将转换工作岗位的员工或者不能适应当前岗位的员工，企业可以组织他们进行在岗培训或脱产培训。

5.培训方法的选择

企业培训的方法有很多种，如讲授法、演示法、案例分析法、讨论法、视听法、角色扮演法等。各种培训方法都有其自身的优缺点。为了提高培训质量，达到培训目的，企业往往需要将多种方法配合起来灵活运用。

6.培训场所和设备的选择

培训场所包括教室、会议室、工作现场等。若以技能培训为内容，最适宜的场所为工作现场，因为许多工作设备是无法弄进教室或会议室的。培训设备包括教材、模型、幻灯机等。

（三）培训计划实施

培训计划实施是员工培训流程中的关键环节。在实施培训计划时，培训者要完成许多具体的工作任务，包括编制培训日程表，落实培训所需要的场地、设施、工具以及所需的培训资料。如果在外培训，还需要确定吃、住、行方面的安排情况。

（四）培训效果评估与反馈

从培训需求分析开始到最终制定出一个系统的培训方案，并不意味着培训方案的设计工作已经完成，还需要不断测评、修改。只有不断测评、修改，才能使培训方案逐渐完善。

培训的效果要从四个角度来考察：

①从培训方案本身的角度来考察，看方案的各个组成要素是否合理，各要素前后是否协调一致。

②看培训对象是否对此培训感兴趣，他们的需要是否得到满足；看以此方案进行培训，传授的知识能否被培训对象吸收。对于员工培训前后的变化，培训人员可以使用时间序列模型和控制实验来测量。时间序列模型通过将员工培训前与培训后的绩效进行对比，以此来确认是不是培训带来了某种变化。但是培训后的绩效变化也有可能是其他因素带来的，所以为了使测量更加准确，培训人员需要采用控制实验来对培训组和控制组进行对比，以此确定员工工作绩效变化在多大程度上是由于接受了培训。

③从培训对象的角度来考察，看培训对象在培训前后行为的改变是否与所期望的一致，如果不一致，找出原因，对症下药。美国著名学者唐纳德·柯克帕特里克（Donald L. Kirkpatrick）提出了四层次框架体系来测量培训效果。该体系认为培训效果测定可分成四个层次：第一层次测评，即测定受训者对培训项目的反应。受训者是否喜欢这个培训计划？他们是否认为这个计划是有价值的？第二层次测评，即测定受训者的学习情况。确定受训者是否学会了要求他

们掌握的原理、技能和事实。第三层次测评,即测定受训者在参训后,在与工作相关的行为上发生了哪些变化?如果受训者把学到的知识运用于工作中,提出更多的合理化建议,改进了工作方法,工作效率明显提高,就说明培训是有效的。第四层次测评,即有多少与成本有关的行为后果。企业要根据预先设定的培训目标来衡量培训项目取得了哪些最终成果。

④从培训实际效果的角度来考察,即分析培训的成本收益比。培训的成本包括培训需求分析费用、培训方案的设计费用、培训方案实施费用等。若成本高于收益,则说明此方案不可行,应找出原因,设计更优的方案。

衡量企业培训收益的方法主要有以下几种:一是运用技术、研究及实践衡量与特定培训计划有关的收益。二是在公司大规模投入资源前,通过实验性培训评价一部分受训者所获得的收益。三是通过对成功的工作者的观察,确定其与不成功工作者绩效的差别。除了上述三种方法,成本收益分析还有其他的方法。如效用分析法,即根据受训者与未受培训者之间的工作绩效差异,受训者人数、培训项目对绩效影响的时间段,以及未受培训者绩效的变化来确定培训的价值。这种方法需用到培训前测与后测方案。还有一种是经济分析法,主要通过计算直接和间接成本、政府对培训的奖励津贴、培训后受训者工资的提高、税率和折扣率进行评价。

第四章 职业生涯管理

第一节 职业生涯管理的目的和作用

一、职业生涯管理的目的

企业的竞争优势与企业人力资源的管理效果密切相关,人力资源优势是企业维持高的经营绩效,获取竞争优势的保证。企业进行员工职业生涯管理也正是为了优化企业人力资源管理效果,提高企业竞争力。人力资源管理效果通常通过两个方面来衡量:一是人力资源行为,即工作满意度、缺勤率、流失率和生产率;二是人力资源能力,即员工的知识、技能水平。员工职业生涯管理能够有效提升人力资源管理效果,其目的主要包括以下三个方面:

(一)改善员工的工作环境,提高员工工作满意度

工作满意度是指员工个人对其所从事的工作的一般态度,员工整体的工作满意度是影响企业绩效的重要因素之一。一个人的工作满意度高,就可能对工作持积极的态度;一个人对工作不满意,就可能对工作持消极态度。长期以来,管理者有这样一种信念:对工作满意的员工的生产率比对工作不满意的员工要高。因此,员工工作满意度高的企业相对而言经营绩效要好,而企业进行员工职业生涯管理正是为了改善员工工作环境,从而提高员工对工作的满意度。

影响员工工作满意度的因素主要有如下几个：具有心理挑战性的工作、公平的报酬、支持性的工作环境、融洽的同事关系及人格与工作的匹配。企业进行员工职业生涯管理，鼓励员工关注自身的发展，同时提供机会、采用各种手段帮助员工发展自我，鼓励员工承担更具挑战性的工作，使员工有机会展示自己的技能和能力，这样就会在企业内部营造出一个富有竞争性和挑战性的工作环境。在这种工作环境中，员工会感觉到凭借自己的实力就能够获得公平的晋升机会和成长机会，就能够承担更多的责任，并提高自身的社会地位，他们将更能够从工作中获得满足感。

员工职业生涯管理的原则之一是鼓励员工找到自己的职业锚，发现自身稳定的、长期的贡献区，从而为企业做出更大贡献，并获得自身职业发展。员工在这样的职位上，将发现自己有合适的能力来适应这一工作的要求，并且在该岗位有可能获得成功，从而更有可能从工作中获得较高的工作满意度，提高工作效率。同时，企业鼓励员工的职业发展，对于得到晋升或自身能力提高的员工，企业将提高其收入水平，收入的提高带来员工生活质量的提高。同时，这又会使员工工作满意度得到进一步提升。可见，企业进行员工职业生涯管理可以通过提高员工工作满意度来改善员工绩效，从而提高企业经营绩效。

（二）提高员工的工作效率，降低缺勤率和流失率

企业进行员工职业生涯管理可以提高员工的工作参与度及员工的工作效率。工作参与度是测量一个人在心理上对其工作的认同程度的重要指标，工作参与度与员工的工作效率呈正相关。企业进行员工职业生涯管理时考虑的重要因素之一就是人岗匹配，即将员工放到最合适的位置上，这样员工才能发挥其聪明才智，为企业做出更大贡献。心理学家约翰·霍兰德（John Holland）提出了人格-工作适应性理论，他划分了 6 种不同的人格类型，每一种人格类型都有与其相适应的工作环境。他指出，当人格与职业相匹配时，则会产生最高的满意度和最低的流失率，此时员工对工作的认同感最高，因此工作效率也最高。

有研究表明，工作水平是满意度与工作绩效之间关系的一个重要的中介变量。对于工作水平较高的员工来讲，工作满意度越高，工作绩效就越高。企业中的专业人员和管理人员均属于工作层次水平较高的人员，他们的工作绩效在某种程度上决定了整个企业的经营绩效，因此企业侧重于对这部分员工进行职业生涯管理，而这又进一步促进了这部分员工工作绩效的提升。

除此之外，企业进行员工职业生涯管理目的还在于降低员工缺勤率和流失率。降低缺勤率对企业来说非常重要。而在企业中，流失率高意味着招聘、培训等费用的提高，企业必须重新寻找能够替代的人来充实空缺岗位，企业的有效运作就会受到影响。当人员流动过度，流走的又都是优秀员工时，企业的经营绩效将会受到严重影响。

缺勤率和流失率与工作满意度呈负相关关系，企业进行员工职业生涯管理，可以提升员工对工作的满意度，员工对工作的满意度越高，缺勤率和流失率相对则越低，从而为企业节约相应的成本开支，保持员工队伍的稳定性。

（三）帮助员工掌握最新知识和技能，使企业保持竞争力

在知识经济时代，变化是企业经营环境的一个重要特征。知识的更新是非常迅速的，企业在这样的竞争环境中要生存、发展，必须拥有具有不断学习能力的人才。员工不仅要掌握现有工作岗位所必需的技能，还必须及时更新知识，掌握最新的技能，以满足企业未来战略规划的需要。

员工职业生涯管理的目的在于鼓励员工终身学习，紧跟时代变化的步伐，及时更新自己的知识，开发新的技能。同时，企业通过有效的手段对员工进行培训、开发，培养关键职位的接班人，能够为未来竞争提供人力资源保证，在需要时有合适的人才可以用。企业进行职业生涯管理不仅是为了维持现在的经营绩效，也是在为未来的变化做准备，以便在未来的竞争中保持高的经营绩效和竞争力。

二、职业生涯管理的作用

（一）职业生涯管理对企业的作用

职业生涯管理不仅决定个人一生事业成就的大小，也关系到企业目标能否实现。对员工进行职业生涯管理，不但保证了企业未来的人才需要，而且能使人力资源得到有效的开发。

1.职业生涯管理可以对企业未来的人才需要进行预测

企业可以根据发展需要，预测未来的人力资源需求，通过对员工的职业生涯设计，为员工提供发展的空间、培训的机会和职业发展的信息，使员工的发展同企业发展结合起来，有效地保证企业未来发展对人才的需要，避免出现职位空缺而找不到合适人选的现象。

2.职业生涯管理帮助企业留住优秀的员工

企业的优秀人才流失有多方面的原因，比如员工专长得不到发挥、薪酬不理想、没有晋升的机会等。企业进行职业生涯管理，重视对员工职业生涯的设计，将会提升员工工作的满意度，吸引和留住更多优秀的人才。对员工来说，其最关心的就是自己的事业发展，如果自己的才能得到发挥和肯定，他们就不会轻易地更换工作。

3.职业生涯管理可以使企业的人力资源得到开发

职业生涯管理能使员工的个人兴趣和特长受到企业的重视，员工的积极性得到提高，潜能得到合理的挖掘，从而使企业的人力资源得到有效的开发，更适合社会发展和变革的需要。

（二）职业生涯管理对个人的作用

职业发展是员工重要的人生需要。需要未满足会给人带来紧张感，进而在身体内部产生内驱力，这些内驱力会使员工产生寻求行为，去寻找能满足需要的特定目标，如果目标达到，需要就会满足，进而降低紧张程度。马斯洛（Abraham H. Maslow）提出了著名的需要层次理论，他假设每个人内部都存在着五种需要层次。

①生理需要：包括饥饿、干渴、栖身、性和其他身体需要。

②安全需要：保护自己免受生理和心理伤害的需要。

③社会需要：爱、归属、接纳和友谊的需要。

④尊重需要：内部尊重因素（如自尊、自主和成就）和外部尊重因素（如地位、认可和关注）。

⑤自我实现需要：一种追求个人能力极限的内驱力，包括成长、发挥自己的潜能和自我实现。

当任何一种需要基本上得到满足后，下一个需要就成为主导需要。个人需要顺着需要层次的阶梯前进。

马斯洛把生理需要和安全需要归纳为较低层次的需要，社会需要、尊重需要和自我实现需要为较高层次的需要。较高层次的需要从内部使人得到满足，较低层次的需要从外部使人得到满足。马斯洛认为每一层次的需要都是与生俱来的，而非后天获得的，他发现自我实现这样的高级需要也是人性所固有的。随着社会的进步、人们生活水平的提高，员工已经不仅仅停留在低层次需要的满足上，而是向更高层次的需要靠近。相对于个人的生命周期而言，职业生命周期占据了个人整个生命周期的大部分时间，员工不只是满足于找到一份工作，而是越来越关心自己的职业发展，希望在职业的发展过程中满足自己与他人交往、被接纳、受到尊重的需要，通过对职业成功的追求促进自我成长、施展潜能、得到认可、实现人生的价值。职业生涯关系到社会、尊重、自我实现等较高层次需要能否得到满足，职业发展已成为员工个人的人生需要之一。

美国学者也指出，企业进入 21 世纪以后，面临三大竞争性挑战，分别是竞争的全球化挑战、满足利益相关群体需要的挑战以及高绩效工作系统的挑战，其中利益相关群体包括股东、顾客和员工。为赢得竞争优势，企业不仅要关注股东的投资收益、顾客的满意度，还必须关注员工的期望，满足员工的需要，提高他们的工作满意度和工作效率。

为了满足员工对职业发展的需要，企业要通过有效的职业生涯管理对员工进行激励，以实现企业和员工的共同目标。赫兹伯格（Frederick Herzberg）提出的双因素理论指出，真正对员工起到激励作用的是一些与职业发展相关的内部因素，如工作富有成就感、工作成绩得到认可、工作本身、责任大小、晋升、成长等，这些因素被称为激励因素。而其他一些因素，如公司政策、人际关系、工作环境等导致不满意的因素即使被消除，也不一定对员工有激励作用，赫兹伯格把这样的因素称为保健因素。

职业发展本身对员工的工作满意度起着重要作用，是激励员工的重要因素。企业通过职业生涯管理，可以创造出一个激励员工追求自身职业发展的氛围，让员工通过职业发展得到成长，在工作中得到晋升或承担起更大的责任，从而使自己的工作满意度和工作效率大大提高。而职业生涯管理通过整合企业的目标与员工个人发展的需要，可使两者在某种程度上达成一致。在这种前提下，企业通过对员工职业生涯的管理来激励员工为实现自己未被满足的职业发展需要而努力。同时，员工努力工作的行为将促进企业目标的实现。进行员工职业生涯管理，不仅有利于企业的发展，也完全符合员工个人的人生需要，具有强大的生命力。对员工个人而言，参与职业生涯管理的重要性体现在以下几方面：

1.增强对工作环境的把握能力和对工作困难的控制能力

职业计划和职业管理既能使员工了解自身的长处和短处，养成对工作环境和工作目标困难程度进行分析的习惯，又可以使员工合理计划、分配时间和精力，完成任务，提高技能。这有利于强化员工对环境进行把握和对困难进行控制的能力。

2.有利于员工过好职业生活，处理好职业生活和其他生活的关系

良好的职业计划和职业管理可以帮助员工从更高的角度看待工作中的各种问题和选择，将各分离的事件结合起来，服务于职业目标，使职业生活更加充实和富有成效。职业生涯管理也能够帮助个人考虑职业生活同个人追求、家

庭目标等的平衡，避免顾此失彼。

第二节　个人职业生涯管理与优化

个人职业生涯管理与优化又称个人职业生涯规划，是指个人确立职业发展目标，选择职业生涯路径，采取行动和措施，并不断对其进行修正，以保证职业目标实现的过程。

职业生涯规划按照时间长短可以划分为短期职业生涯规划、中期职业生涯规划、长期职业生涯规划和人生职业生涯规划四种。短期职业生涯规划是指两年以内的职业生涯规划，目的主要是确定近期目标，制订近期应完成的任务计划。中期职业生涯规划是指 2~5 年内的职业生涯规划。长期职业生涯规划是指 5~10 年内的职业生涯规划，目的主要是设定比较长远的目标。人生职业生涯规划是指对整个职业生涯的规划，时间跨度可达 40 年，目的是确定整个人生的发展目标。

人的职业生涯是一个漫长的过程，每个人都应该有一个整体的规划，但完整的人生职业生涯规划由于时间跨度大，会因为境遇变迁而难以准确掌控，也难以具体实施。因此，我们可以把整个人生职业生涯规划分成几个长期职业生涯规划，长期职业生涯规划再分成几个中期职业生涯规划，中期职业生涯规划再分成几个短期职业生涯规划，这样既便于根据实际情况设定可行目标，又可随时根据现实的反馈进行修正和调整。

一、个人职业生涯管理与优化的原则

在做职业生涯规划时既要追求挑战性,又要避免好高骛远,同时还应保持一定的灵活性,便于根据自身和环境的变化适时做出调整。实施规划时应遵循以下原则,避免走不必要的弯路。

第一,清晰性原则。考虑职业生涯目标、措施是否清晰、明确,实现目标的步骤是否直截了当。

第二,挑战性原则。目标或措施是具有挑战性,还是仅保持其原来状况而已。

第三,动态性原则。目标或措施是否有弹性或缓冲性,是否能根据环境的变化而进行调整。

第四,一致性原则。主要目标与分目标是否一致,目标与措施是否一致,个人目标与组织发展目标是否一致。

第五,激励性原则。目标是否符合自己的性格、兴趣和能力,是否能对自己产生内在激励作用。

第六,全程原则。拟定职业生涯规划时,必须考虑到职业生涯发展的整个历程,基于全程去规划。

第七,具体原则。生涯规划各阶段的路线划分与行动计划,必须具体可行。

第八,可评量原则。规划的设计应有明确的时间限制或标准,以便评量、检查,使自己随时掌握执行状况,并为规划的修正提供参考依据。

二、影响个人职业生涯规划的因素

(一)个人方面

影响职业生涯规划的个人方面的因素包括:个人的心理特质,如智能、性格、兴趣等；生理特质，包括性别、身体状况以及外貌等；学历、经历，包括所接受的教育程度、训练经历、社团活动、工作经验等。下面主要介绍性格、兴趣以及能力对职业生涯规划的影响。

1.性格

性格是指表现在人对现实的态度和相应行为方式中比较稳定的、具有核心意义的个性心理特征，是一种与社会关系最密切的人格特征。性格表现了人们对周围世界的态度，并体现在人们的行为举止中。每个人都可以根据自己的性格来选择适合的职业。

2.兴趣

兴趣是人们认识与研究某种事物或从事某种活动的积极态度和倾向，是在一定需要的基础上，在社会实践中发生和形成的，因人而异。兴趣在人的职业选择过程中具有重要作用，是人进行职业选择的重要依据。

当一个人对某种事物产生兴趣时，其就能敏锐地感知事物，积极思考，并具有克服困难的意志。兴趣也能影响工作满意度和稳定性，一般来说，从事自己不感兴趣的职业，人就很难感到满意，并会因此感到工作不稳定。

3.能力

能力是指人们能够从事某种工作或完成某项任务的主观条件。这种主观条件受两方面因素的影响：一是先天遗传因素，二是后天的学习与实践因素。人们的能力可分为一般能力和特殊能力两大类。一般能力通常又称为智力，包括注意力、观察力、记忆力、思维能力和想象力等，是人们顺利完成各项任务必须具备的一些基本能力。特殊能力是指从事各项专业活动的能力，也可称为特长，如音乐能力、语言表达能力、空间判断能力等。能力是一个人完成任务的前提条件，是影响工作效果的基本因素。因此，了解自己的能力倾向及不同职业的能力要求对合理地进行职业选择具有重要意义。

从能力存在差异的角度来看，个人在选择职业时应遵循以下原则：

①能力类型与职业相吻合。人的能力类型是有差异的，即人的能力发展方向有所不同。职业研究表明，职业可以划分为不同类型，对人的能力也有不同

要求，因而应注意能力类型与职业类型的吻合。

②一般能力与职业相吻合。不同职业对人一般能力的要求各有不同，如律师、科研人员、大学教师等职业一般要求从业人员具备较高的智商。

③特殊能力与职业相吻合。个人要顺利完成某项工作，除具有一般能力外，还应具备完成该项工作所必需的特殊能力。如教育工作行业要求从业人员具备良好的阅读能力和表达能力；建筑行业则要求从业人员具备一定的空间判断能力；等等。

（二）组织方面

企业内部环境对个人职业生涯有直接的影响，个体发展与企业发展息息相关。对企业环境进行客观分析，个体可以准确了解企业的实际状况及发展前景，把个人发展与企业发展联系在一起，并将其融入企业发展之中，这有利于个体做出合理的职业生涯规划。企业内部环境主要包括以下几个方面：

1.企业文化

企业文化决定了企业对待其员工的态度，在一定程度上会左右员工的职业生涯规划。员工的价值观与企业文化有冲突，会导致员工无法适应企业文化，进而影响其在组织中的发展。所以，企业文化是个人在制订职业生涯规划时要考虑的重要因素。

2.企业制度

员工的职业发展，归根到底要靠企业管理制度来保障，比如有效的培训制度、晋升制度、绩效考核制度、奖惩制度、薪酬制度等。如果一个企业没有制度或者制度不完善，那么该企业员工的职业发展就难以顺利实现。

3.领导人的素质和价值观

企业文化和管理风格与其领导人的素质和价值观有直接的关系。企业主要领导人的抱负及能力是企业发展的决定因素，对员工的职业发展有着重要影响。

4.企业实力

企业的实力大小决定了该企业在本行业中是具备很强的竞争力,还是处于一个很快就会被吞并的地位。在激烈的市场竞争中,所谓适者生存,意思是只有适应环境、适应发展趋势的企业才能生存。企业有实力、有发展潜力,对个人的职业发展非常有利。

5.企业所在行业环境

行业环境将直接影响企业的发展状况,进而也影响到个人的职业生涯发展。健康的行业环境有助于个人职业目标的实现。行业环境包含以下内容:

①行业发展现状。深入了解企业所在行业当前发展态势及存在的问题,进而预测行业的发展趋势、发展前景。

②国际国内重大事件对企业所在行业的影响。行业的发展容易受到国际国内重大事件的推动或冲击,从而影响到该行业提供职业机会的多寡。

(三)社会方面

1.经济发展水平

经济发展水平较高的地区,优秀企业相对集中,个人职业选择的机会较多,有利于个人职业发展;反之,经济落后地区,个人职业选择机会少,个人职业发展也会受到限制。

2.社会文化环境

社会文化是影响人们的行为、欲望的基本因素,主要包括教育条件、教育水平及社会文化设施等。在良好的社会文化环境的影响下,个人素质、个人能力会得到大幅度的提升,从而为其职业生涯规划打下更好的基础。

3.政治制度和氛围

政治和经济是相互影响的,政治不仅决定着一国的经济体制,而且左右着企业的组织体制。同时,政治制度和氛围还会影响个人的志向与追求,从而直接影响到个人的职业发展。

4.价值观念

一个人生活在社会环境中,必然会受到社会价值观念的影响,个人价值取向在很大程度上被社会主体价值取向所左右,进而影响个人的职业选择。

三、个人职业生涯规划的步骤

个人职业生涯规划一般要经过自我剖析、职业发展机会评估、设定职业生涯目标、选择职业生涯路径、制定职业发展策略以及职业生涯评估与调整等几个步骤。

（一）自我剖析

自我剖析是个人对与职业选择相关的自身情况进行分析、评估。它包括对人生观、价值观、受教育水平、职业锚、兴趣和特长等进行分析,以达到全面认识自己、了解自己的目的。自我剖析是职业生涯规划的基础,直接关系到个人职业生涯能否成功。

橱窗分析法是自我剖析的一种重要方法。心理学家把对个人的了解比喻成一个橱窗,将其放在一个坐标系中加以分析。坐标系的横轴正向表示别人知道,负向表示别人不知道;纵轴正向表示自己知道,负向表示自己不知道。

许多研究表明,人类一般只发挥了大脑功能的很小一部分。控制论的创始人诺伯特·维纳（Norbert Wiener）指出:"每一个人,即使是做出辉煌成就的人,他一生中所利用大脑的潜能还不到百亿分之一。"由此可见,认识与了解"潜在我",是自我剖析的一项重要内容。

（二）职业发展机会评估

员工在进行职业生涯规划时,除了对自身的优劣势进行分析和评价,还要对所处的外部环境进行评估。个人所处的环境决定了个人职业发展的机会。职业发展机会评估准确与否，影响着个人对机遇的把握。所以，个人在制订职业生涯规划时，要分析所处环境的特点、环境的发展变化趋势、自己与环境的关系、自己在环境中的地位、环境对自己职业生涯目标的有利和不利之处等。个人所处的环境一般包括社会环境、组织环境、政治环境以及经济环境等。

（三）设定职业生涯目标

职业生涯目标的设定是职业生涯规划的核心。个人在确定职业生涯目标的过程中需要注意以下几点：

①目标要符合社会与组织的需要。

②目标要适合自身的特点，并使其建立在自身的优势之上。

③目标要高远，但绝不能好高骛远。

④目标幅度不宜过宽，最好选择窄一点的领域，并投入全部身心力量，这样更容易获得成功。

⑤要注意长期目标与短期目标的结合，长期目标指明了发展的方向，短期目标是实现长期目标的保证，长短期目标结合更有利于职业生涯目标的实现。

⑥目标要明确具体，同一时期的目标不要太多，目标越简单、越具体，就越容易实现，越能促进个人的发展。

⑦要注意职业目标与家庭目标以及个人生活和健康目标的协调与结合，家庭与健康是事业成功的基础和保障。

（四）选择职业生涯路径

个人在确定职业生涯目标后，就需要考虑职业生涯路径选择的问题。所谓职业生涯路径，是指选定职业后实现职业目标的具体方向，比如是向着专业技术方向发展，还是向着行政管理方向发展。

由于不同的职业路径对发展的要求不一样，因此职业生涯路径选择是进行职业生涯规划时必须要做的选择，只有做出了明确的选择，才便于安排以后的学习和工作，并沿着既定的路线和方向平稳发展。个人在进行职业生涯路径选择时，可以从三个方面来考虑：

①我希望沿着哪一条路径发展，即确定自己的人生目标取向。

②我适合往哪一条路径发展，即确定自己的能力取向。

③我能够沿着哪一条路径发展，即主要考虑自身所处的社会环境、政治与经济环境、组织环境等。

（五）制定职业发展策略

无论多么美好的理想和想法，最终都要落实到行动上才有意义，否则都是空谈。在确定职业生涯目标和路径后，行动就成为关键的环节。为保证行动与努力目标一致，个人需要最大限度地根据职业生涯规划来约束自己的行为，并采取措施，把目标转化成具体的行动方案。

（六）职业生涯评估与调整

由于诸多不确定因素的存在，既定的职业生涯目标与规划会出现偏差，因此个人需要适时地对职业生涯目标与规划进行评估并做出相应调整，以更好地符合自身和社会发展的需要。调整的内容主要包括职业生涯路径的选择、职业生涯目标的修正以及职业生涯策略等。

四、个人职业生涯成功的评价标准

职业生涯成功是指个人实现了自己的职业生涯目标。职业生涯成功的含义因人而异，具有很大的差异性。对有些人来讲，职业生涯成功可能是一个抽象的、不能量化的概念，例如家庭幸福、职位上不断晋升等。职业生涯成功对于同样的人在不同的人生阶段也有着不同的含义。对于年轻员工来说，职业生涯的成功往往首先体现为在工作中产生满足感与成就感，并使工作更具挑战性。

每个人都应该对自己的职业生涯成功进行明确界定，包括成功意味着什么、成功时发生的事和一定要拥有的东西、成功的时间、成功的范围、成功与健康、被承认的方式等。要对职业生涯成功进行全面的评价，就必须综合考虑各方面的因素，而每一个方面都应该有相应的评价内容和标准。

第三节　组织职业生涯管理与优化

美国在20世纪六七十年代最早开始了组织职业生涯管理方面的有益探索，一些企业开始有意识地帮助员工建立起在本企业内部的发展目标，设计员工在企业内部的发展通道，并为员工提供目标实现过程中所需要的培训、轮岗和晋升等。随着员工受教育程度和收入水平的不断提高，他们的工作动机也趋于多样化，人们参与工作，更多是为了获得成就感、增加社会交往、实现个人的发展理想。这也为企业的人力资源管理提出了新的挑战，组织职业生涯管理受到越来越多企业的关注。

组织职业生涯管理与优化是指组织根据自身发展目标，及时地向员工提供在本组织内职业发展的有关信息，给予员工公平竞争的机会，并提供职业咨询，引导员工对自己的能力、兴趣以及职业发展的要求和目标进行分析与评估，使其能与企业组织的发展需要相统一，以实现组织和个人的长远发展。

一、组织职业生涯管理与优化的意义

对于组织而言，职业生涯管理与优化的意义主要体现在以下三个方面：

第一，职业生涯管理与优化是保证企业资源合理配置的关键。人力资源是

一种可以不断开发并不断增值的增量资源,因为人力资源开发能不断更新人的知识、技能,提高人的创造力,从而使无生命的"物"的资源被充分利用。特别是随着知识经济时代的到来,知识已成为社会的主体,而掌握和创造这些知识的就是"人",因此企业更应注重人的智慧、技艺、能力的提高与全面发展,通过加强职业生涯管理,使人尽其才、才尽其用。如果离开"人"的合理配置,企业资源的合理配置就是一句空话。

第二,职业生涯管理与优化能充分调动人的内在积极性,更好地实现企业组织目标。职业生涯管理的目的就是帮助员工提高在各个需要层次的满足度,使员工的低层次物质需要和精神方面的高级需要的满足度同时得到提高。因此,职业生涯管理立足于社交、尊重、自我实现的需要,能够使员工真正了解自身在个人发展上想要什么,帮助其实现职业生涯目标,这样就必然会激起员工为企业服务的意识,进而形成企业发展的巨大推动力,更好地实现企业组织目标。

第三,职业生涯管理与优化是企业长盛不衰的组织保证。企业成功的根本在于拥有高质量的管理者和高质量的员工。人的才能和潜力能得到充分发挥,人力资源不会虚耗、浪费,企业的生存和成长就有了取之不尽、用之不竭的动力源泉。发达国家的重要资本是其所积累的经验、知识和训练有素的人力资源。通过职业生涯管理努力为员工提供施展才能的舞台,充分体现员工的价值,既是留住人才、凝聚人才的根本保证,也是企业长盛不衰的组织保证。

二、组织职业生涯管理与优化中各主体职责的划分

组织职业生涯管理与优化的实施是一个系统的过程,需要各个主体的有效配合,各自承担相应的职责。一般来说,员工个人负责自我评估,进行个人职业生涯规划;管理者为员工提供辅导并进行形势分析;组织则负责提供培训指导、信息资源;等等。

一般而言，员工的责任包括以下内容：①对自己的能力、兴趣和价值观进行自我评价。②分析职业生涯选择的合理性。③确立发展目标和需要。④和上司交换发展愿望。⑤和上级一起制订行动计划。⑥落实并实施该行动计划。

管理者的责任一般包括以下六个方面：①作为催化剂，引导员工正确认识自身职业生涯发展的过程。②对员工所提供的信息进行确认与评估。③帮助员工对其职业发展目标及规划进行分析和评价。④对员工进行指导，并形成一个与企业战略需求相一致的个人发展目标。⑤确定员工的职业生涯发展机会，包括安排培训、转岗等。⑥跟踪员工的计划，并根据形势，适时对计划进行更新。

组织的责任包括以下内容：①提供职业生涯规划所需的样板、资源、辅导以及决策所需的信息。②采取有效手段，对员工、管理人员以及参与实施职业生涯规划的工作人员进行必要的培训。③提供技能培训，为员工安排职业锻炼机会和个人发展空间。

三、职业生涯周期管理

从组织的角度来讲，职业生涯管理就是帮助员工协调组织与个人的职业生涯目标，为员工提供指导，帮助员工顺利实现自己的职业目标。员工的职业生涯一般可分为早期、中期和晚期三个阶段，企业职业生涯管理在不同阶段的侧重点也不一样。

（一）职业生涯早期的管理

职业生涯早期阶段是指一个人由学校进入组织并在组织内逐步"组织化"，并为组织所接纳的过程。这一阶段一般发生在 20~30 岁，一系列角色和身份的变化，必然要求个人经历一个适应过程。在这一阶段，个人的组织化以及个人与组织的相互接纳是个人和组织共同面临的、重要的职业生涯管理任务。

1.职业生涯早期阶段的个人特征

在职业生涯早期阶段,员工个人正值青年时期,这一阶段的任务较为单纯、简单。个人的主要任务包括:进入组织、学会工作、学会独立、寻找职业锚、完成向成年人的过渡。这个阶段员工的个人特征主要有以下几方面:

第一,职业方向不是很明晰。员工进入企业后,开始接触自己职业领域的知识、技能,并逐步尝试在工作中积累经验。员工除了缺乏工作岗位经验,对企业的文化也比较陌生,对周围的环境也不熟悉,需要逐步地适应环境。员工对自己的职业能力和未来发展还没有形成较明确的认识,尚处于职业生涯探索期,职业锚常常变化不定。

第二,精力充沛。处于职业生涯早期阶段的员工,精力充沛,家庭负担比较轻,心态上积极向上、争强好胜,追求上进,对未来充满幻想,充满激情,有足够的精力来应对可能出现的工作困难。

第三,容易产生职业挫折感。在这一阶段,员工具有较高的工作期望,但由于缺少经验和对环境及自身的充分认知,其在工作中经常高估自己,一旦自己的期望与现实发生冲突,或付出了很大努力没有达到预期目标,便会产生职业挫折感。培养对挫折的抵抗力,对于个体有效地适应职业环境、维持正常的心理和行为是非常重要的。

第四,开始具有家庭责任意识。员工在这一阶段开始组建家庭,并萌生家庭责任意识,逐步培养调适家庭关系的能力,承担家庭责任,逐步学会与父母、配偶等家人和睦相处。

第五,心理上存在独立和依赖并存的矛盾。在心理方面,员工要解决依赖与独立的矛盾。刚开始参加工作时,员工常会处于配合、支持其他有经验的人的工作的地位。但是依赖是独立的前奏,当经过一段时间的学习和积累,工作经验和能力发展到一定程度后,员工就应该逐步地寻求独立,如果不能及时地克服依赖,就难以发展独立性。

2.组织在员工职业生涯早期的管理优化策略

组织在员工职业生涯早期的管理优化策略有以下几种:

（1）支持员工的职业探索

员工对自我的认识有一个探索过程。员工选择进入某一企业或应聘某一职位是建立在对自己兴趣、能力等的单方面评价的基础上的，这种自我评价不可避免地带有个人的主观色彩。此外，员工对企业的了解不够深入，选择的职位有可能不适合自己的发展目标。为了实现个人与职位的最佳匹配，组织应该提供各种职位空缺的信息，并进行广泛的传播，让感兴趣的员工都有机会参与这些职位的竞争。另外，企业还可以根据不同类型员工的特征，采取相应的职业支持措施。在企业的引导和资源支持下，员工可以对自身有更充分的认识，评估的客观性增强，从而更好地完成职业的再探索和再选择。

（2）促进员工的社会化

员工的社会化是指企业中的新员工融入企业文化的过程。员工社会化一方面要靠员工自己的努力，另一方面也需要组织提供相应的条件。培训是促进员工社会化的一种比较好的形式，组织通常选择与员工发展相关的内容对员工进行培训。培训内容应包括组织历史、组织使命、组织结构等。培训要有针对性地持续进行，要向新成员传达他们想知道的具体信息。

（3）为员工安排一位好"师父"

为员工安排正式的导师（师父），这在国外已被证明是非常有效的职业生涯早期的管理方法。在员工开始职业生涯的第一年里，一位受过特殊训练、具有较高工作绩效和丰富工作经验的"师父"，可以帮助他们更快地建立起较高的工作标准，同时也可对他们的工作提供有力支持，帮助其获得成功。

（4）指导员工进行早期职业生涯规划

依据马斯洛的需求层次理论，职业发展规划属于满足人自我实现需求的范畴，会产生强大的激励作用。因此，企业要留人、要发展，就应该尽早为员工规划职业生涯，使员工看到未来发展的希望，在提高员工自身素质的同时提高企业竞争力。企业应该了解员工的需要、能力及自我目标，加强个体管理，再按照员工兴趣、特长和公司需要制订培训发展计划，充分挖掘员工潜力，使其真正安心在企业工作并发挥最大潜能，创造出企业与员工持续发展的良好氛围与条件。管理者和员工应就个体的职业需要和发展要求等问题进行沟通，企业要对个体的职业发展提供咨询和建议。

（二）职业生涯中期的管理

职业生涯中期阶段是一个周期长、富于变化的关键时期，由于个人三个生命周期的交叉运行、面临诸多问题和生命周期运行的变化，以及个人特质的急剧变化，一些员工在职业生涯中期阶段出现职业问题，产生所谓的"职业生涯中期危机"。

1.员工职业生涯中期阶段的问题

员工职业生涯中期阶段一般会出现以下问题：

第一，职业发展机会减少。处于职业生涯中期的员工，面临的主要问题之一是个人的发展机会减少，即个人的发展愿望没有得到满足，组织成为制约个人发展的因素。通常组织对各类人员的需求量不同，整个组织的人员层次分布类似于金字塔。许多人由于缺乏竞争力，争取高级职位就比较困难，会感到前途渺茫。此外，组织成熟度本身也是一个十分重要的制约因素。在组织的开拓时期，由于事业发展很快，新兴事业不断产生，个人发展机会比较多。一旦事业发展走向成熟期，新的岗位增加缓慢，老的岗位基本已经被占据，就会导致晋升机会减少，个人发展困难。

第二，出现技能老化。所谓技能老化，是指员工在完成初始教育后，由于缺乏对新兴工作的了解，而导致能力的下降。员工的技能老化可能使公司不能为顾客提供新产品和新服务，从而丧失竞争优势。

第三，出现工作与家庭的冲突。职业生涯中期是家庭、工作相互作用最强烈的时期。工作与家庭的冲突有三种基本形式：①时间性冲突，由于时间投入一个角色中从而使扮演另一角色变得困难；②紧张性冲突，由于一个角色产生的紧张使扮演另一角色变得困难；③行为性冲突，一个角色要求的行为使扮演另一个角色变得困难。处于职业生涯中期的员工，从家庭和事业的角度看，对时间和精力的需求都在增加，而从生理角度看，个人的精力又呈下降趋势，因此冲突在所难免。

2.组织在员工职业生涯中期的管理优化策略

（1）为员工提供更多的职业发展机会

组织需要为发展到一定阶段的员工创造新的发展机会，这一方面是解决处于职业生涯中期的员工职业生涯顶峰问题的重要手段，同时也是组织留住人才的关键。这一问题的解决方案有以下几种：①开辟新的项目，为组织增加新岗位。②通过某种形式，承认员工的业绩，给予其一定的荣誉。③进行岗位轮换，丰富员工的工作经验，使员工的成长需求得到满足。

（2）帮助员工实现技能更新

组织帮助处于职业生涯中期的员工实现技能更新的方案如下：从主管的角度来说，其需要鼓励员工掌握新技能，同时让员工承担具有挑战性的工作；从同事角度来说，同事之间要共同探讨问题，提出新想法，共同提升技能水平；从组织奖励体系来看，组织可以通过带薪休假、奖励创新、为员工支付开发活动费用等方法鼓励员工更新技能和知识。

（3）帮助员工形成新的职业自我概念

在职业生涯中期，由于个人的职位晋升困难，许多员工经历过一些失败，早期确立的职业理想产生动摇，因此员工需要重新审视自己的理想和追求，建立新的职业自我概念。为此，个人需要获得相关的信息，比如关于职业发展机会的信息、自己的长处和不足的信息等。

（4）丰富员工的工作经验

工作经验丰富，本身就是职业生涯管理追求的目标。有意识地进行工作再设计，可以使员工产生对已有工作的再认识、再适应，产生积极的职业情感。

（5）协助员工解决工作和家庭之间的冲突

研究表明，来自家庭和工作场所的支持有助于减少工作和家庭之间的冲突。工作场所的支持主要体现在组织的一些政策和管理者的行为上。组织可以采取一些措施以减轻员工的家庭负担，帮助员工平衡岗位职责与家庭责任。

（三）职业生涯后期的管理

一般而言，职业生涯后期可以划定在退休前 5~10 年的时间里。由于职业性质及个体特征的不同，个人职业生涯后期阶段开始与结束的时间也会有明显的差别。在这一阶段，员工的社会地位和影响力较高，凭借丰富的经验，在企业中扮演着元老的角色。但是，随着年龄的增长，其进取心明显减退，创造力显著下降，工作开始安于现状。面临职业生涯的终结，有的员工还会产生不安全感，担心经济收入的减少、社会地位的降低、疾病的出现等，因此帮助员工顺利度过这段时间，是组织义不容辞的责任。

对于职业生涯后期的员工，管理内容主要是实施退休计划管理，帮助员工树立正确观念，坦然面对退休，并采取多种措施，做好员工退休后的生活安排。组织应该帮助他们学会接受职业角色的变化，做好退休生活的准备工作。对于精力、体力尚好的员工，企业可以采取兼职、顾问的方式予以聘用，以延长其职业生涯；对于完全退休的员工，企业可通过书画、棋牌、钓鱼等协会活动，帮助他们度过丰富多彩的退休生活。

职业工作衔接管理是退休计划管理的重要内容，员工将要离开工作岗位，而组织要继续正常运转，就必须做好工作衔接。组织要有计划地分期、分批安排应当退休的人员退休，绝不能因为人员退休影响组织工作的正常进行。因此，组织应该尽早选择好退休员工的接替者，发挥退休员工的经验优势，进行接替者的培养工作，通过老员工的"传、帮、带"，让接替者尽快掌握相关岗位的技能，确保工作的正常进行。

第五章　绩效管理

第一节　绩效管理概述

一、绩效管理相关概念

（一）绩效的含义与特点

1.绩效的含义

对于绩效，由于研究角度不同、理念不同，长期以来管理学界并没有一个公认的含义。对于不同时期、不同的组织发展阶段、不同的对象，绩效均有不同的含义。表5-1对绩效的主要定义及其适用情况进行了阐释。

表5-1　绩效定义适用情况对照表

绩效含义	适用的对象	适用的企业或阶段
完成了工作任务	体力劳动者； 事务性或例行性工作的人员	
结果或产出	高层管理者； 销售、售后服务等可量化工作性质人员	高速发展的成长型企业； 强调快速反应，注重灵活、创新的企业
行为	基层员工	发展相对缓慢的成熟型企业； 强调流程、规范，注重规则的企业
结果＋过程（行为/素质）	普遍适用各行业	

续表

绩效含义	适用的对象	适用的企业或阶段
做了什么（实际收益）＋能做什么（预期收益）	知识工作者，如研发人员	

尽管上表对绩效的含义有不同界定，但我们仍然可以看出，绩效是与员工或组织的目标、工作成果等紧密相关的概念。因此，我们可以对其做如下阐述：绩效是员工为了实现组织目标在工作过程中所表现出来的工作业绩、能力和态度的综合。其中，工作业绩是指工作的结果，包括数量和质量；能力和态度是指工作的行为或过程。在理解这个概念时，应当把握以下几个要点：

（1）绩效是与组织目标相关的概念

只有与组织目标相一致的工作成果或工作行为，才是绩效的范畴。比如，在销售工作中，推销员与顾客建立了良好的私人关系，并通过顾客的帮助为自己解决了生活上的问题。虽然这对于推销员来说算是一项工作成绩，但它与组织的目标关系不大，不能算绩效。

（2）绩效是因为工作而产生的

先有工作，才谈得上绩效；绩效是在工作过程中产生的，工作之外的行为和结果都不是绩效。

（3）绩效是已经表现出来的工作行为和工作结果

尚未表现出来的东西不能算绩效。这与招聘时的评价是不同的，招聘时的评价仅仅考虑可能性，对员工将来可能表现出来的绩效进行预估；而绩效是员工在实际工作中做出来的实际成绩。

另外需要说明的是，广义的绩效在组织中可能有三个层面：一是整个组织的绩效；二是部门或团队的绩效；三是个人的绩效。本书所介绍的绩效主要是员工个人的绩效。

2.绩效的特点

在大多数情况下,我们认为绩效具有以下三个特点:

(1)多因性

这是指员工的绩效受到多种因素的影响,既有员工自身的因素,也有组织的因素及其他一些因素。一般认为,这些因素可以归纳为主观因素和客观因素两大类,主观因素是指与员工自身相关的因素,包括其所拥有的知识、技能、能力、态度等,也包括其在工作中所受到的激励;后者是指与员工自身因素不相关的那些因素,如其所处的工作环境,比如有一台高效运转的计算机、顺手的工具等。此外,机会也是影响绩效的重要因素,如推销员外出推销的时机和运气都与绩效相关。

(2)多维性

这是指对绩效的考核与衡量需要从多个方面展开。比如,对于一名工人,不仅要考查其生产产品的数量,还要考查其生产的产品质量、生产产品时的原材料消耗、出勤情况、与同事的关系、遵纪守法方面的表现等。在考核时,不仅员工本人可以做出评价,其上级、同事、客户等都可以进行评价。

(3)动态性

绩效并不是固定的,随着时间的推移,绩效差的员工可能改进转好,绩效好的也可能退步变差。这是因为,员工的绩效受到多种因素的影响,其中任何一个因素的变化都可能对绩效产生影响。

(二)绩效管理的含义

绩效管理是指为了达到组织的目标,通过持续开放的沟通,推动团体和个人做出利于目标达成的行为,形成组织所期望的利益和产出的过程。这个过程包括绩效计划制订与指标体系构建、绩效计划实施与过程控制、绩效考核与评价、绩效反馈与面谈、绩效考核结果的应用等方面。

二、绩效管理的功能与主体

（一）绩效管理的功能

对于组织来讲，绩效管理具有以下功能：

1. 战略功能

绩效管理是确保员工绩效、团队和部门绩效及组织绩效与组织的战略目标保持一致的关键，高质量的绩效管理是组织战略目标实现的重要保障。

2. 控制功能

绩效管理能为人事管理提供客观而公平的标准；使员工牢记工作职责，养成按规章制度工作的自觉性，限制、避免员工不好行为的出现，从而实现对组织的有效管理。

3. 激励功能

绩效管理会对员工的工作绩效进行评估，使绩效结果与员工薪酬、晋升、奖罚等紧密联系，能在员工中产生一定的心理效应，起到激励先进者、鞭策后进者的作用，充分调动员工的工作积极性。

4. 诊断功能

通过绩效管理，组织能分析出有利于员工绩效和不利于员工绩效的因素，寻求相应的解决办法，进一步完善管理机制，提高组织经营管理效率。

5. 开发功能

通过绩效管理，组织能明确每个员工的工作绩效状况，及其擅长和不适宜发展的方面。组织可根据这些结果决定员工的培养方向以及制订员工的使用计划，充分发挥员工的长处，促进员工个人发展。

6. 沟通功能

沟通在绩效管理中起着十分关键的作用。沟通有利于促进上下级、各部门及员工间的相互理解，解决管理中存在的一些问题。

（二）绩效管理的主体

绩效管理涉及组织战略的分解、各级考核者与被考核者的持续沟通、确定考核目标并通过绩效管理系统进行各级监督控制等一系列工作，这些工作仅仅靠组织的人力资源部门是无法完成的。因此，绩效管理工作的主体是由人力资源部门主持、各级管理者和员工共同参与的组织绩效管理团体。

三、绩效管理的作用及其与其他活动的关系

（一）绩效管理在人力资源管理系统中的作用

绩效管理是开发员工能力、提高组织绩效的有力工具。在人力资源管理系统中，绩效管理是一个重要的分支系统，它的作用主要表现在以下几个方面：

1.绩效管理有利于企业经营目标的实现

绩效管理对于组织战略目标的实现起着重要功能。通过绩效管理和评价，企业能对员工的工作结果进行反馈，及时发现工作中存在的问题并进行修正，通过提升员工的业绩从而提升企业的业绩，实现企业的战略目标，使企业进入良性循环。

2.绩效管理有利于满足员工的需求

通过绩效管理，企业不仅能了解员工的绩效状况，还能分析绩效背后的各项影响因素。其中，员工的需求是否得到了满足就是重要的分析要素。通过绩效管理，企业能弄清楚员工的需求状况，并据此提出相应的满足方案。如果没有考核或考核不准确，员工就会处于盲目状态，失去努力的目标和方向。

3.绩效管理有利于解决管理中存在的问题

绩效管理不仅能对由于员工自身原因产生的绩效问题提出解决方案，也能分析与员工自身不相关的因素。通过绩效评价和反馈，企业可以看到管理中存在的问题并能及时解决，使企业顺利地向前发展。

4.绩效管理能够支持人力资源管理体系的运行

绩效管理是人力资源管理的重要一环,人力资源管理体系的运行离不开它的有效支持。

(二)绩效管理与人力资源管理相关活动的关系

从绩效管理的角度来理解,人力资源管理的实质是完成两个任务:一是使组织员工具有创造高绩效的能力,如员工选拔和培训都是为了这个目的;二是使员工创造高绩效成为事实,如员工激励、培训、控制等都是为了这一目的。因此,绩效管理与人力资源管理活动关系十分密切。

1.绩效管理与职位分析

职位分析是绩效管理的重要基础,为绩效管理提供了一些基本依据。只有依据科学的职位分析结果,企业才能制定出各个职位的关键绩效目标。可以看出,没有职位分析或职位分析的结果不准,绩效管理工作将难以开展。

2.绩效管理与招聘

绩效管理与招聘录用是双向的,绩效管理可以对招聘录用的结果进行衡量,优化招聘渠道和方式,对招聘的有效性进行检测。而在人员招聘与选拔中,企业会采用各种人才测评手段考查人的一些潜在的能力倾向、性格与行为特征。同时,如果招聘录用工作做得好,那么员工的工作绩效也可能会更高。

3.绩效管理与培训、开发

人力资源部门根据员工目前绩效中有待改进的方面,设计整体的培训、开发计划,对员工进行培训、开发。而有效的培训与开发工作能促进员工高绩效的实现,便于绩效管理工作的开展。

4.绩效管理与薪酬管理

绩效是决定薪酬的一个重要因素。通常而言,职位价值决定了薪酬中比较稳定的部分,绩效则决定了薪酬中变化的部分,比如绩效工资、奖金等。同时,合理而公平的薪酬设计能有效满足员工需求,促进高绩效的实现。

第二节　绩效管理的流程

绩效管理具有持续性、循环性和周期性的特点。一般来说，绩效管理包括五个流程：绩效计划、绩效监控、绩效考评、绩效反馈和绩效考评结果运用，如图 5-1 所示。

绩效计划 → 绩效监控 → 绩效考评 → 绩效反馈 → 绩效考评结果运用

图 5-1　绩效管理的流程

一、绩效计划

绩效计划是通过充分沟通，对员工应当实现的绩效进行设计，并将沟通的结果落实为订立正式书面协议的过程。这个正式书面协议可以是绩效计划和评估表，是评估者和被评估者在明晰责、权、利的基础上签订的一个内部协议。绩效计划的设计一般从公司最高层开始，将绩效目标层层分解到各个部门或子公司，最终落实到个人。

（一）绩效计划的制订步骤

绩效计划的制订包括准备阶段、沟通阶段、审定与确认阶段等几个阶段。

1.准备阶段

绩效计划是在充分沟通，了解各方面信息的基础上制订的。因此，为了全面获得各方面的信息，组织就必须事先准备好相应的信息。这些信息主要有以下几方面：

（1）组织层面的信息

为了将员工的绩效计划和组织目标保持一致，管理人员与员工应就组织战略目标、年度经营计划等进行充分沟通，并确保双方对绩效的理解是一致的。所以，在正式沟通中，管理人员和员工都需要重新回顾组织目标，保证在绩效计划会议之前对组织目标有正确的理解。

（2）关于部门的信息

部门的目标是从组织总体目标分解而来的，因此在制订绩效计划时组织也必须对每个部门的绩效目标予以充分了解。并非只有业务部门的目标可以明确，组织的职能部门也应当依据实际情况明确自己的目标。比如，人力资源部门通常并非为组织直接创造绩效的部门，其可以在人力资源招聘效果、培训成本、激励等方面分别考虑目标。

（3）个人层面的信息

个人层面的信息准备主要包括两个方面：一是职位描述的信息；二是员工个人上个绩效管理期间的评估结果。需要说明的是，职位描述也是需要不断修订的，组织应随着时间的推移，根据实际情况，重新思考职位存在的目的，并根据变化了的环境调整其描述。

2.沟通阶段

绩效计划是在双方沟通的基础上制订出来的，因此沟通阶段是整个计划的核心。在这个阶段，管理人员与员工必须经过充分的交流，对员工在本次绩效期间的工作目标和计划达成共识。

（1）沟通的内容

一般来说，双方沟通的内容包括以下几点：

①员工在本绩效周期内要达到的工作目标是什么？绩效目标通常不是一个单一的目标，而是目标体系，包括定性目标和定量目标，以及各项具体目标的权重关系等。

②员工实现目标的程序和方式是怎样的？

③评判员工目标是否达成的标准是什么？

④员工在实现目标时的权限和资源有哪些？

⑤员工在实现目标时可能遇到哪些困难？如何寻求支持和帮助？

⑥员工实现目标需要学习哪些技能？

（2）沟通注意事项

绩效计划会议是绩效计划制订过程中进行沟通的一种普遍方式。虽然并不存在一种固定化模式的绩效计划会议，但无论是怎样的会议，都要根据组织和员工的具体情况进行修改，把重点放在沟通上面。

一般来说，组织应当确定一个专门的时间来进行绩效计划的沟通，并确保沟通不受到其他事情的打扰。沟通时的氛围要尽可能轻松。会议开始后，首先要回顾一下已经准备好的各种信息，包括组织的要求、发展方向及与具体工作职责有关系和有意义的其他信息，再实施充分讨论和沟通。沟通的结果是一份绩效计划书。

沟通时，应注意如下事项：

①确保沟通双方是平等关系；

②要相信员工在自己所从事工作上的权威性，在制定工作的衡量标准时更多地发挥员工的主动性，更多地听取员工的意见；

③管理人员的作用是将员工个人目标与组织整体目标整合；

④双方共同决定而不是管理人员代替员工做出最终决定。

一般来说，最后决策中员工的权重越多，绩效管理也就越容易进行。

3.审定与确认阶段

这是绩效计划的最后阶段。在这个阶段，管理人员和员工对形成的绩效计划书进行进一步确认，形成书面绩效合同，双方都要确认签字。绩效计划书一般一式两份，组织和员工各持有一份，作为绩效期内工作开展的指南，也是各方面进行工作监督、检查与考评的依据。

在实际工作中，绩效计划书签订后并非完全不可改变，可根据实际工作的开展状况进行调整。

（二）绩效指标体系

绩效计划的主要表现形式是绩效指标体系，各项绩效目标要以指标的形式呈现。

1.良好绩效指标体系的设计原则

设计一个良好的绩效指标体系必须遵循 SMART 原则。

S 代表的是 specific，是指绩效指标要切中特定的工作目标，适度细化，并且随着情境变化而发生变化。

M 代表 measurable，是指绩效指标或者是数量化的，或者是行为化的，验证这些绩效指标的数据或信息是可以获得的。

A 代表 attainable，是指绩效指标在付出努力的情况下是可以实现的，应避免设立过高或过低的目标。

R 代表 relevant，是指绩效指标应该与工作高度相关，是实实在在的，是可以通过证明和观察得到的，而非假设的。

T 代表 time-bound，是指绩效指标体系要使用一定的时间单位，即要设定完成这些指标的期限，这是关注效率的一种表现。

2.绩效指标的设计

（1）以战略为导向进行指标设计

绩效指标设计应坚持战略导向，否则很难确保绩效管理工作对组织战略的支持。在指标设计时，那些与组织战略紧密相关的要素应成为主要考虑点，如果指标与组织战略的关系不大，那它所表现的职位努力方向也会与组织战略发生分歧，组织战略将最终难以保障。比如，如果一家私营企业将销售员工的传统道德设置为关键绩效指标，那么它就可能与组织战略相偏离，销售的效果也将难以得到保障。

（2）以职位分析为基础设计指标

职位分析是人力资源许多活动的基础，也是设计绩效指标的重要基础。设计绩效指标时，要对被考核对象的职位工作内容、性质及完成这些工作应具备的条件等进行研究和分析,进而分析该职位应达到的目标、应采取的工作方式等,初步确定绩效考核的各项要素。

(3) 综合业务流程进行绩效考评指标设计

在设计绩效指标时,管理人员还需要考虑业务流程因素,根据被考核对象在流程中扮演的角色、承担的责任以及同上下游之间的关系,来确定其工作的绩效指标。此外,如果流程存在问题,还应对流程进行优化或重组。

3.绩效指标的基本模式示例

针对不同的岗位,应当有不同的绩效指标。表5-2、表5-3、表5-4和表5-5分别展示了一些人员的绩效指标设置,仅作参考。

表5-2 管理人员考评指标的基本模式示例

人员分类	素质结构	智力结构	能力结构	绩效结构
行政管理人员	①法治观念; ②群众观念; ③纪律性; ④公道	①工作经验; ②现代科学知识; ③综合分析能力	①处事能力; ②信息沟通能力; ③鼓动、表达能力; ④辅助决策能力; ⑤控制能力	①工作效益; ②社会效益
经营管理人员	①法治观念; ②事业心; ③市场和用户观念; ④责任心	①本行业生产技术知识; ②知识面; ③综合分析能力	①处事能力; ②控制能力; ③及时发现问题能力; ④灵活性; ⑤信息沟通能力; ⑥决策能力; ⑦谈判能力; ⑧社会能力	①社会经济效益; ②工作效率
技术管理人员	①法治观念; ②事业心; ③技术和经济观念; ④责任心	①专业知识; ②知识面; ③对新技术新产品的敏感性; ④思维力	①科学技术的鉴别能力; ②灵活性; ③信息沟通能力; ④协调能力	①科学技术成果; ②社会经济效益

表 5-3　外贸人员考评指标的基本模式示例

素质结构	智力结构	能力结构	绩效结构
①法治观念； ②外贸业务、政策水平； ③责任心； ④人品、民族尊严	①外贸专业知识； ②外语水平； ③知识面； ④判断力； ⑤思维力； ⑥反应灵敏性	①口头表达能力； ②谈判能力； ③处事灵活性和原则性； ④信息收集能力； ⑤涉外能力	①社会经济效益； ②工作效率

表 5-4　科技人员考评指标的基本模式示例

人员分类	素质结构	智力结构	能力结构	绩效结构
科学研究人员	①事业心； ②进取心； ③坚韧性； ④协作性； ⑤诚实性	①专业知识和知识更新； ②基本理论知识； ③思维能力； ④判断能力	①科研定向能力； ②独创能力； ③表达能力； ④容纳信息能力； ⑤发现问题能力； ⑥科技鉴别能力	①科技成果
研究开发人员	①事业心； ②战略观念； ③开拓性； ④协作性	①基本理论知识； ②专业知识； ③观察能力； ④判断能力	①发现问题能力； ②获得信息能力； ③创新能力	①技术经济效益
革新发明人员	①成就感； ②坚韧性； ③协作性	①知识面； ②观察能力； ③思维能力； ④探索能力	①发现问题和解决问题能力； ②灵活性； ③信息获得和加工能力； ④创造能力； ⑤动手能力	①发明成果； ②社会经济效益

续表

人员分类	素质结构	智力结构	能力结构	绩效结构
现场服务人员	①责任心; ②服务意识; ③实干性; ④主动性	①专业知识; ②工作经验; ③观察能力; ④判断能力; ⑤思维能力	①发现问题和解决问题能力; ②动手能力; ③组织能力	①工作成效

表5-5 经理人员评价要素基本模式示例

素质结构	智力结构	能力结构	绩效结构
①法治观念; ②事业心; ③责任心; ④进取心; ⑤自知之明	①自学能力; ②直觉思维能力; ③综合分析能力	①目标定向能力; ②决策能力; ③创造能力; ④用人授权能力; ⑤组织能力; ⑥协调能力; ⑦处事果断能力; ⑧应变能力; ⑨交涉能力; ⑩人际关系能力	①工作效率; ②经济效益

绩效指标设定后，还需要考虑各级指标层级与权重。比如，某员工的总体绩效考评指标体系如表5-6所示。

表5-6 某公司某职位员工绩效考评指标

考评项目	序号	考评指标及权重	考评标准和评分尺度	评分	实得分
工作态度 （20分）	1	责任感10%	①十分认真负责（9～10分） ②对工作负责（7～8分） ③还算负责（5～6分） ④责任感较差（3～4分） ⑤责任感很差（1～2分）		

续表

考评项目	序号	考评指标及权重	考评标准和评分尺度	评分	实得分
工作态度（20分）	2	合作性 5%	①×××（9~10分） ②×××（7~8分） ③×××（5~6分） ④×××（3~4分） ⑤×××（1~2分）		
	3	考勤 5%	①×××（9~10分） ②×××（7~8分） ③×××（5~6分） ④×××（3~4分） ⑤×××（1~2分）		
工作能力（30分）	4	专业知识技能 10%	①×××（9~10分） ②×××（7~8分） ③×××（5~6分） ④×××（3~4分） ⑤×××（1~2分）		
	5	理解执行能力 10%	①×××（9~10分） ②×××（7~8分） ③×××（5~6分） ④×××（3~4分） ⑤×××（1~2分）		
	6	分析判断、应变能力 10%	①×××（9~10分） ②×××（7~8分） ③×××（5~6分） ④×××（3~4分） ⑤×××（1~2分）		
工作业绩（50分）	7	工作数量、工作质量 30%	①×××（9~10分） ②×××（7~8分） ③×××（5~6分） ④×××（3~4分） ⑤×××（1~2分）		

续表

考评项目	序号	考评指标及权重	考评标准和评分尺度	评分	实得分
工作业绩（50分）	8	工作效率20%	①×××（9~10分） ②×××（7~8分） ③×××（5~6分） ④×××（3~4分） ⑤×××（1~2分）		
合计					

注：×××可根据公司具体情况而定。

4.绩效指标设计中的常见问题

设计绩效指标时，应注意避免以下问题：

（1）指标过少，顾此失彼

一些组织在设计指标时，由于只采用了少量指标，或只考虑部分步骤，导致与工作目标紧密相关的一些因素未被考虑到。比如，只考虑到了销售额，没有考虑销售成本；只考虑到了短期效益，忽视了长期关系的维持。

（2）指标过多，欲速不达

有些组织在设计指标时，对指标考虑得太多，使基层操作人员的工作量很大，仅应付绩效考评就耗费了太多时间和大量精力，反而导致工作的目的难以实现。同时，如果一些指标在设计时本来就彼此冲突，那么指标越多，出现矛盾的可能性就越大，员工在工作中会表现得无所适从。

（3）指标过粗，似是而非

这是指对指标的设置不够明确，或表达不够准确，也可能给实际工作产生负面影响。比如，对于招商人员来说，如果设置的指标只是"招商情况"，而没有明确是指招到的商家数量还是指招到商家所实现的分销数量，就很容易在实际工作中导致混乱。如果只考查招商人员与多少个中间商签订了代销合同，而不考查每个中间商能有多大的分销量，那么在实际工作中很多招商人员就会与尽可能多的中间商签合同，而完全不考虑这些中间商的分销实力。而事实上，可能一个与 20 个中间商签订了合同的招商人员所实现的商品销售量远不如只与 1 个中间商签订了合同的招商人员所实现的销售量大。

（4）指标过细，本末倒置

这是指在指标设计方面考虑得太细，近乎追求完美。比如，要求产品合格率为 98%可能就是合理的，但将产品合格率设置为 99.999%乃至要求"0 缺陷"则可能给组织带来较大的麻烦。这是因为，企业在管理中不仅要追求有效性，还要追求经济性。任何一项活动都是要付出成本的，产品合格率在 98%时的成本和效果实现了最佳匹配，而如果按照产品合格率为 99.999%的目标，企业可能将要付出十分高昂的成本。

（5）指标不连贯，致使管理落空

一般来说，组织的绩效指标包括组织、部门、员工等不同层级的指标，各级指标之间应相互关联、互为因果。如果组织各层级指标之间的关联不清，比如，上级有某项指标，而下级却发现该指标无法分解或分解错误，导致下级没有该项指标，那么就出现了指标不连贯的问题，上级部门要求要做的事下级部门很可能无人落实。

（6）指标不客观，致使目标落空

这是指组织的指标设置过高，反而失去了激励作用，导致工作目标无法实现。比如，组织所能提供的资源支持仅能实现 20 万的销售额，但是管理层认为"逼一下能使大家发挥潜能"，将指标定得超出了 20 万，而又不能提供足够的资源支持，这样不仅会导致下属工作压力过大，还有可能招来他们的不满，或使他们明知目标难以达成而干脆放弃努力。

总之，绩效指标的设计必须科学合理，且是在与员工的充分商量下达成的，这样才能有效发挥其在绩效管理中的作用。

二、绩效监控

绩效监控是指在绩效计划的基础上，各级管理者采取恰当的管理方式，预防或解决绩效周期内可能发生的各种问题，以更好地帮助下属完成绩效计划，并记录工作过程中的关键事件或绩效信息，为绩效评价提供依据。绩效监控是绩效计划和绩效考评的中间环节，是绩效管理中持续时间最长的环节。

（一）绩效监控的目的和内容

绩效监控的目的是确保绩效计划的切实履行。绩效监控始终关注员工工作绩效，并希望通过员工个体绩效的提升来实现部门和组织绩效的提升。

为了达到这个目的，绩效监控要对绩效周期内员工对绩效计划的实施和完成情况，及员工在这一过程中的态度和行为进行全程监控。具体来说，它包括监控在绩效计划环节中确定的评价要素、评价指标和绩效目标的落实情况，在监控过程中得到的信息也正是绩效周期结束时评价阶段所需要的。但是，不同的组织、不同类型的部门、不同特点的职位、不同层级的管理者，其绩效监控的具体内容并非固定统一，而是根据工作实际的不同而有所不同。

（二）绩效监控的关键点

尽管不同情况下的绩效监控内容有所不同，但是都有相似的规律，也就是说绩效监控的关键点都差不多。要判断绩效管理的监控过程是否有效、管理者的绩效监控是否成功，可从以下三个方面考查：

1.管理者的领导风格和绩效辅导水平

管理学及多种学科的研究表明，管理者的领导风格对下属的绩效有十分重要的影响，管理者能否有效对下属实现绩效目标的方法和过程进行指导也比较关键。如果管理者能针对下属的工作实际和各种情景因素，积极有效开展绩效指导，就能有效确保组织员工的绩效朝着既定目标前进。现实中一些管理者将自己完全置于"监督者"的地位，对下属的工作指手画脚，而面对员工在工作中遇到的困难和不足时，只能或只会一味指责，却无法进行有效指导而助其改变现状，这样的绩效监控很显然是无效或低效的。

2.管理者与下属之间要实现有效的绩效沟通

管理者与下属之间能否做好绩效沟通，是决定绩效管理能否发挥作用的重要因素。只有实现了有效的沟通，才能实现绩效管理的目的，否则绩效管理将只剩下纸面上的计划和评价，完全失去了存在的意义。管理者与下属之间的绩效沟通的作用可以从三个方面来认识：一是持续沟通能对绩效计划进行及时调整；二是持续有效的沟通能向员工提供进一步信息，为员工绩效计划的完成提供条件；三是持续有效的沟通能让管理者了解相关信息，以便将来客观评估员工绩效。

3.绩效信息的有效性

绩效监控过程是整个绩效管理周期中历时最长的环节。在这个过程中，管理者只有持续、客观、真实地搜集和积累工作绩效信息，方能有效评估绩效计划的实施情况，客观、公正地评价员工工作，实现绩效管理三个方面应有的作用。在这一过程中，不论是绩效计划的执行，还是调整和修订，都需要有及时、有效的信息记录和整理；否则，之后的绩效评价工作就会走到"就人评人"的老路上去，导致整个绩效管理和评价系统的失效。

三、绩效考评

（一）绩效考评的含义

绩效考评是指按照组织目标和绩效标准，采用一定考评方法，对员工工作任务完成的情况、履职程度和发展情况等进行考核，并对考核结果予以评价的过程。绩效考评是绩效考核和评价的总称，绩效考核是用相应方法对员工绩效进行客观描述的过程，绩效评价是对客观描述进行评价、以确定绩效高低的过程。

现实中，很多人将绩效考评与绩效管理混为一谈，但它们并非一回事，二者之间既有联系、也有区别，二者的关系如下：

①绩效管理以组织战略为导向,是人力资源管理中的一项重要活动,是一个完整的管理过程;绩效考评只是绩效管理中的一个环节,重在对员工的绩效进行判断和评估。

②绩效考评是做好绩效管理的必要条件,也往往是绩效管理中技术性最强的工作,没有绩效考评是做不好绩效管理的。

③绩效考评侧重于考,将实绩与标准相对照;而绩效管理要求以战略为导向,注重组织绩效的持续改进和员工能力的提升。只有比较、不注重组织绩效持续改进的考评不能持久地促进企业战略目标的实现。

两者的区别如表 5-7 所示。

表 5-7 绩效考评与绩效管理的区别

绩效管理	绩效考评
与企业战略相关联	处于战术层面,为实现战略提供依据
一个完整的管理过程	绩效管理过程中的一个关键环节
注重绩效的持续改进和员工能力的不断提升	侧重于员工过去绩效的判断和评估
贯穿日常管理过程	只出现在特定时期

(二)绩效考评的分类

根据不同的分类标准,绩效考评可以有不同的分类。

1.按考评时间划分

按考评时间划分,绩效考评可分为定期考评和不定期考评。定期考评是指组织考核的时间是固定的,比如每隔一个月、一个季度、半年或一年就进行一次考评,不同的组织文化和不同职位,其固定的时间会有差异。不定期考评是指在需要的时候进行考评,通常有两种情况:一是在组织中人员需要提升或发生岗位变动时对其进行考评;二是主管对下属的日常进行考评,以便及时发现问题和解决问题,同时也为定期考评提供依据。

2.按考评的内容

按考评的内容划分，绩效考评可分为特征导向型考评、行为导向型考评、结果导向型考评。特征导向型考评关注的重点是员工的个人特质，如诚实度、合作性、沟通能力等，即考量员工是一个怎样的人；行为导向型考评关注的重点是员工的工作方式和工作行为，是对员工工作过程的考评，如服务员的微笑和态度、待人接物的方法等；结果导向型考评是对工作内容和工作质量的考评，主要对员工产出的产品或完成的任务进行考评，如产品的数量和质量、工作效率等。

3.按主观和客观性

按主观和客观性，绩效考评分为客观考评和主观考评。客观考评是对可以直接量化的指标体系进行的考评，如生产指标和个人工作指标，这些方面因为有客观标准，由不同的考评者考评出来的结果出入不大；主观考评是指由考评者根据一定的标准设计考评指标体系对被考评者进行主观评价，如工作行为和工作结果，由不同考评者考评得到的结果可能有所不同。

（三）绩效考评主体

绩效考评主体是指由谁来进行绩效考评。优秀的绩效考评主体应当满足以下几个条件：一是对被考评者的职位性质、工作内容、工作要求和组织绩效考评的政策清晰明了；二是熟悉被考评者的工作表现；三是能客观公正，不带个人偏见。常见的考评主体有五类人员：直接上级、同级同事、直属下属、员工本人、服务对象。

1.直接上级

直接上级是最常见的考评主体，其优点有：熟悉工作要求和员工本人，能对其工作实际情况有全面了解；有助于帮助上级实现管理目的，体现管理权威。其不足有：考评信息来源单一；考评容易受到管理者的工作风格和与下属的人际关系影响；容易导致上下级关系不和睦。

2.同级同事

同级同事考评通常不是由一个人考评,而是由多个人共同考评。信息来源广泛,可以有效避免个人偏见;同级之间相互了解,对被考评者的工作情况比较熟悉;这些都是同级同事考评的优点。但是,同级同事之间可能会存在一定竞争关系,考评的结论未必客观公正。同时,人际关系因素的影响较大,太依赖同级同事考评可能会造就太多的"好好先生"。

3.直属下属

直属下属考评的优点有:下属对上级的工作比较熟悉,能够对上级的工作状况进行反映;能促进上级对下属工作的关心,防止上级对下属的无视。缺点有:下属考评占太多权重,会导致上级不敢充分管理,削弱上级权威,产生迁就下属的行为;下属可能会顾忌上级反应,不给出真实评价。

4.员工本人

员工本人考评的优点有:有助于员工本人对自己的工作进行反思,能增强其参与感,对考评结果的接受程度较高。缺点有:考评中过于看重自己做得好的方面,忽略不好的方面,容易得出高于实际情况的考评结果;同时,如果自己的考评结果和其他人的考评结论差距较大,则容易引起矛盾。

5.服务对象

服务对象既包括员工服务的外部客户或消费者,也包括内部服务对象。服务对象的考评能直接督促员工更加关心自己的工作态度和结果,进而提升工作质量。但是,服务对象往往只看到了工作结果,而无法看到工作过程,因此其考评可能存在不全面的问题。同时,不是所有职位都有明确的服务对象。

为了全面客观反映员工工作绩效情况,通常是由多个考评主体共同考评,综合得出考评结果。在实际考评中,不同考评主体的考评内容并不相同,这主要是因为不同考评主体对考评对象熟悉的方面不同。

（四）绩效考评的方法

实践中绩效考评的方法很多，如核查表法、评级量表法、关键事件法、行为锚定法、排序法、配对比较法、强制分布法、观察量表法等。本章下一节将对绩效考评的方法进行详细介绍。

四、绩效反馈

绩效反馈是指将绩效考评的结果反馈给被评估对象，并对被评估对象的行为产生影响。

（一）绩效反馈的目的

进行绩效反馈的目的有很多，常见的有以下几类：

1. 对员工的绩效表现达成一致的看法

绩效评估结果代表了组织对员工工作的绩效评价，但员工自己未必会持有同样的观点。通过绩效反馈，企业不仅要将评估的结果告诉员工，肯定其成绩并提出改进的希望，同时也可征询员工对绩效的意见，对其持有异议的内容进行解释，最终实现双方对绩效的一致看法。

2. 对员工日后的努力方向予以指导

绩效反馈是一个沟通过程，组织可通过这个沟通过程，将组织对员工的期望进行详细阐释，以指导其日后的行为。

3. 协商下个绩效周期的目标与绩效标准

绩效管理是一个循环往复的过程，本绩效周期的考评结果反馈也通常是下个绩效考评周期的绩效计划面谈，两者往往可以同时进行。

4. 制订绩效改进计划

企业与员工在绩效考评结果方面达成一致意见后，可以就员工日后努力的方向共同制订改进计划。管理人员可对员工提出企业层面的建议，员工可向企业提出自己需要的支持。

5.使员工对自己的工作状态有客观认识

员工虽然对自己的工作情况比较熟悉，但通常难以做到客观公正。绩效反馈能将企业做出的相对客观公正的评价告诉员工，有助于员工对自己做出客观认识，并对其日后的工作行为和态度产生影响。

（二）绩效反馈的形式

绩效反馈有很多，既有正式的反馈，也有非正式的反馈。正式的反馈是事先计划和安排好的，如定期书面报告、面谈、小组或团队会议等；非正式的反馈形式也有很多，如闲聊、走动式交谈等。下面简单介绍书面报告和面谈。

1.书面报告

书面报告既可以是纯文字的书面报告，也可以是特定的结构化表格或图文并茂的材料。在内容上，书面报告可以是员工向上级报告自己的工作进展情况，或说明自己在工作中遇到的问题或寻求帮助等；也可以是组织向员工反馈绩效评估的依据和结果，或询问其是否有需要解释的地方等。常见的书面报告有工作日志、周报、月报、年报或临时性报告等。

书面报告的优点有：形式严谨，信息可信度高，便于保存和核查，能全面反映所搜集到的各方面的情况，能解决异地工作的考核问题，也有助于员工理性、系统地思考问题。其不足有：书面报告通常是单向沟通，难以实现实时的双向信息交流，不利于及时沟通和商定问题的解决办法，且这种沟通的工作量较大，容易引起员工反感，导致沟通流于形式。

2.绩效面谈

绩效面谈是指在绩效考评结果产生后，由管理者和员工针对这一评估结果进行面对面交流和讨论，指导员工工作绩效持续改进的管理活动。

绩效面谈的优点有：员工可以通过绩效面谈了解自身绩效，强化自身优势、改进不足，管理者能通过绩效面谈有效传递组织文化、组织对员工的期望等；同时，绩效面谈能增强员工自我管理的意识，充分发挥员工潜能。

要实现有效的绩效面谈，企业管理者应遵循如下面谈原则：
①建立并维护彼此之间的信任；
②清楚说明面谈的目的和作用；
③鼓励员工多说话；
④注意倾听；
⑤避免对立和冲突；
⑥面向未来，而不是纠结于过往；
⑦关注绩效，而不是性格特征；
⑧指出有待改进的地方，并制定具体措施；
⑨适时结束；
⑩以积极的方式结束面谈。

五、绩效考评结果运用

绩效考评结果运用是绩效管理的最后一个环节，也是绩效管理与其他人力资源管理活动连接的纽带。通过这个环节，企业要实现员工能力提升、绩效持续改进，并最终实现绩效管理的目的。绩效考评结果有多种用途，具体来说，有以下几个方面：

（一）管理诊断和绩效改进

绩效管理的根本目的不是对部门或员工进行优劣排序，而是发现组织中存在的绩效问题，并通过相关措施使整个组织的绩效不断提升。因此，在绩效考评完成后，管理者要对影响绩效的原因进行分析，找出组织中对绩效产生影响的诸多因素，并提出相应的改进措施，不断推进绩效提升。

（二）薪酬调整

绩效考评结果能较为准确地反映员工对组织所做的贡献，组织在进行薪酬分配时可以根据员工的绩效考评结果，建立绩效薪酬制度。在薪酬调整方面，组织也应根据员工的绩效变化情况来调整，确保不同绩效周期的薪酬随着绩效的变动而变动。

（三）职位调整

人力资源管理的重要职能之一是进行人力资源配置，实现人职匹配。而绩效考评结果是人员职位变动的重要依据。对于那些在职位上创造了高绩效的员工，组织应当展开积极培养和大胆提拔，在纵向职位体系中实现及时变动；而对于那些绩效不好且原因在于其自身的员工，则可以通过降级或职位的横向变动来进行调整。

（四）人员招聘与选拔

通过绩效考评，企业可以发现那些在某些特定职位上创造高绩效的员工具有的特性，总结出本企业中不同职位所要求的员工特质。在人员招聘时，企业可将这些特质作为员工招聘和考评的依据，以提高招聘的效率。

（五）员工培训与职业发展

从绩效考评的结果中，企业能发现员工在态度、知识、能力及行为等方面的不足之处，进而考虑应采取哪些培训予以显著改善。在持续性的绩效管理中，管理者能对员工的真实潜能和职业倾向有清晰认识，从而科学指导员工的职业发展。

（六）人力资源规划

绩效考评的结果能有效展示组织现有人力资源的质量和优劣程度，能提供人员晋升与发展潜力的数据，为日后人力资源预测提供较为科学的数据。

总之，绩效考评的结果能对人力资源管理的各项活动和企业其他管理活动产生实际帮助作用，也只有将绩效考评的结果用于这些活动中，才能真正实现绩效管理活动的目的。

第三节 绩效考评方法

绩效考评是绩效管理的核心环节，这个过程需要使用恰当的方法和技术，方能得到理想的考评结果。

绩效考评的方法很多，本节只介绍一些常见的方法。

一、核查表法

核查表法又称为清单法，是指由考评人员经过实地观察、调查访谈之后，对照被考评对象的工作说明书和规范，书面拟定考评清单条目，按照这个清单条目逐条进行考评并最终确定考评结果的方法。表 5-8 是核查表的一个样例。

表 5-8　绩效考评核查表示例

姓名_____　部门_____　职务_____　日期_____

1.操作机器是否规范？

☐	☐	☐	☐	☐
经常违反操作规范，危害本人和同事	工作不踏实，疏忽操作规范	能注意操作规范	符合操作规范，不出差错	严格按照规范操作，并推进规范操作

2.产品数量如何？

☐	☐	☐	☐	☐
怠工，产品数量经常不能完成定额	有时产品数量不能完成定额	产品数量基本能完成定额	产品数量有时能超过定额	产品数量常常超过定额

3.产品质量如何？

☐	☐	☐	☐	☐
常常出次品，浪费材料	不注意时会出次品	注意产品质量，基本不出次品	质量意识强，产品质量合格	极度注意质量，生产上精益求精

4.与同事的关系如何？

☐	☐	☐	☐	☐
与同事不能和睦相处，我行我素	有时会任性，不能配合同事的工作	与同事合作和相处尚可	需要时能主动帮助同事	常常能主动配合同事，与同事合作愉快

5.具有的工作知识如何？

☐	☐	☐	☐	☐
工作知识不能胜任所从事的工作	工作知识略有欠缺，影响从事工作的效果	工作知识能应付所从事的工作	工作知识较丰富，能做好所从事的工作	工作知识非常丰富，对从事的工作游刃有余

6.……

总体评价：

二、评级量表法

评级量表法是根据设计的等级考评量表来对被考评者进行考评的方法。在量表中，每个指标的标准被划分为不同等级，每个等级对应一个分数。考评时，考评主体对被考评者进行等级评定和打分，最后加总得出总的考评结果。表5-9是评级量表的一个样例。

表 5-9 评级量表示例

员工姓名_____　　职务_____　　考评日期_____
工作部门_____　　工号_____　　评估人_____

工作绩效维度	绩效等级					合计
	最差：1分	差：2分	中：3分	良：4分	优：5分	
工作质量						
工作数量						
工作纪律						
设备维护与物耗						
创新意识与行为						
……						

考评意见：_____
员工签名：_____
员工意见：_____

考评人签名：_____
人力资源部门
审核意见：_____
负责人签名：_____

最差：不能完成任务
差：勉强完成任务
中：基本完成任务
良：完成任务较好
优：完成任务特别杰出

三、关键事件法

关键事件法不仅可以用作职位分析,也可用作绩效考评。用这个方法来进行绩效考评时,考评主体通过观察,记录下员工完成工作时特别有效或特别无效的行为,并以此对员工进行考评。所谓关键事件,既可以是正面事件也可以是负面事件,所记录的应该是具体的事件与行为,而不是评判。事件的记录过程也是素材的积累过程,考评主体在考评时通过对这些素材的综合评价,可以得出相应的考评结论。

这个方法要求考评者为每一位被考评者准备一份员工考评日志或关键事件记录表,随时记录被考评者的关键事件,如表 5-10 所示。

表 5-10 关键事件记录表示例

姓名	地点	部门	日期
起因			
经过			
后果或结果			
分析与判断			
肯定与否定意见			
归类: 劳动纪律□ 工作态度□ 工作能力□ 工作成绩□ (在□中打√)	事实来源: 记录者□ 被记录者□ 其他□ 姓名:_____		事实记录者签字:

四、行为锚定法

这种方法将上述评级量表法和关键事件法的优点结合起来,为各个考评指标设计出一个评分量表,用一些典型的行为描述语句与量表上的一定刻度相对应和联系(这就是锚定)。其常见的步骤如下:

①获取关键事件。由一组对工作较为了解的人找出一些代表优秀业绩或劣等业绩的关键事件。

②初步确定绩效考评要素。根据关键事件,提炼出为数不多的几个绩效考评要素,并赋予每个要素定义。

③重新分配关键事件,归入相应的绩效考评要素。向另外一组同样熟悉工作的人展示绩效考评要素及所有关键事件,要求他们对关键事件重新排序,将这些关键事件分别放入他们认为最合适的考评要素中去。如果第二组中一定比例的人(通常比例为50%~8%)的归类方法和第一组相同,就可以确认这一关键事件应归入某个考评要素。

④确定各关键事件的等级和分数。第二组人评定各个关键事件的等级(一般为7分或者9分等级尺度,可以是连续尺度,也可以是非连续尺度),判断它们能否有效代表某一考评要素所要求的绩效水平。

⑤建立最终的行为锚定评价表。对于每个绩效考评要素来说,都将会有一组关键事件作为"行为锚"。

这个方法的优点是评估较为精确,各考评指标之间的独立性高,因此可以进行更加准确的评估。同时,这种方法依赖于关键事件记录,能对被评估对象进行反馈和激励,也能为最终评估结果收集足够依据。

五、排序法

排序法有简单排序法和交替排序法两种。

简单排序法是指考评者将所有被考评的员工按绩效从高到低排出顺序。

交替排序法是指首先从被考评者中找出最优秀的和最糟糕的，再找出次优秀的和次糟糕的，如此循环程序，从简单到复杂，直到最后排序完毕。

排序法的优点是简单易行，考评成本低；缺点是精确性不足。它常适用于规模不大的组织。

六、配对比较法

配对比较法的基本做法是，将每一位员工按照所有的考评要素与所有其他员工的该项要素进行比较，评出谁更优或更劣；并事先确定得分标准，比较后将所有分值汇总，最后按照分值高低进行排序，如表5-11和表5-12所示。

表5-11 就"工作质量"要素所做的评价

比较对象	甲	乙	丙	丁	戊	得分
甲		＋	＋	－	－	2
乙	－		－	－	－	0
丙	－	＋		＋	－	2
丁	＋	＋	－		＋	3
戊	＋	＋	＋	＋		4

注："＋"代表优，得1分；"－"代表劣，得0分。

表 5-12 就"创造性"要素所做的评价

比较对象	甲	乙	丙	丁	戊	得分
甲		−	−	−	−	0
乙	+		+	+	+	4
丙	+	+		−	+	3
丁	+	−	+		−	2
戊	+	−	−	+		2

注:"+"代表优,得1分;"−"代表劣,得0分。

从表 5-11 和表 5-12 可以看出,在"工作质量"方面,戊做得最好,乙做得最糟糕;而在"创造性"方面,乙做得最好,甲做得最糟糕。

七、强制分布法

强制分布法是指将员工的绩效分成若干个等级,每一等级强制规定一个百分比,视员工的总体工作绩效将他们分别归类。比如,某企业将某个绩效考评要素分为优秀、良好、中等、一般、差五个等级,并规定优秀的比例为10%,良好的比例为20%,中等的比例为40%,一般的比例为20%,差的比例为10%。如果该组织有100人,那么评估的结果中,一定有10名优秀的、20名良好的、40名中等的、20名一般的、10名差的。

这种方法可以有效避免考评者过于宽松或过于严厉的倾向,同时也能有效激励员工,尤其是在引入了淘汰制的组织中。但是,如果组织中的所有员工都很糟糕或都很优秀,这种强制规定也会导致不公平。

八、观察量表法

观察量表法是对每个具体考评项目给出一系列有关的有效行为,考评者在考评时通过观察员工做出这些有效行为的频率来确定其工作绩效的方法。比如,将某一行为分为"几乎总是(5分)""经常(4分)""一般(3分)""偶尔(2分)""几乎没有(1分)"五个等级,通过观察某员工在该行为上的表现给予相应评分,最后对各个行为的分数汇总得出总评分数。

九、360°绩效考评法

360°绩效考评法,是指由员工本人、负责经理、直属下属、同事、客户对员工的工作绩效做全面的评价,以保证评估的客观性。其特点是考评维度多元化(通常是4个或4个以上),适用于对中层以上的人员的考评。

传统绩效考评多是由被评价者的上级考评,难以确保考评的全面性。360°绩效考评法的考评视角多样,包括:来自上级监督者的自上而下的评价、来自下属的自下而上的评价、来自同级的评价、来自企业内部的支持部门和供应部门的评价、来自公司内部和外部的客户的评价,以及本人的自我评价等,如图5-2所示。

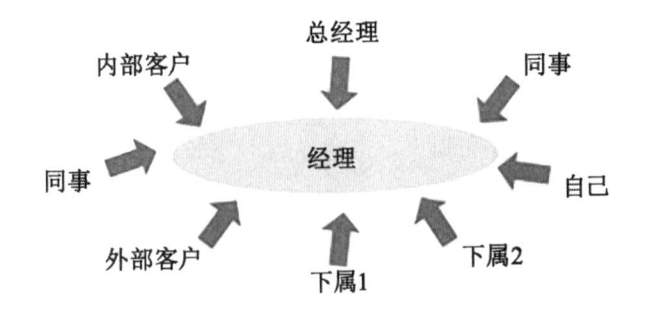

图 5-2 360°绩效考评法示意图

360°绩效考评法的优点有：多角度考评，能使结果更加客观、全面和可靠；考评主体多元化，能增强合作意识和自我发展意识；同时也减少了对抗，避免权力滥用。但是，这种考评方法由于涉及主体众多，因此比较费时费力，收集信息的成本也较高。如果考评中出现了串通勾连，那么考评所得到的结果仍然难以保证客观。

所以，一般来讲，只有具备下述条件时，方能使用此技术进行绩效考评：一是组织氛围良好，高层大力支持；二是能处理好公正与保密的关系，且具备了有效的评价工具；三是员工参与度高，能实现充分的信息沟通；四是在考评前进行了系统的培训，使所有考评者都对考评的指标、标准、程序等有充分掌握；五是需对不同考评者的权重进行设计。

十、关键绩效指标法

关键绩效指标（key performance indicator, KPI）是指对于组织的生存和发展起关键作用的指标，它们能有效呈现部门、团队或个人的绩效行为和表现对组织目标的实现做了多大的贡献。

（一）关键绩效指标的特点

关键绩效指标的特点一般有：涉及组织实现战略目标的关键领域；是对组织所需要行为的集中测量；能将组织的战略目标转化为明确的行动内容；能确保组织中各级不同类型员工向同一个方向努力；是上下级共同参与达成的结果。表 5-13 反映了 KPI 与一般绩效指标的区别。

表 5-13　KPI 与一般绩效指标的区别

项目	KPI	一般绩效指标
考核目的	为战略服务	以控制为目的
指标来源	自上而下	自下而上
构成	平衡	不平衡
薪酬、绩效与战略的关系	相关	薪酬与个人绩效相关，与战略不相关

（二）关键绩效指标的确定过程

1.KPI 体系的确定

这是指通过分析，确定组织绩效考评的 KPI 指标体系。它通常包括三个层次：一是组织层 KPI 的确定，这需要在明确组织战略目标的基础上，通过组织会议确定组织的业务重点，用头脑风暴法等具体方法找出这些关键业务领域的关键绩效指标；二是部门级 KPI 的确定，各部门主管人员根据组织的 KPI，在分析部门目标和工作流程的基础上，建立部门 KPI 体系；三是职位 KPI 的确定，部门主管和部门 KPI 人员对部门 KPI 进行进一步细分，确定各个职位的 KPI 指标。

2.确定各个指标的评价标准

第一步中指标的提出，只解决了从哪些方面进行评价的问题，却没有说明在这些方面，怎样算好绩效、怎样算差绩效的问题。因此，在明确了各个指标后，还需要对各个指标的评价标准予以规定，指明各位员工应在各个指标上分别达到什么样的水平，解决被评价者"怎样做，做多少"的问题。

3.对 KPI 进行审核

KPI 指标建立后并不能直接投入使用，而是需要经过审核、修订的过程。在审核时，通常需要审核指标的客观性、全面性、可操作性以及能否对信息进行反馈等。相关部门如果对审核的结果不满意，则可以对指标进行修订和重新调整。

十一、平衡计分卡法

平衡计分卡法是以信息为基础，系统考虑组织业绩驱动因素，多维度评价组织绩效的一种方法。同时，它也是将组织战略目标与业绩驱动因素相结合，实施动态战略管理的方法。

根据平衡计分卡法，组织应从四个角度审视自己的业绩：客户、内部经营过程、学习与成长、财务。平衡计分卡法通过这四个方面指标之间相互驱动的因果关系展现组织的战略轨迹，实现绩效考核—绩效改进以及战略实施—战略修正的目标，如图 5-3 所示。

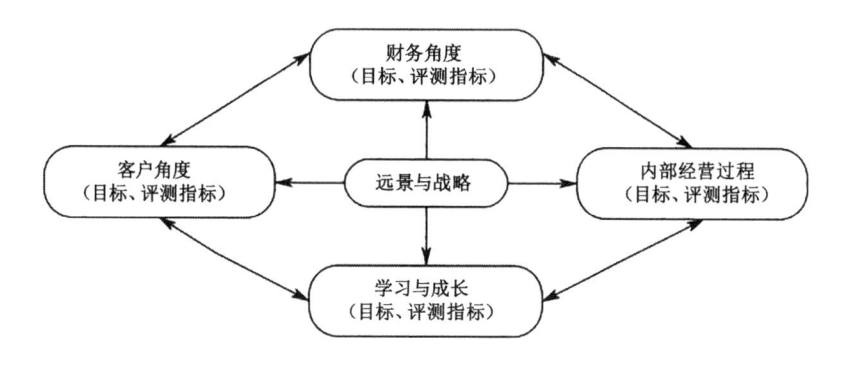

图 5-3 平衡计分卡评价系统

（一）各个维度的解释

1.财务角度

财务绩效衡量的是组织战略及其实施和执行是否正在为最终经营结果的改善做出贡献。常见的指标有：资产负债率、流动比率、应收账款周转率、存货周转率、资本金利润率、销售利税率等。尽管组织在长期或短期追求的财务目标有差异，但利润应当始终是组织追求的终极目标。从财务指标能看出组织的获利能力。

2.客户角度

客户角度的绩效衡量的是组织所提供的产品和服务能在多大程度上满足顾客需要、提高顾客满意度。常见的指标有：客户的满意程度、对客户的挽留、获取新的客户、获利能力和在目标市场上所占的份额等。这个维度能反映组织在质量、性能、服务等方面对客户提供的绩效状况。从客户角度的绩效指标可以看出组织的竞争能力。

3.内部经营过程

这是对存在于组织内部，能对客户满意程度和组织财务目标的实现程度产生较大影响的那些内部过程进行的衡量。常见的衡量指标有：新产品开发、风险控制、市场份额、售后服务系统、信息系统等。从内部经营过程指标可以看出组织的综合提升力。

4.学习与成长

组织的学习和成长主要体现在三个方面：人才、系统和组织程序。平衡计分卡会对组织中的人才、系统和程序的现有能力和实现突破性绩效所必需能力之间的差距进行揭示，从而制定出恰当的绩效考评指标。常见的指标有：内部满意率、绩效考核系统、员工技能发展、合理化建议等。从学习和成长指标可以看出组织的持续后劲。

需要说明的是，平衡计分卡中的四个维度并非彼此割裂的，而是彼此联系的。财务指标是组织的终极追求，也是组织存在的根本物质保障；而要提高组织的利润水平，又必须以客户满意为前提；要让客户满意，需要有高效的内部经营过程；而高效的内部经营又常常取决于能否有效学习和快速成长。

（二）平衡计分卡法的用法与实施步骤

1.平衡计分卡法的用法

平衡计分卡法的具体用法是：在组织整体战略的引导下，通过对组织产出和未来成长潜力的考核，充分考虑客户和内部运营的状况，寻找能够驱动组织战略成功的关键因素，建立与关键成功因素具有密切联系的关键绩效指标体系。也就是说，平衡计分卡法成功地将组织的长期战略和短期行为联系起来，把组织的远景目标转化为一套系统的绩效考核指标。在此基础上，企业需要加强对关键绩效指标的跟踪监测，衡量战略实施过程的状态并采取必要的措施，以实现战略的成功实施及绩效的持续增长。

2.实施步骤

（1）将战略转化为目标

以组织的共同愿景和战略为内核，运用综合与平衡的哲学思想，依据组织结构，将公司的愿景和战略转化为下属各责任部门在财务、客户、内部经营过程、创新与学习等四个方面的系列具体目标，并设置相应的四张计分卡。

（2）设置对应绩效考评指标体系

依据各责任部门在财务、客户、内部经营过程、创新与学习等四个方面的可具体操作的目标，设置对应的绩效评价指标体系。这些指标不仅与公司战略目标高度相关，而且是以先行与滞后两种形式呈现的，兼顾组织的长期和短期目标、内部与外部利益，综合反映财务与非财务信息。

（3）设定各项指标的评分规则

由各主管部门与责任部门共同商定各项指标的具体评分规则。一般是将各项指标的预算值与实际值进行比较，对应不同范围的差异率，设定不同的评分值。

（4）开展绩效考评并运用考评成果

以综合评分的形式，定期考核各责任部门在财务、客户、内部经营过程、学习与成长等四个方面的目标执行情况，及时反馈，适时调整战略偏差，或修正原定目标和评价指标，确保公司战略得以顺利与正确地实施。

第六章　薪酬及福利管理

第一节　薪酬与薪酬管理

一、薪酬

薪酬是关于员工能因为自己的工作而从组织中获得什么的概念,在不同时期有不同的内涵。20世纪20年代以前,"工资"这一概念在西方国家流行,主要是指支付给体力劳动者的工作报酬,主要内容是基本工资,几乎没有福利、津贴等内容,常以小时工资、日工资、月工资的形式出现,工作时间的长短决定了收入的多少。在20世纪20年代以后,出现了"薪水"这一概念,通常指支付给白领的工作报酬,通常是在一段固定时间后获得相对固定的收入,如月薪或年薪。此时的薪水既包括基本工资,也包括津贴、福利等内容,但收入相对固定,加班等是不会获得另外收入的。1980年以来,薪酬这一概念开始为大多数人所接受。这时基本工资的比例又降低了一些,津贴、补贴和福利等的比例提高。

（一）薪酬的概念与内容

1.薪酬的概念

尽管不同的人对薪酬这一概念的理解有所不同,但我们仍然可以认为,薪酬是员工为组织贡献了自己的劳动而获得的各种形式的酬劳。从本质上讲,薪酬是组织基于交易或交换关系而支付给员工的劳动价格，是员工向组织让渡自己劳动使用权后所获得的补偿。

2.薪酬的内容

组织应当对薪酬的概念有一个全面的认识，对薪酬这个概念的理解对企业的薪酬管理行为有重大影响。一般来说，当今组织应明确，所谓的"薪酬"是一个综合性概念，包含了非常丰富的内容。

（1）经济性薪酬和非经济性薪酬

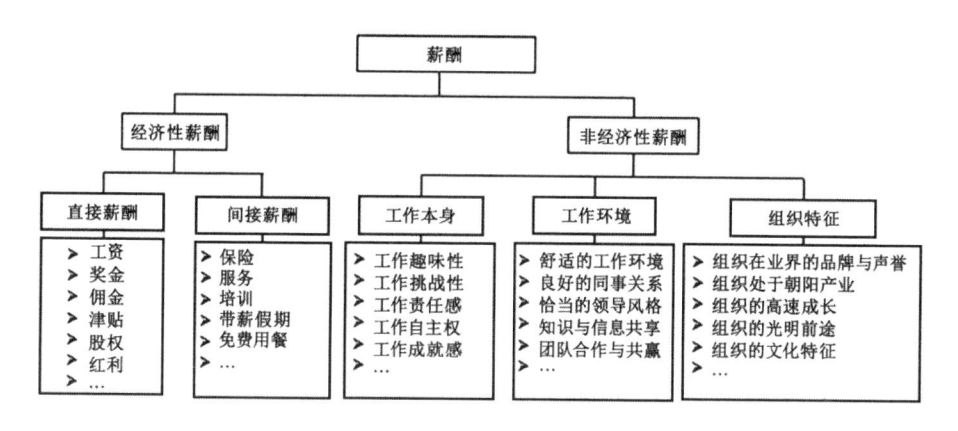

图 6-1 经济性薪酬和非经济性薪酬

图 6-1 是经济性薪酬和非经济性薪酬的内容。所谓经济性薪酬，又包含直接薪酬和间接薪酬，直接薪酬指工资、奖金、津贴等能用货币加以衡量的薪酬部分，间接薪酬是指组织所提供的各种福利和服务，并不一定以货币的形式出现，比如保险、公积金、免费午餐等，它们能给员工的生活带来便利，减少员工的额外支出。

尽管薪酬的内容非常复杂，但多数时候组织中所提到的薪酬仍然主要是指经济性薪酬。经济性薪酬的组成部分也比较复杂，常见的组成部分可能有以下的一种或数种。

①基本薪酬。基本薪酬是以员工的劳动熟练程度、工作的复杂程度、责任大小、工作环境、劳动强度为依据，并考虑劳动者的工龄、学历、资历等因素，

按照员工实际完成的劳动定额、工作时间或劳动消耗而计付的劳动报酬。基本薪酬通常又包括岗位薪酬、等级薪酬、结构薪酬、技能薪酬和工龄工资等几项主要内容，在不同的组织中其内容可能有所不同。基本薪酬与员工本人的工作努力程度和所取得的绩效关系不大，属于比较稳定的收入部分。

②福利薪酬。福利薪酬是组织为了吸引新人、留住旧人，在人力资源市场上赢得竞争而支付的一种补偿性薪酬，通常包括法定的社会保险、带薪休假、优惠住房、免费工作餐、生活用品的发放等内容。不同的组织所提供的福利薪酬差别可能会很大；但是组织内部员工之间的差别并不大。

③奖励薪酬。奖励薪酬通常称为奖金，是组织对员工超出正常劳动强度或努力程度后所支付的奖励性薪酬，常包括红利、利润分享及通常所说的奖金等内容。在同一个组织甚至同一个部门或职位上，不同的员工所获得的奖励薪酬可能有很大差异，这主要取决于员工的努力程度，以及组织的薪酬制度和绩效考评等因素。

④成就薪酬。成就薪酬是指当员工在组织内工作卓有成效，为组织做出重大贡献后，组织以提高基本薪酬的形式付给员工的薪酬。很显然这部分薪酬与员工的个人成就紧密相关，不是每个人都可以获得的。

⑤附加薪酬。附加薪酬常称为津贴或补贴，是组织为了鼓励员工在苦、脏、累、险等特定职位上工作，而在普通薪酬内容之外所支付的劳动报酬，比如为经常需要出差的人支付的餐饮补贴、通讯补贴等。习惯上，属于生产性质的一般称为津贴，属于生活性质的一般称作补贴。这部分薪酬只有那些从事特殊工作的员工在从事特殊工作时才能拥有。

⑥股票期权。股票期权通常是以激励手段出现的。组织为了激发员工的主人翁意识，采取多种形式让部分员工持股经营，在组织取得了一定业绩后让员工根据持股的多少来分得各种权益。

所谓非经济性薪酬，包括工作本身、工作环境、组织特征等无法用货币加以衡量的那些因素，它们能给员工带来安全感、归属感、荣誉感等心理效用。这些之所以也被纳入薪酬范围，是因为这些心理效用与经济性薪酬一样，也会对员工的择业和工作努力程度产生重要影响,它们通常也是组织吸引、留住人才的工具和手段。

(2)内在薪酬和外在薪酬

如图 6-2 所示,薪酬还可以分为内在薪酬和外在薪酬。内在薪酬是指能激发员工内在工作动力的那些精神性收益;外在薪酬是指能从外部刺激员工努力工作的那些物质或非物质收益。

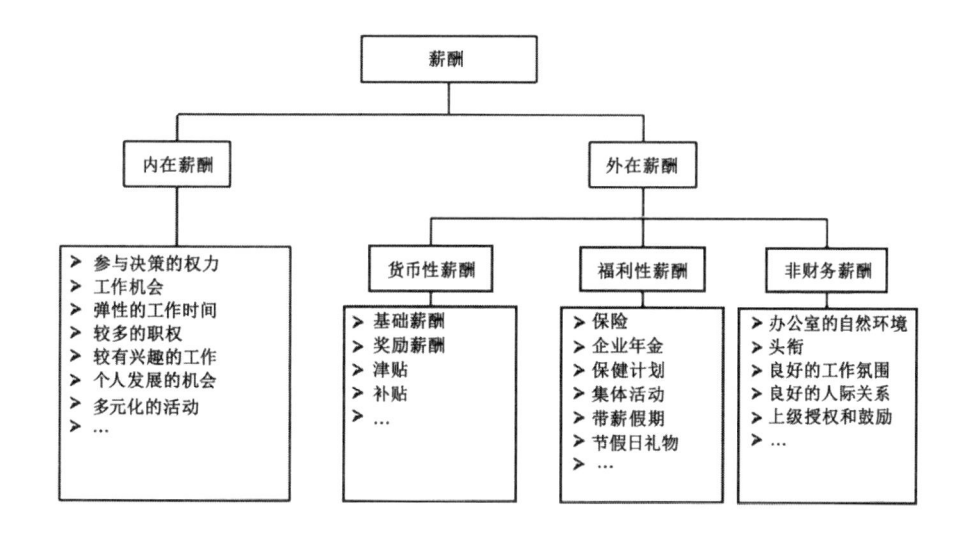

```
                              薪酬
                ┌──────────────┴──────────────┐
             内在薪酬                        外在薪酬
                │              ┌──────────────┼──────────────┐
                │           货币性薪酬       福利性薪酬      非财务薪酬
  ➤ 参与决策的权力          ➤ 基础薪酬        ➤ 保险          ➤ 办公室的自然环境
  ➤ 工作机会                ➤ 奖励薪酬        ➤ 企业年金      ➤ 头衔
  ➤ 弹性的工作时间          ➤ 津贴            ➤ 保健计划      ➤ 良好的工作氛围
  ➤ 较多的职权              ➤ 补贴            ➤ 集体活动      ➤ 良好的人际关系
  ➤ 较有兴趣的工作          ➤ …               ➤ 带薪假期      ➤ 上级授权和鼓励
  ➤ 个人发展的机会                            ➤ 节假日礼物    ➤ …
  ➤ 多元化的活动                              ➤ …
  ➤ …
```

图 6-2 内在薪酬和外在薪酬

(二)薪酬的作用

薪酬反映的是组织和员工之间的利益交换关系,对员工和组织有重要的作用。对员工来说,薪酬的作用主要体现在保障、激励、信号等方面;对组织来说,薪酬有调节、凝聚、改善绩效、控制成本、塑造组织文化等作用。

1.保障作用

组织只有向员工提供了足够补偿,才能使其生活顺利进行下去、解决后顾之忧,不断投入新的劳动中去。薪酬的保障作用主要是由基本薪酬来实现的。因此,一个组织所提供的基本薪酬起码要满足员工的日常生活和工作所需。在因为员工错误而需要扣罚薪酬时，一般也不要扣罚基本薪酬，否则员工的生活将可能失去保障。

2.激励作用

薪酬不仅决定了员工的物质条件，而且还是显示一个人社会地位的重要因素，是全面满足员工多种需要的经济基础。有时候员工能获得高收入所带来的益处可能不仅是获得了丰富的物质收入，更重要的是这种高收入给其带来的满足感和荣誉感。同时，薪酬的公平性、成长性等都会影响到员工的工作积极性。在薪酬各构成部分中，奖励性薪酬、成就性薪酬的激励作用最为明显。

3.信号作用

薪酬往往还是一种信号，传递着一些重要信息。比如，人们可以根据员工的薪酬来判定其职业和社会地位及生活状况等。在组织内部，相对薪酬能反映一个员工在组织中的地位和重要程度。在组织外部，员工薪酬的高低也反映了其在劳动市场上的价值大小。

4.调节作用

薪酬差异是人力资源管理流动与配置的重要"调节器"。在组织内部，组织通过薪酬调整来重新部署组织内部的人力资源，比用行政命令来重新部署要有效得多；在组织外部，组织可以利用差别性优势薪酬来吸引那些紧缺的人才。国家也可以通过薪酬调节来实现人们的利益分配，实现社会分配的总体平衡。

5.凝聚作用

公平合理的薪酬体系，能充分调动员工的积极性，激发员工的创造力，使员工增强对组织的信任，产生情感依恋，形成较强的凝聚力。反之，如果组织薪酬体系混乱，随意性强，则不能有效反映每个员工对组织的贡献，员工就很可能丧失对组织的信任。

6.改善绩效的作用

薪酬对员工的工作态度、行为和绩效都会产生直接影响。科学的薪酬体系能有效激励员工，使员工形成积极的工作态度，展现出高效的职业行为。这种正面激励不仅提升了员工个人的工作绩效，还促进了整体团队效能的增强。同时，合理的薪酬也能为组织吸引更多外部优秀人才的加盟，使组织绩效大幅提升。

7.控制成本作用

薪酬是组织成本中的重要内容。较高薪酬虽然有助于吸引更多优秀人才，但同时也会增加组织的成本。同时，并非高薪酬就能实现对员工的有效激励。所以，组织应设计合理的薪酬制度，以实现低成本、高效益。

8.塑造组织文化的作用

合理和富有激励性的薪酬体系有助于组织文化的塑造及既有组织文化的强化。许多组织的文化变革都伴随着薪酬制度的变革，企业可以通过薪酬制度来加深员工对组织文化的理解，促进员工对新文化的认同。

二、薪酬管理

（一）薪酬管理的含义

薪酬管理是在组织总体发展战略的指导下，根据不同时期组织的经营目标，针对所有员工为组织所提供的劳务来确定他们应当得到的报酬总额、报酬结构及报酬形式，并进行薪酬分配和调控的过程。需要说明的是，薪酬管理是在组织战略的指导下开展的，最终目的是确保组织战略目标的实现。因此，薪酬管理不仅要让员工获得相应的经济收入，还要通过精心设计的薪酬体系引导员工的工作行为，激发其工作热情，不断提升其工作绩效，并最终实现组织的发展目标。

（二）薪酬管理的内容

1.薪酬目标的管理

薪酬管理要从两个方面实现目标：一是通过薪酬管理实现组织的战略；二

是通过薪酬管理满足员工的需要。

2. 薪酬水平的管理

薪酬水平是指组织内部各类职位和组织整体平均薪酬的高低状况。在薪酬管理中，组织既要确保内部薪酬的一致性，又要确保其外部的竞争性。这就要求组织根据员工绩效、能力特征和行为态度进行动态调整，使组织内部各团队、各部门和各子公司的薪酬水平具有公平性，有利于组织目标的实现。同时，为了吸引并留住稀缺人才，组织还需确保此类人才的薪酬水平相对于市场及竞争对手保持一定优势，从而增强薪酬的外部竞争力，为组织的持续发展奠定坚实的人才基础。

3. 薪酬结构的管理

薪酬结构是指组织内部各职位薪酬的相互关系。合理的薪酬结构不仅能反映出不同职位对组织贡献的大小，也能有效节省组织运营成本。在薪酬管理中，组织要划分合理的薪级和薪等、确定合理的级差和等差，并确定如何适应组织结构扁平化和员工岗位大规模轮换的需要，合理地确定工资宽带。

4. 薪酬形式的管理

薪酬形式是指在员工总体薪酬和组织总体薪酬中，不同类型薪酬部分的组合方式。如一位员工能拿到的全部薪酬中，是否包括基本薪酬、福利薪酬、奖励薪酬等内容以及这些内容各占了多少比重。此外，薪酬形式的管理还包括给员工提供个人成长、工作成就感、良好的职业预期和就业能力的管理。

5. 薪酬制度的管理

这包括薪酬决策应在多大程度上向所有员工公开和透明化，谁负责设计和管理薪酬制度，薪酬管理的预算、审计和控制体系又该如何建立和设计，组织如何维持合理的薪酬成本控制，等等。

（三）薪酬管理的原则

1.公平性原则

公平性是薪酬管理的首个原则，它要求薪酬管理能让员工认为组织的薪酬分配是公平的。如果员工感觉到自己得到了不公正的薪酬，他们就可能会不再继续努力工作。不公平感的存在有可能会恶化组织中的人际关系或导致一部分员工离职。

薪酬的公平性原则可以分为四个层次：

（1）外部公平性

这是指组织的薪酬应该与同一行业或同一地区或同等规模的不同组织类似职位的薪酬大致相同，因为同一职位对员工的知识、技能与经验的要求相似，大家的努力程度可能都差不多。如果对于同样的职位，另一家企业的薪酬水平远高于本企业的薪酬水平，那么本企业的员工就可能选择跳槽到另一家企业。

（2）内部公平性

这是指在组织内部各职位中，所获得的薪酬应当与各自做出的贡献成正比。只要这个比值是一致的，多数人就会觉得这是公平的。职位评价是保证内部公平的首要方法。

（3）小组公平

这是指组织中不同任务小组所获薪酬应与各小组的绩效水平成正比。

（4）员工公平

这是指组织仅根据员工的个人因素，如业绩水平和学历等，对完成类似工作的员工支付大致相同的薪酬。

为了确保组织薪酬系统的公平性，组织在设计薪酬系统时应当注意：在薪酬制度方面有明确统一的要求，并有明确的可以说明的规范和依据；薪酬系统应当有足够的民主性和透明度；组织应为员工创造机会均等、公平竞争的条件，并将员工的注意力从追求结果均等转到机会均等上来。

2.竞争性原则

竞争性原则是指为了确保组织获得所需的人力资源，组织所制定的薪酬水平应当不低于当地人力资源市场上的平均水平。当然，这可能会提高组织的人力资源成本，因此是否推出这个政策以及保持多高的人力资源价格，应当根据本组织的财力状况和相关情况决定。但是，对于组织紧缺的人力资源，通常应确保其薪酬具有足够的竞争性。

3.激励性原则

组织薪酬的公平性，并不意味着绝对平等，并不是无论什么岗位、做出多大贡献的人都得到相同的薪酬，这种体现不出差异的"大锅饭"式的薪酬设计只能起到奖懒罚勤的作用，无法激发员工的工作积极性。因此，在制定薪酬政策和设计薪酬体系时，组织应当在各类、各级职务的薪酬水准上，适当拉开差距，真正体现按劳、按贡献分配的原则。

4.经济性原则

薪酬是组织运行成本的重要组成内容，较高的薪酬水平固然可以提高组织的竞争力和对员工的激励性，但同时也会导致组织的运营成本增加。因此，在设计薪酬体系时，组织要考虑如何控制整体运行成本。

5.合法性原则

这是指组织的薪酬政策、薪酬体系必须符合国家的法律法规，与地方政府所制定的相关政策保持一致。比如，薪酬水平不能低于当地所制定的最低工资标准，必须为正式员工缴纳五险一金，不能出现性别歧视，必须如期支付薪酬。

三、影响薪酬及薪酬管理的因素

影响员工薪酬和组织薪酬管理的因素有很多，大致可以归纳为三个方面：组织外部因素、组织内部因素及员工个人因素。

（一）组织外部因素

1.人力资源市场的供求状况和竞争关系

按照经济学的观点，供求关系会对产品的价格产生重要影响。薪酬可算是劳动力在人力资源市场上的价格。如果某类人力资源的市场状况是供大于求，那么该类人力资源的价格必然不会太高；如果某类人力资源的市场状况是供小于求，则该类人力资源的价格一定会抬升。供求状况也往往决定了组织在人力资源方面的竞争关系。如果某类人力资源是很多组织都需要的，那么该类人力资源的薪酬一定会上涨，反之则会下跌。

2.地区及行业薪酬水平及相关惯例

一个组织中的薪酬水平通常会与当地和相似行业的平均薪酬水平相似。当一个组织初次成立需要设计薪酬体系，或者将重新进行薪酬设计时，通常要以地区及行业中类似组织的薪酬水平作为参考。同时，一个地区的社会流行价值观、地区特点等也会影响组织的薪酬状况。比如，一个尊崇平均主义的地区，各类组织的薪酬差距不会太过明显；而一个开放程度较高的地区，可能会对差异化薪酬表示接受。

3.当地物价水平

对于大多数人而言，薪酬是维持日常生活的基本经济支柱。在物价水平高的地区，人们面临着更高的生活成本，这就需要更高的薪酬水平来覆盖日常开支和维持生活品质。因此，那些无法提供与当地生活成本相匹配的薪酬水平的组织，很可能面临招聘困难，难以吸引和留住足够的人力资源，进而影响到组织的正常运营和发展。当然，确保人们薪酬与物价水平同步上涨的货币收入主要是名义薪酬，名义薪酬的上涨并不意味着人们购买力的提升。

4.薪酬及相关方面的法律法规

组织的薪酬政策必须符合政府及相关方面的法律法规的规定，并且，政府及相关方面的法律要求对组织的薪酬政策具有强制约束性。

（二）组织内部因素

1.组织的业务性质与内容

组织业务的性质和内容不同，其薪酬水平也会有所不同。如果组织属于传统的劳动密集型行业，员工所从事的活动主要为体力劳动，那么组织的总成本中劳动力成本可能占据着较大比重；反之，如果组织属于资本密集型或技术密集型行业，人工成本可能只会在组织总成本中占较小比重。进一步地，组织内部的不同职位，由于它们承担着不同的职责，对组织目标的实现贡献程度也各不相同，因此它们的薪酬水平和结构也必然存在差异。

2.组织的经营状况和支付能力

在经营状况不佳，面临财务压力时，组织往往难以维持高水平的薪酬体系；反之，当组织经营状况良好，盈利能力增强时，其便拥有了更坚实的财务基础来支撑较高的薪酬支付水平。但是，组织的经营状况并非静止不变的，而是随着市场环境、行业竞争、内部管理等多种因素的波动而不断变化。此外，经营状况的好坏也缺乏一个绝对的标准来衡量，这增加了员工在评价组织薪酬合理性时的复杂性。所以，经营状况对薪酬的影响具有间接性和远期性。

3.组织的管理哲学

如果组织将员工视为"经济人"，认为员工做的所有工作都是为了获得经济报酬，那么管理者所设计的薪酬体系往往倾向于以货币形式的报酬为主导；如果组织将员工视为"社会人"，他们会更加重视员工的社会性需求，那么其薪酬结构中除了有货币性报酬，还会融入丰富的非货币性激励措施。

4.组织的经营战略

组织所采用的经营战略不同，所需要的人才或所采取的人事政策就会有所差异，其薪酬政策也必然不同。比如，采用总成本领先的组织会重视各方面的低成本，追求每一份成本支出都能获得足够的回报。所以，在薪酬政策方面，组织可能会重视竞争对手的劳动成本，在薪酬形式中重视可变部分的比重，强调薪酬对生产效率的激励；采用差异化战略的组织更重视产品和服务的优越性,其采取的薪酬政策会更加鼓励在产品和服务方面的创新,而不会特别在意薪酬在组织总成本中所占的比重;实施目标集聚战略的组织强调在特定市场上表现卓越,其薪酬政策可能会十分重视顾客评价。

5.组织的发展阶段

组织的成长和发展阶段不同,其面临的任务和挑战自然各异,这种差异性也深刻地影响着管理的重心与策略,包括薪酬管理在内的各个方面。

(三)员工个人因素

1.员工的职位

不同职位对组织的重要性是不一样的,对组织的贡献度也不相同。因此,组织中不同的职位通常有不同的薪酬结构和水平,处于不同职位的员工所能获得的薪酬也就有所差异。

2.员工的工作能力

职位的差异会使处于不同职位的员工获得不同的薪酬待遇;但即使是同一个职位的员工,也会因为其文化程度、专业知识和技能、工作经验等方面的差异,而获得不同的薪酬。

3.员工的实际绩效

一般来说,员工的薪酬结构中会包含一部分与绩效直接挂钩的薪酬成分,这部分薪酬旨在根据员工在特定绩效周期内的表现优劣进行灵活调整。员工在绩效周期内表现优异,那么他们便有机会获得较高的绩效薪酬或额外的奖励性薪酬。这也是为了鼓励员工在各自岗位上全力以赴,积极贡献自己的力量。

四、当前企业薪酬管理存在的问题及应对措施

（一）当前企业薪酬管理存在的问题

1. 企业的薪酬管理与企业的发展规划分离

在薪酬管理的过程中，紧密融合企业的经营方针与人力资源管理策略中的薪酬导向至关重要，否则企业薪酬计划的执行会出现一定的偏差。企业的战略定位直接影响着企业的薪酬定位，然而，目前大多数企业在薪酬管理方面都采用标准化的做法，忽视了与企业发展战略的紧密衔接，导致薪酬制度与企业长远目标脱节。对于一个已经发展成熟的企业来讲，其经营理念以及未来的战略规划相较于成长阶段会有显著变化，这就要求薪酬制度必须相应调整以适应这些变化。然而，现实情况是，大多数企业并没有因为发展阶段以及战略规划的变化而对薪酬制度进行调整，这在一定程度上影响了薪酬激励的有效性和针对性。此外，部分企业在制定战略规划时，虽以股东的长期利益为核心，但是在实际的经营过程中却侧重于对企业短期业绩增长的奖励，这种实践与战略意图之间的不一致性，进一步加剧了企业战略与薪酬制度之间的偏差。

2. 企业内部存在着不公平的现象，导致企业缺少市场竞争力

自我国改革开放以来，很多行业纷纷引入了工作岗位聘用制、责任制、承包制等用人机制，目的在于将企业员工的收入与企业的经营业绩联系在一起，以期激发员工积极性，促进企业发展。但是，一些企业却没有制定出公平合理的考核评价体系，导致尽管尝试将员工薪酬与企业效益挂钩，却未能有效提升员工工作效率。这在极大程度上对业绩管理体系功能的发挥造成了一定的影响，同时也对企业自身的业绩造成了一定的影响。此外，企业的薪酬管理体系缺少业绩管理的支撑，使得内部收益分配难以保证公平与公正，进而无法有效激励员工。对于企业中的重要人才来讲，他们对企业的发展有着极为重要的作用，如果企业的薪酬体系不能表现出对人才的重视，那么这个企业所制定的薪

酬管理体系就是不成功的。这种情况如果长时间得不到改善就会对企业造成更大的损失。

3.目前的薪酬管理缺乏透明度

一个缺乏透明度的薪酬管理体系往往潜藏着多重不利因素，它可能无形中加剧企业内部员工之间的猜疑与隔阂。员工可能会因为不确定自己与同事薪酬水平的相对差异，而主观臆断自己的付出与回报不成正比，特别是当观察到他人似乎获得更高薪酬时，即便这种观察是基于不完全的信息或误解。这种心理状态极易滋生不满情绪，不仅影响员工的工作积极性和团队合作氛围，也给企业的人力资源管理带来了沉重的负担。所以，企业需要适当提升薪酬管理的透明度，构建一个更加开放、公正的薪酬沟通机制。具体而言，企业可以鼓励员工参与到薪酬管理体系的设计与优化过程中来，通过收集员工的意见和建议，使薪酬制度更加贴近员工需求和企业发展目标。

4.企业薪酬体系缺乏激励性

企业在对薪酬功能的理解上常过于偏颇，只注意到薪酬的保健功能，而忽视了薪酬的激励功能。这种偏颇导致奖金在相当程度上已失去了奖励的意义，变成了固定的、预期内的收入组成部分，失去了其应有的激励作用。在传统的薪酬制度中，定人定岗、定岗定薪已成为一个不成文的规定。员工要想提升工资水平，只有提升自己的职位。在这样的体系下，即便员工在某一岗位上表现出色，也难以获得与其贡献相匹配的薪酬增长，奖金成为唯一的额外奖励。此外，虽然工龄工资在理论上体现了对员工长期服务及经验积累的认可，但许多企业采用的等额递增方式却未能准确反映员工绩效与贡献的差异性，这种"一刀切"的做法显然不够科学合理。

（二）当前企业薪酬管理问题的应对措施

1.贯彻相对公平原则

美国行为科学家亚当斯（J. Stacy Adams）的公平理论中提到内部一致性原

则，它强调企业在设计薪酬制度时要一碗水端平。内部一致性原则包含三个方面：一是横向公平，即企业所有员工的薪酬标准、尺度应该是一致的；二是纵向公平，即企业设计薪酬制度时必须考虑到历史的延续性，过去的投入产出比和现在乃至将来的投入产出比都应该基本上是一致的，而且最好有所增长。这里涉及一个工资刚性问题，即一个企业给员工设定的工资水平在正常情况下只能提高，不能降低，否则会引起员工的不满。三是外部公平，即企业员工的薪酬水平与同行业、同地区、同类型职位的市场薪酬水平保持一致。

具体来说，企业应在进行充分的调查后，确立一个能够令人信服的工资标准，包括固定工资标准和浮动工资标准，在工资表中将薪酬的组成具体化，对绩效考核的项目进行细化，使员工能够清晰了解自己的薪酬结构。此外，提高薪酬制度的透明度是增强员工信任与满意度的关键。企业应积极推行薪酬制度的公开化、透明化，通过内部培训、政策宣讲等方式，确保每位员工都能充分了解薪酬制度的详细内容、执行标准以及调整机制。同时，建立畅通的沟通渠道，鼓励员工就薪酬问题提出疑问与建议，企业则需及时响应，积极解答，以此促进劳资双方对薪酬问题的深入理解和共识。

2.构建合理的薪酬管理体系

构建一套合理的薪酬管理体系，对于明确企业内部各部门及岗位的职责与权限至关重要，它能确保各项管理制度有据可依、有章可循。为了实现这一目标，企业需采取一系列措施来确保薪酬管理的公正性与合理性。

第二节 薪酬设计

一、基本薪酬设计

构建科学合理的薪酬体系是薪酬管理的重要工作，其设计的要点是"对内具有公平性，对外具有竞争性"。基本薪酬设计流程如图 6-3 所示，下面分别予以介绍。

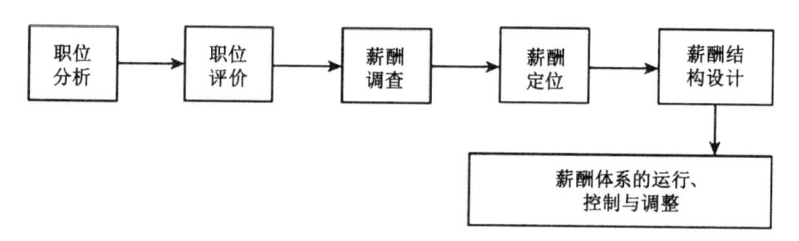

图 6-3 基本薪酬设计流程

（一）职位分析

职位分析是薪酬设计工作的基础，职位分析工作的成果——职位说明书是薪酬体系建立的依据。组织应当在科学的职位分析的基础上，对某一职位的主要工作职责、业绩标准、工作条件、工作特征以及任职资格要求等予以明确，为职位评价提供全面的基础性信息。

（二）职位评价

职位评价是借助一定方法，对组织内部各个职位对组织的价值进行评价。需要说明的是，职位评价的分析对象是职位，而不是任职者；它所反映的是职位的相对价值，而不是绝对价值。

职位评价旨在确保薪酬的内部公平性，具体需要达成两个目标：一是比较组织内部各个职位的相对重要性，得出职位等级序列；二是建立一套统一的职位评估标准体系，旨在消除因部门差异、岗位名称相似但工作内容大相径庭，或工作内容相似却名称各异所带来的薪酬不公平现象。这一标准化过程确保了即使岗位名称或所在部门不同，只要其实际工作要求和工作内容相近，就能得到公平合理的薪酬定位。

职位评价的方法一般有四种，即排序法、分类法、评分法、要素比较法。下面分别做简单介绍。

1. 排序法

排序法是最古老也是最简易的一种方法。它通常以职位说明和职位规范要求为基础，由负责职位评价的人员根据主观经验和认识，对组织中所有职位从整体上按其重要性或相对价值进行比较并排序。在确定薪酬额时，应参照职位的重要性，如职位价值、责任、贡献度等计算出相应的数量比例。这类方法的优点是简单易行，成本较低，又能确保重要职位得到较高的薪酬；但这种评价方法主观性强，评价标准不明确。排序法通常适合于那些规模小、结构简单、职位种类不多的组织。

排序法又有简单排序法、交替排序法等几种常见的分类。

（1）简单排序法

这是最简单同时又最粗略的方法，是指从总体上根据职位价值的大小从高到低对职位进行排序，如表 6-1 所示。

表 6-1 简单排序法举例

职位价值	职位名称
高	总裁
	副总裁
中	部门经理
	主管
低	技术员
	接待员

（2）交替排序法

交替排序法是指先从所有待评估职位中，找出价值最高的那个和价值最低的那个；再从剩下的职位中，找出价值最高的那个和价值最低的那个。照此类推，直到将所有职位排序完，如表 6-2 所示。

表 6-2　交替排序法举例

排列顺序	职位价值	职位名称
1	最高	总裁
2	高	副总裁
3	较高	部门经理
4	较低	主管
5	低	技术员
6	最低	接待员

2.分类法

分类法又称套级法，是指请专家或管理者将组织的所有职位大体划分为若干等级并确定等级标准，再将组织中所有待评估职位与这一标准加以对照，将各个职位分别套入各个等级中，明确职位序列的方法。

这种方法仍然比较简单，只对职位做整体上的综合评价，因此操作成本较低，也能快速得出职位评价结果。但该方法侧重于定性分析，不作因素分解，难以进行精确评比，而且评级者的主观因素对评价结果的影响较大。因此，其主要适用于小型组织。

分类法的实施步骤如下：

（1）划分职位大类

将组织所有待评价职位分为若干大类，如管理类、工程技术类、销售类、文秘类等。

（2）确定每种类型职位等级的数量

关于职位等级的划分，并没有一个统一或绝对的标准规定每一类职位应分为多少个等级。其核心原则在于满足组织的实际需求、确保操作的便捷性，以及能够有效地区分不同职位间的职责、要求和价值。一般来说，组织规模越大、职位数量越多、职位类型越多，职位等级的划分也就越多。

（3）明确各个职位等级的定义

选择报酬要素，明确各个职位等级的定义。所谓报酬要素，是指一个组织认为在多种不同的职位中都包括的一些对其有价值的特征，是在多种不同的职位中都存在的组织愿意为之付出报酬的一些具有可衡量性质的质量、特征、要求或结构性因素。表6-3是文秘类职位等级分类定义示例。

表6-3　文秘类职位等级分类定义示例

职位等级	职位等级定义
一级	简单工作，无监管下属的职责，不需要接触外部公众
二级	简单工作，无监管下属的职责，需要接触外部公众
三级	中等复杂工作，无监管下属的职责，需要接触外部公众
四级	中等复杂工作，有监管下属的职责，需要接触外部公众
五级	复杂性工作，有监管下属的职责，需要接触外部公众

（4）将职位归入职位等级

根据职位说明书，对照确定好的标准，将职位归入与职位等级定义相同或相近的职位等级中去。

3.评分法

评分法也称计点法，这是目前广泛适用于大多数国家的一种方法。该方法的步骤为：先将每个职位细化为多个构成要素，再以这些要素为基础，将每个职位与预先设定的标准进行比较，比较的结果用数据来表示，然后将所有要素的分数进行汇总，得出该职位的总分数，这一总分数就是该职位的相对价值，最后将该职位按规定纳入相应的薪酬等级系统。

这种方法的优点是：量化分析，评价的主观性较低，精确性、可靠性强，评价的结果容易获得员工的认可；能对不同性质的职位进行横向比较，衡量出各个职位的相对价值差距,而这种差距决定了不同职位的薪酬差距。它的不足之处在于实施难度较大,操作比较麻烦,量化过程包含了很多主观判断的成分,如报酬要素选取、权重设置等都会受到主观判断的影响。

评分法的操作步骤如下:

(1)确定各个报酬要素

组织可以选择的报酬要素有很多,在实际工作中,常见的报酬要素有四类:工作责任、工作技能、努力程度、工作条件。工作责任是指为了完成工作任务所要承担的责任;工作技能是指完成工作任务所必须具备的知识、技能、经验等;努力程度是指为了完成工作任务所要付出的体力和脑力劳动强度;工作条件是指从事工作的物理条件和危险程度。每类报酬要素又可细分为多种不同的要素,如表6-4所示。需要说明的是,不同类型的职位,其报酬要素可能存在差异,所以在确定报酬要素时,要根据组织的行业特点和职业类型等具体情况进行具体分析。

表6-4 报酬要素示例

报酬要素类别	报酬要素名称
工作责任	战略实现责任
	风险控制责任
	指导监督责任
	沟通协调责任
	……
工作条件	工作伤害
	工作环境舒适度
	……

(2)定义各个报酬要素,划分各要素等级

确定了职位的报酬要素后,就要对该报酬要素进行定义和等级划分。等级的划分取决于组织内部各个职位在该报酬要素上的差异程度,差异越大,划分的等级就越多。表6-5是指导监督责任的定义和等级划分。

表 6-5　指导监督责任的定义和等级划分

要素名称	要素定义	等级	等级说明
指导监督责任	任职者在正常权利范围内所承担的正式指导、监督、评价等方面的责任。责任大小根据任职者直接指导和监督人员的数量及层次进行判断	一级	不指导任何人，只对自己的工作负责
		二级	指导、监督 1~15 名普通职工
		三级	指导、监督 16 名（含）以上普通职工，或 1~5 名基层管理人员
		四级	指导、监督 6 名（含）以上基层管理人员，或 1~3 名中层管理人员
		五级	指导、监督 4 名（含）以上中层管理人员

（3）确定各个报酬要素及其内部等级分数

首先要确定总的评价分数，一般来说，需要评价的职位越多，总分数就越大，以便清楚反映各职位差异。其次，确定各报酬要素的权重，以反映出组织中不同职位报酬要素的重要程度。最后，将各个报酬要素的分数分配到内部各个等级中去，如表 6-6 所示。

表 6-6　报酬要素及内部等级分数分配示例

要素名称	权重	分数	等级划分	等级分数
战略实现责任	25%	125	一级	25
			二级	50
			三级	75
			四级	100
			五级	125
风险控制责任	20%	100	一级	25
			二级	50
			三级	75
			四级	100

续表

要素名称	权重	分数	等级划分	等级分数
沟通协调责任	20%	100	一级	25
			二级	50
			三级	75
			四级	100
指导监督责任	15%	75	一级	15
			二级	30
			三级	45
			四级	60
			五级	75
工作环境	10%	50	一级	14
			二级	26
			三级	38
			四级	50
工作伤害	10%	50	一级	18
			二级	34
			三级	50
合计	100%	500		

（4）依据评价标准对职位进行评价，计算职位所得的总分数

在上述标准确定下来的基础上，根据职位说明书，将标准与职位说明书进行对比，确定被评价职位在各个报酬要素上所处的等级，将各个报酬要素所对应的分数汇总，就得到每个职位的最终评价分数，如表6-7所示。

表6-7 某职位的最终分数

要素名称	所处的等级	对应的分数
战略实现责任	4	100
风险控制责任	3	75
沟通协调责任	2	50
指导监督责任	3	45

续表

要素名称	所处的等级	对应的分数
工作环境	2	26
工作伤害	3	50
合计		346

（5）进行职位排序，得出各个职位的相对价值

在完成了每个职位的最终分数评定之后，接下来的一步是将这些分数进行汇总与比较，通过排序的方式清晰地展现出不同职位之间的相对价值高低。

4.要素比较法

要素比较法是将待评价职位与标准职位进行比较来确定其相对价值和工作薪酬的定量方法，它实际上是一种在排序法基础上进行了改进的量化职位评价方法。

要素比较法的操作步骤如下：

（1）确定报酬要素

在这个阶段，需要选择各个职位的可比较因素，以确定用来进行职位对比的依据和尺度。所选的报酬要素应当全面覆盖所有待比较职位的关键特征，以确保评价的全面性和准确性。常见的报酬要素包括责任、环境、体力消耗、精力消耗、教育背景、技能和相关经验等。有时候，这个步骤也可以放在标准职位选择之后进行。

（2）标准职位选择

标准职位选择是要素比较法的关键环节，因为其他职位的薪酬确定都依赖于这些标准职位的内容及其对应的薪酬水平。标准职位一般应选择那些在组织中普遍存在、工作内容相对固定且工资信息透明度高的职位。选择时应当依据的标准是：具有代表性、能展现职位等级的差异、能充分显示每个报酬要素在不同等级中的重要程度、能在确定的范围内准确定义。

（3）按照每个报酬要素，对标准职位进行多次排序

按照各报酬要素对标准职位进行排序，有多少个报酬要素，就要进行多少次排序。评价小组的每个成员分别进行排序分级，然后将分级结果交给评定小组综合分析，如表6-8所示。

表6-8 按报酬要素确定的标准职位排序

职位	技能	脑力	体力	职责	工作条件
甲岗位	1	1	2	1	2
乙岗位	2	3	1	2	1
丙岗位	3	2	3	3	3

（4）确定标准职位各个报酬要素的工资率，并依次对标准职位进行再次排列

首先，确定标准职位的薪酬水平，这个水平可以通过薪酬调查获得，下文将介绍薪酬调查的相关内容。比如，对于乙岗位，薪酬调查得到的总薪酬为4 800元。其次，确定各个报酬要素在该职位总体价值中的权重，权重可以通过经验或统计方法得出。比如，对于乙岗位，技能权重为37.5%、脑力权重为12.5%、体力权重为25%、职责和工作条件权重均为12.5%。按照权重，将该职位的总体薪酬分配到各个报酬要素中去。最后，按照标准职位在各个报酬要素上的工资率对它们再进行一次排列，如表6-9所示。表中，"/"前面的内容为总薪酬在各要素中的分配，后面的内容为排序。

表6-9 标准职位的工资率排序

职位	月薪	技能	脑力	体力	职责	工作条件
甲岗位	9 600元	4 800元/1	2 400元/1	600元/2	1 500元/1	300元/2
乙岗位	4 800元	1 800元/2	600元/3	1 200元/1	600元/2	600元/1
丙岗位	3 600元	1 500元/3	900元/2	480元/3	480元/3	240元/3

（5）剔除不合理的标准职位

将前面两个步骤中得到的结果进行对比，剔除两次排序不一致的职位。从理论上讲，对于每个报酬要素来说，前面两个步骤的比较结果应当是一致的；如果不一致，说明这个职位不能作为标准职位使用，需要重新选择标准职位排序。

（6）建立报酬要素薪酬比较表

如表 6-10 所示，按照报酬要素和薪酬资料，建立报酬要素薪酬比较表。

表 6-10 报酬要素薪酬比较表

月薪	技能	脑力	体力	职责	工作条件
6 600 元					
6 000 元					
5 400 元					
4 800 元	甲岗位				
4 200 元					
4 000 元					
3 600 元					
3 000 元					
2 400 元		甲岗位			
1 800 元	乙岗位				
1 500 元	丙岗位			甲岗位	
1 200 元			乙岗位		
900 元		丙岗位			
720 元					
600 元		乙岗位	甲岗位	乙岗位	乙岗位
480 元			丙岗位	丙岗位	
300 元					甲岗位
240 元					丙岗位
120 元					
0 元					

（7）评价其他所有工作，并确定其薪资

按照各个报酬要素，将其他待评价职位与标准职位进行一一对比，求出各个职位的薪酬。如对于某待评价职位 A，在技能方面低于甲岗位，但高于乙岗位，对应薪酬为 3 000 元，在脑力方面对应薪酬为 1 800 元，在体力方面对应薪酬为 2 400 元，在职责方面对应薪酬为 300 元，在工作条件方面对应薪酬为 720 元，则 A 岗位的总体薪酬 8 220 元。

要素比较法与排序法虽均涉及排序环节，但二者在排序依据及后续处理上存在显著差异。排序法是对职位按照整体印象进行排序，而要素比较法基于多个报酬要素逐一进行比较与排序。此外，要素比较法还进一步根据得到的评价结果设置具体的报酬金额，并汇总得到职位的报酬总额。要素比较法的优点是定量分析较多，每个步骤都有详细说明，这不仅有助于评价人员做出更为客观、准确的判断，也便于向员工解释说明评价过程及结果。然而，该方法也存在一定的局限性，如比较过程相对复杂，耗时较长，且尽管力求客观，但在实际操作中仍难以完全排除主观因素的影响。

（三）薪酬调查

职位分析和职位评价是从组织内部分析，仅仅解决了内部公平性的问题。但薪酬设计除了要考虑内部因素，还需要考虑外部薪酬状况。薪酬调查阶段的工作内容主要是：调查本地区、本行业，尤其是主要竞争对手相关职位的薪酬状况，并确定或调整本组织对应职位的薪酬水平。

在进行信息和资料收集时，首先需要对各种公开的外部资料进行研究，如国家及地区统计部门、劳动人事机构、工会组织等官方渠道发布的权威数据；图书馆及档案馆中收藏的年鉴等统计工具书；人才交流市场与组织、有关高等学府、研究机构及咨询单位所拥有的相关资料等；其次可进行抽样调查或发放专门问卷。此外，从新招聘的员工或前来应聘的人员那里获得相关资料，也能了解其他组织的薪酬信息；同时，密切关注并分析其他组织所发布的招聘广告和招聘信息，也是掌握市场薪酬动态的有效方式。

薪酬调查工作的常规步骤如下：

1.选取调查职位

一般情况下，组织不会对所有职位都进行薪酬调查，而是只选择部分关键职位进行调查。在确定选择何种职位进行调查时，通常考虑如下因素：

①职位的典型性，即是否为当地大多数同类组织中都存在的职位；

②职位容易界定；

③职位职责明确，内容稳定，不易变化。

2.确定调查计划

这是指组织根据自己的需要，规划并设计薪酬调查的具体实施方案。通常需要解决如下问题：

①明确调查的执行主体。薪酬调查既可以是组织自己开展调查，也可以是委托专业调查机构或咨询公司展开调查。如果市场上已有与组织需求相符的薪酬调查报告或数据，组织也可以直接购买这些现成的资料。

②确定具体的调查方式。一般来说，组织可以采用的薪酬调查方法有问卷调查、访谈调查、网络调查等。组织可以根据具体情况进行选择。

③设计调查工具。不管采用何种调查方式，都需要相应的调查工具来搜集或记录相关数据，比如薪酬调查表。通常，薪酬调查表应当围绕下列因素进行设计：一是被调查职位的基本信息，如职位名称和主要工作特征等；二是被调查对象的组织信息，目的是判断该组织与本组织之间是否相似，调查的结果有多大的可用性；三是职位描述，目的是让被调查者能准确识别该职位；四是被调查者的个人信息，以探究在相同职位上，不同个体因个人因素差异而可能导致的薪酬差异；五是职位的薪酬结构和薪酬水平。

此外，组织还需要对调查的人员、物资、时间、预算等进行规划。

3.薪酬调查数据分析和结果应用

在薪酬调查流程中，数据分析与报告生成是至关重要的一环。通过对所搜集的数据进行深入剖析，组织能够提炼出有价值的信息，并形成一份详尽的调查报告。薪酬调查结果主要用于指导本组织在薪酬支付策略上的决策。

(四) 薪酬定位

在分析同行业的薪酬数据后,组织应根据自身情况制定薪酬政策,选用不同的薪酬水平,也就是开展薪酬定位工作。

1.影响薪酬定位的因素

影响组织薪酬定位的因素有很多,大致可以分为外部因素和内部因素两个方面。

从外部来看,国家相关法律法规、宏观经济运行状况、行业特点和竞争状况、人力资源供求状况等,都会对薪酬定位和工资增长水平有不同程度的影响。在公司内部,组织的盈利能力和支付能力、成员的素质要求、组织所处的发展阶段、人才稀缺程度和招聘难度、公司的市场品牌和综合实力等都是重要影响因素。

2.薪酬水平的选择策略

组织常见的薪酬水平选择策略有四种:领先型策略、匹配型策略、落后型策略、混合型策略。

所谓领先型策略,是指组织的薪酬水平高于相关劳动力市场的平均薪酬水平。采用这种策略的组织通常需要有雄厚的财力、过硬的产品和完善的管理水平,并且需要有稳定的经营业绩,否则一旦市场发生动荡,组织将可能难以维持其领先地位。

所谓匹配型策略,是指组织的薪酬水平与相关劳动力市场的平均薪酬水平大抵相当。采用这种策略的组织既可以是经营水平一般的组织,也可以是经营状态良好的组织。

所谓落后型策略,是指组织的薪酬水平低于市场平均水平。

混合型策略是指组织针对不同职位采用不同的策略,比如对于紧缺职位采用领先型策略,对于人力资源相对充裕、竞争压力较小的职位采用落后型策略,这样既能保持对紧缺人力资源的吸引力，又能有效控制人力成本。

（五）薪酬结构设计

薪酬结构设计是一个系统的过程，旨在明确组织中每个职位或职位等级所对应的薪酬区间，包括中点工资、最高工资、最低工资和工资范围系数等要素。此设计的目的在于构建一个既公平又高效的薪酬管理体系，使得组织能够根据不同员工在同一职位上展现出的不同能力水平和工作绩效，灵活地调整其薪酬水平。

1.薪酬曲线

薪酬结构反映了职位的相对价值和其薪酬的对应关系，这种对应关系并非随意的，而是遵循一定的原则和规律，这种关系可用"薪酬曲线"来表示。该曲线横轴为职位相对价值，纵轴为市场平均薪酬，如图6-4所示。

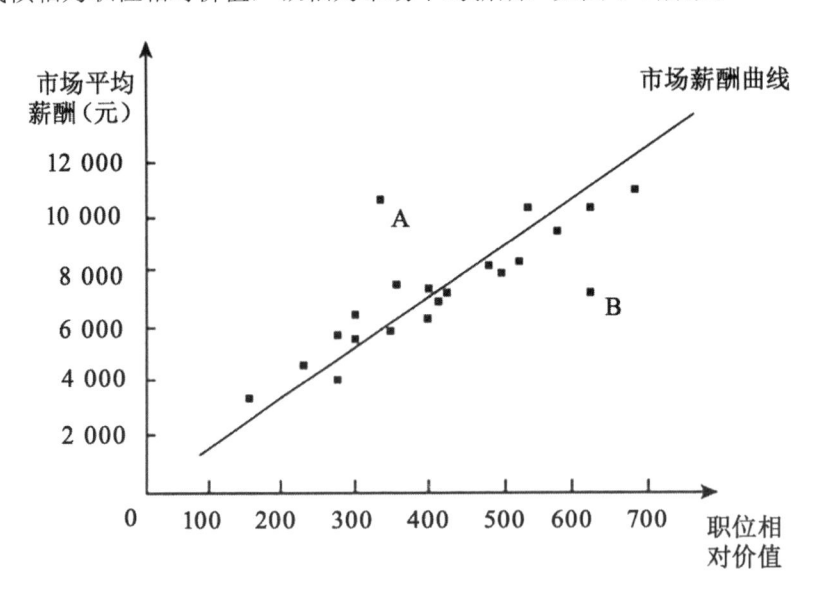

图6-4 薪酬曲线示例

薪酬曲线从理论上讲可以呈任意曲线形式，但实际上多数时候是直线或若干直线段构成的折线形式。这是因为薪酬设计必须遵循公平原则，即某一职位的员工报酬应与其付出成正比。所以,薪酬曲线的各点斜率应基本相等,薪酬曲线以直线形式呈现。

如果薪酬调查或职位评价的结果是一致的,也就是薪酬的外部公平性和内部公平性是一致的,那么内部薪酬水平和评价分数或序列等级确定的薪酬点也应分布在薪酬结构曲线周围。如图6-4所示,各个黑点是组织各个职位的薪酬水平,多数分布在市场薪酬曲线周围。如果出现了大幅偏离的情况,那么说明内部公平性与外部公平性不一致,如点A和点B。此时,一般遵循外部公平性优先的原则调整这些职位的薪酬水平。具体来说,如果这些职位的薪酬水平过低,组织可能难以吸引并留住具备相应能力和经验的人才;反之,如果薪酬水平过高,又会增加组织的成本。

2.职位薪酬等级结构

理论上,绘制完组织薪酬曲线后,基于职位评价结果,可以直接通过该曲线为各个职位设定基本薪酬水平,从而完成基本薪酬设计。然而,在实际操作中,如果一个组织中职位很多,采用这种方式逐一为每个职位设定单独的薪酬标准将极大地增加管理成本和难度。事实上,大多数组织在实践操作中,都会采取一种更为灵活的方法:将多个职位根据其工作性质、职责范围及所需技能等因素进行分组,形成若干薪酬等级。这些等级构成了一个薪酬等级标准序列,随后,组织通过职位工作评价得分的高低与这个标准序列对应,从而快速确定出每个职位的具体薪酬范围或标准。

一个完整的薪酬等级结构需要确定:职位等级的数量、不同等级间的薪酬差距、同一职位等级的薪酬范围(包括中位数、最低值和最高值),以及确定薪酬差距的标准等。在我国人力资源管理实践中,评分法应用较为广泛,下面以评分法为例来说明如何进行薪酬等级结构的确定。

(1)划分职位等级

在完成职位评价后,组织根据各职位所得的分数对职位进行分级。这一分级过程可以灵活采用多种方法,如等差、递增或递减等方式。等差是指不同等级间的分数差距一样多;递增是指较低职位等级包含的分数差距较小,较高职位等级包含的分数差距较大；递减则相反。在分级时，组织可根据自身的实际情况来选定相应方法。

比如，某组织将自己的职位划分为六个等级，第一等级包含了组织中那些职位评价分数在 100~200 分的职位，第二等级包含了职位评价分数在 201~300 分的职位，等等。

（2）建立薪酬范围

每个职位等级的分数范围确定后，接下来是为各个职位等级建立相应的薪酬范围。薪酬范围的建立方法是：结合前面的薪酬曲线，由薪酬曲线的回归方程计算出每个职位等级相对应的薪酬中位值；再在一定浮动率的基础上，确定各个职位等级的最低值和最高值。如：

某组织某职位等级的薪酬中位值是 3 000 元，薪酬浮动率为 20%，那么该等级薪酬最高值为 3 600 元，最低值为 2 400 元。

不同薪酬等级中的薪酬浮动率是否相同，可由组织根据实际情况决定。

（3）确定相邻薪酬等级的重叠度

不同职位等级的薪酬范围之间还存在着重叠式结构。即在相邻两个职位等级中，低等职位的最高薪酬值比上一等级职位的最低薪酬值还高。这一重叠部分的比例称为重叠比例，是衡量相邻两个职位等级重叠程度的指标。重叠比例的计算公式为：

$$重叠比例 = \frac{低等级职位的最高值 - 高等级职位的最低值}{高等极职位的最高值 - 低等级职位的最低值} \times 100\%$$

需要说明的是，组织既可以采用重叠的薪酬结构，也可以采用不重叠的薪酬结构。在无重叠的薪酬结构下，低等级职位的员工往往会努力向高等级职位奋斗；而随着重叠的出现，以及重叠比例越来越大，低等级职位的员工越不愿意向高等级职位奋斗。因此，从这个意义上来讲，重叠比例会对薪酬管理乃至组织管理产生重要的影响。

图 6-5 是某企业在评分法下的薪酬结构图；表 6-11 是某企业的薪酬结构表。

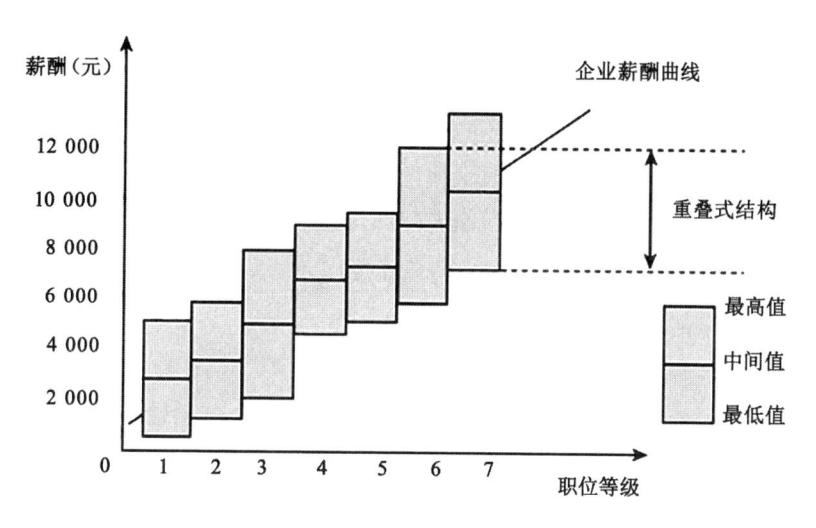

图 6-5 某企业在评分法下的薪酬结构图

表 6-11 某企业的薪酬结构表

单位：元

薪等	薪级							
	一级	二级	三级	四级	五级	六级	七级	八级
一等	1 500	1 600	1 700	1 800	1 900	2 000	2 100	2 200
二等	2 300	2 400	2 500	2 600	2 700	2 800	2 900	3 000
三等	3 200	3 400	3 600	3 800	4 000	4 200	4 400	4 600
四等	4 500	4 700	4 900	5 100	5 300	5 500	5 700	5 900
五等	5 800	6 000	6 200	6 400	6 600	6 800	7 000	7 200
六等	7 300	7 600	7 900	8 200	8 500	8 800	9 100	9 400
七等	9 200	9 300	9 400	9 500	9 600	9 700	9 800	9 900
八等	9 800	9 850	9 900	9 950	10 000	10 050	10 100	10 150
九等	10 100	10 300	10 500	10 700	10 900	11 100	11 300	11 500
十等	11 600	11 700	11 800	11 900	12 000	12 100	12 200	12 300
十一等	12 100	12 150	12 200	12 250	12 300	12 350	12 400	12 450
十二等	12 300	12 800	13 300	13 800	14 300	14 800	15 300	15 800

（六）薪酬体系的运行、控制与调整

在确定了最终薪酬后，组织的薪酬体系已经完全确定了。接下来，要将这个体系投入运行，并采取有效的监控手段予以控制和管理；在发现薪酬体系的运行与组织实际需要不符，或组织内外环境发生变化时，薪酬体系要随着新需要而做出相应调整。这一过程是一个长期的工作。

薪酬体系的调整一般有以下几种情况：

1.薪酬定级性调整

这是指对原本没有薪酬等级的员工进行工作等级的确定。常见的情况有：对试用期满或没有试用期的新入职人员进行薪酬定级；对原来没有的职位或没有在组织中聘任的专业人员的薪酬定级；对有工作经历但新入职的员工进行薪酬定级等。

2.物价性调整

随着物价上涨，组织通常也需要对薪酬进行调整。一些组织建立了员工薪酬水平与物价指标自动挂钩的机制，在保持挂钩比例稳定的情况下，可实现薪酬对物价上涨造成的损失进行有效补偿。

3.工龄性调整

工龄工资是鼓励员工在组织中持续贡献力量的薪酬部分。随着员工工作年限的增长，企业要对员工的薪酬进行提升调整。工龄性薪酬把员工的资历和经验作为调整依据。

4.奖励性调整

这是指对员工努力工作，取得了突出成绩后应给予的奖励。

5.效益性调整

这是指随着组织的效益变化，组织对全体员工给予等比例变动薪酬的调整方法。当然，很多组织为了避免"奖懒罚勤"，也常采用非等比例的变动方法。

6.考核性调整

这是指根据员工的绩效考评结果来进行的调整。

二、激励薪酬设计

激励薪酬是指以工作绩效为依据而支付的一种报酬形式,支付激励薪酬的目的是激发员工的创造性和工作积极性。激励薪酬是可变的,与员工的工作成果挂钩,对员工积极性的调动作用比基本薪酬更大。

激励薪酬可分为个人激励薪酬和群体激励薪酬。

(一)个人激励薪酬

这是根据员工个人工作成果来进行支付的薪酬。这种薪酬有利于员工不断提升自己的绩效水平,但通常不利于团队合作。个人激励薪酬的常见形式如下:

1. 计件制

这是最古老、最常见的激励薪酬形式,是指根据员工的产出效率来决定其工资报酬。实践中,经常采用的计件制有以下几种:

(1) 普通计件制

计算公式为:

$$应得薪酬 = 完成的产品件数 \times 每件工资$$

这种计算方法的优点有:计算简单,易于理解,计量原则公平,有利于员工努力生产更多产品。缺点是:在这种计酬方式下,员工更关注数量而不是质量,通常还会反对技术变革。

(2) 差额计件制

在实践中,企业通常采用差额计件制的付酬方式,也就是针对不同的产量分别规定不同的工资率。差额计件制主要有泰勒计件制和梅里克计件制。

泰勒计件制的计算公式为:

应得薪酬

$$= \begin{cases} 完成的产品件数 \times 较低工资率;当完成量在标准量的80\%以下时 \\ 完成的产品件数 \times 较高工资率;当完成量在标准量的100\%以上时 \end{cases}$$

该公式中，较高工资率通常为较低工资率的 1.5 倍。

梅里克计件制的计算公式为：

应得薪酬

$$= \begin{cases} 完成的产品件数 \times 较低工资率；当完成量在标准量的 80\% 以下时 \\ 完成的产品件数 \times 中等工资率；当完成量在标准量的 80\% \sim 100\% 时 \\ 完成的产品件数 \times 较高工资率；当完成量在标准量的 100\% 以上时 \end{cases}$$

该公式中，中等工资率是较低工资率的 1.1 倍；较高工资率是较低工资率的 1.2 倍。

差额计件制的特点是采用分段函数的形式，分别确定不同的工资率。这种方法对高效率的员工有极大的激励作用，也能有效鞭策低效率员工。但是，这种方法的标准工作量确定是比较难的，也不利于员工的团结。

2.工时制

这是指根据员工完成工作的时间来支付相应报酬，鼓励员工努力提高工作效率，节省工时和各种制造成本。最基本的工时制是标准工时制，它是指在确定完成某项工作的标准时间后，若员工在标准时间内完成工作任务，依然按照标准工作时间来支付薪酬。比如，规定的工作时间是 1 个小时，但是员工事实上只花了 45 分钟就完成了，但员工仍然可以得到 1 个小时的薪酬，这就相当于提高了薪酬待遇。

3.绩效工资

上述两个方法均有一个不足，就是不能适用于所有岗位，只适用于那些方便计量的工作岗位。对于不方便计量的岗位，就需要引入绩效工资，这是根据员工的绩效考评结果来支付对应薪酬的办法。绩效工资主要有三种形式：绩效调薪、绩效奖金、特殊绩效激励计划。

（1）绩效调薪

这是指根据员工的绩效考评结果对其基本薪酬进行调整。比如，绩效考评的结果分为优秀、良好、中等、一般、差五个等级，优秀员工调薪幅度为 8%，良好员工调薪幅度为4%，中等员工不调薪，一般员工调薪幅度为-2%，绩效结果为差的员工调薪幅度为-4%。调薪周期一般按年进行，调薪要既有加薪，也有减薪，这样才能起到有效的激励作用。

（2）绩效奖金

绩效奖金是基于员工绩效考核结果而发放的一次性奖励。奖励的方式与绩效调薪类似，但不会对绩效不佳者进行处罚。

绩效奖金与绩效调薪的差别是：首先，绩效调薪是针对基本薪酬，绩效奖金不会对基本薪酬产生影响；其次，绩效调薪的变动不会太频繁，因为它涉及基本薪酬，频繁变动会增加管理负担，但绩效奖金的变动周期则相对较短。

（3）特殊绩效激励计划

特殊绩效激励计划是一种针对个人特别突出的优质绩效进行激励的方式，类似于"个人突出贡献奖"。这是一种非常具有针对性和灵活性的激励方式，能突破普通激励制度在支付额度、支付周期和支付对象方面的局限，谁在工作中做出了特别贡献，就对谁实施奖励。这种奖励的规格往往远超常规范畴，如授予特别贡献者房产或跑车等高端奖品，这样的举措不仅是对受奖者个人努力的认可，更在组织内部树立了标杆，激发了全体员工的积极性与竞争意识。

（二）群体激励薪酬

群体激励薪酬是指以团队或整个企业的绩效为依据来支付的薪酬。实施群体激励的好处是促使组织成员更加重视团队协作和组织整体效益，避免成员之间相互拆台的行为；但是，这种做法也很容易导致员工积极性不高，所以在群体激励的基础上，通常还要辅助以个人激励方式。

常见的群体激励薪酬的发放方法有如下几类：

1.利润分享计划

这是一种基于员工工作绩效的利润分享激励计划，旨在让员工直接参与到公司利润的分配中。该计划通常包括三种实施形式：一是现金现付制，即在组织决定与员工分享利润时,立即以现金形式支付给员工;二是递延滚存制,是指不立即发放利润分享部分,而是将其计入员工的个人账户,未来再支付。这种方式有助于公司留住人才,因为对于计划跳槽的员工而言,它构成了一种潜在的离职成本。然而,它也可能引发员工的不满,特别是当员工感受到资金被长期锁定或对未来支付存在不确定性时;三是混合制,即将前两种形式结合使用。

2.收益分享计划

这是指组织与员工分享由于组织或团队绩效的改善而带来的财务收益。它与利润分享计划不同的是,利润分享计划是分享"利润",而收益分享计划是分享"收益",也就是按照组织的一些业绩标准来实施激励。常见的业绩标准有成本标准、生产率标准、质量标准、时效性标准、反应灵敏度标准、客户满意度标准等。组织实施这一计划的目的是鼓励员工广泛参与组织决策,积极主动对组织经营效率的改善提供建议,组织再将改进效率后所获得的收益拿出一部分奖励给员工,形成良性循环。

3.股票所有权计划

这是指让部分员工持有组织的股票或股权,让他们与组织形成一个利益共同体。此举旨在激发员工的主人翁意识,鼓励他们长期为组织的发展做出贡献。常见的股票所有权计划有三种:现股计划、期股计划、期权计划。

现股计划是让员工拥有现实股权,常见的方式是直接赠予、参照当前市场价格向员工出售等。该计划通常要求员工在一段时间内必须持有该股票,在这样的情况下,股价的变动就会影响到员工的收益。通过这种方式,企业可促使员工更加关心组织的长远发展。

期股计划是组织和员工约定,在将来的某一时期内以一定的价格购买一定数量的公司股权,购买价格一般参照股权的当前市场价格。这样,如果未来股价上涨,员工按约定价格买进股票就会产生收益;未来股价下跌,员工就会蒙受损失。该计划同样要求员工在一定时期内必须持有股票。

期权计划是指员工和组织约定,在将来的某一时期内以一定价格购买一定数量的公司股权,购买价格一般参照当前市场价格,但是员工到期时可以行使、也可以放弃这项权利。通常情况下,若未来股价上涨,员工按约定价格购买时能获利,则其会行使权利买入;若未来股价下跌,员工可以放弃行使该权利以规避损失。该项计划仍然对员工的持有期限进行了规定。

第三节 员工福利

一、福利概述

（一）福利的含义

福利是组织根据国家法律及有关规定,在自身支付能力范围内,基于雇佣关系向员工提供的提高其本人和家庭成员生活质量的各种非货币工资和以延期支付为主的补充性报酬与服务。

（二）福利与直接薪酬的区别

福利属于间接薪酬,与基本薪酬、激励薪酬等直接薪酬相比,它在以下一些方面表现出不同之处。

1.对员工的作用不同

直接薪酬是员工收入的主要部分,福利仅起到保障和补偿作用。

2.支付的依据不同

直接薪酬一般与员工的职位、技能、绩效等紧密相关,不同员工在薪酬方面的差异可能会很大;福利一般不和业绩与能力挂钩,其支付具有普遍性,组织中的员工在福利方面的差距不大。

3.支付方式不同

直接薪酬的支付方式一般是货币支付、限期支付，福利多采取实物支付或延期支付的方式。

4.可变性不同

由于直接薪酬与员工的绩效相关，员工的绩效变化性较大，那么直接薪酬也可能存在较大变化；福利与员工绩效关系不大，所以相对稳定，不会呈现太多变化。

5.对员工的激励性不同

直接薪酬对员工的激励性更大，多劳多得；福利与绩效关系不明显，因此其对员工的激励性并不明显。

二、福利的类型

从不同的角度，我们可以对福利做不同的分类。下面简单介绍一下组织中福利的类型。

（一）根据福利的强制性特点划分

1.法定福利

法定福利是强制性福利，是根据国家法律法规和相关政策，组织必须为员工提供的福利。国家法定福利具有权威性、强制性、保障性和公平性的特征，只要组织还存在，就有义务和责任按照统一规定的福利项目和支付标准向员工提供。法定福利不受组织的性质、经营状况和支付能力的影响。目前我国国家规定的福利主要有以下几项：

（1）社会保险

我国的法定保险主要有养老保险、医疗保险、失业保险、工伤保险和生育保险五个项目，企业要按照员工工资的一定比例为员工缴纳社会保险。

（2）公休假日和法定假期

这是指员工依法享有的休息时间。目前我国实行每周双休制度，且有元旦节、春节、端午节、劳动节、国庆节等法定假期。按照法律规定，在法定假期上班的员工应依法享有双倍或三倍基本工资的津贴补助。

（3）带薪假期

这是指在公休假期和法定假期以外的，劳动者连续工作一年以上可以享有带薪休假的权利。

（4）劳动安全与健康

这是组织应当为员工的安全工作提供保障的规定，以确保劳动者的劳动安全和身体健康，常见的内容有特殊劳动制度、技术训练、安全预测等。

2.企业自主福利

这是在国家法定福利之外，由企业自行决定的福利项目。这类福利项目的多少、标准的高低，很大程度上由企业的经济效益和支付能力决定，很多时候也受到企业自身某种目的的影响，比如降低成本支出或树立企业形象等。常见的福利有交通补贴、住房补贴、工作餐、通讯补贴、心理咨询、免费住房、法律顾问等。

（二）根据福利的享受对象划分

1.集体福利

集体福利是全部员工都可以享受的公共福利。通常包括：组织提供的集体生活设施，如浴室、食堂、托儿所、幼儿园等；集体文化设施，如阅览室、健身房、运动场等；医疗设施，如职工医院、心理咨询中心等。

2.个人福利

这是指个人在具备国家或组织规定的条件时就可以享受到的福利，如婚假、生育假、探亲假、单身宿舍等。

（三）根据福利的内容和表现形式划分

1.经济性福利

这是指在基本薪酬和激励薪酬之外的，以减轻员工经济负担或增加额外收入而发生的福利项目。常见的有：住房福利，如以成本价向员工出售房屋、房租补贴；交通福利，如交通补贴、通勤车；饮食福利，如免费工作餐、误餐补贴；教育培训福利，如脱产进修、短期培训；医疗福利，如免费体检、大病补贴等。

2.非经济性福利

这是指不以经济形式出现，旨在全面提高员工工作、生活质量的福利。常见的形式有：咨询类服务，如法律咨询、心理咨询；保护性服务，如平等就业权利保护、隐私权保护；工作环境服务，如弹性工作时间等。

三、福利的设计与管理

福利反映了组织的目标和文化，也是组织管理的重要内容。有些组织在福利方面花费了很多成本和精力，但是却收效甚微，这主要是因为它们不善于管理。一般来说，福利的设计和管理要做好以下五项工作：

（一）目标分析

每个组织设置福利项目的目的各不相同，但多数组织会将福利作为管理手段的重要组成部分。一般情况下，组织在设置福利时应当考虑的目标有：符合国家有关法律规定，符合组织的长远发展需求，符合组织的薪酬政策，兼顾员工的长远需要和当前需要，组织能够担负得起，等等。

（二）成本核算

福利是组织运营成本中很重要的内容，组织需要对自己所实施的各种福利项目的成本予以核算。成本核算的内容包括：核算组织实力能够负担的最高福利成本额，与外部福利标准的对比，主要福利项目的预算，每个员工福利项目的成本计算，福利项目成本计划的制订，如何在确保福利目标实现的情况下降低成本，等等。

（三）沟通

在整个福利设计和管理过程中，组织应该重视在内部各方面展开与福利有关的各种沟通。在福利设计前，组织应当通过各种渠道了解员工的需要和内心想法，以便有针对性地进行福利项目设计。在福利实施初期和实施过程中，组织要通过内部宣传刊物、视频资料等渠道或直接向员工宣讲等方式，向员工介绍组织的福利项目和优势，让员工理解组织福利制度的科学性和合理性，并在沟通中了解员工对现行福利制度的看法，了解他们在福利方面的期望。

（四）调查

福利调查常有三种情况：一是福利设计前的调查，旨在了解员工对福利项目和政策的需要和期望；二是年度或周期性福利调查，意在了解员工对现行福利的满意程度；三是福利反馈调查，是指在出台了某项福利措施后，了解员工对该项福利措施的看法。

（五）实施和调整

福利的实施是时间最长，也是最具体的一项工作。组织要始终坚持福利目标，按照计划实施福利项目，兼顾原则性与灵活性，并定期检查实施的情况。当组织所面临的内外部环境发生变化，或原有福利政策有调整必要时，组织应当及时对福利政策进行调整。

第七章 劳动关系管理

第一节 劳动关系的基本理论

一、劳动关系的主体及表现形式

劳动关系是在就业组织中由雇佣行为而产生的关系,是组织管理的一个特定领域,它以研究与雇佣行为管理有关的问题为核心。劳动关系是管理方与劳动者个人及团体之间产生的,由双方利益引起的,表现为合作、冲突力量和权力关系的总和。它受到一定社会经济、技术、政策、法律制度和社会文化背景的影响。

(一)劳动关系的主体

从狭义上讲,劳动关系的主体包括两方,一方是员工及以工会为主要形式的员工团体,另一方是管理方以及雇主协会组织。从广义上讲,劳动关系的主体还包括政府,政府通过立法介入和影响劳动关系,对劳动关系进行调整、监督和干预。

(二)劳动关系的表现形式

劳动关系既是经济关系,又是社会关系。劳动者以其符合管理方需要的工作能力从事劳动,获得报酬。同时,劳动力作为一种特殊商品,具有人身和社会属性，劳动者在获取经济利益的同时，还要从工作中获得作为人所拥有的体面尊严和满足。在劳动关系中，双方存在潜在的力量和权力较量、合作与冲突。因此，合作、冲突、力量、权力是劳动关系的主要表现形式。

1.合作

合作是指在就业组织中，双方共同生产产品和服务，并在很大程度上遵守一套既定制度和规则的行为。这些制度和规则经过双方协商一致，以正式的集体协议或劳动合同的形式，甚至以一种非正式的心理契约形式，规定双方的权利和义务。协议内容非常广泛，涵盖双方的行为规范、员工的薪酬福利体系、对员工的努力程度的预期、对各种违反规定行为的惩罚，以及有关争议的解决、违纪处理和晋升提拔等的程序性规定。

2.冲突

劳动关系双方的利益、目标和期望不可能完全一致。对于员工及工会来说，冲突的形式主要有罢工、旷工、怠工等，辞职有时也被当作一种冲突形式。对用人方而言，冲突的形式主要有惩处或解雇不服从领导的员工。

3.力量

力量是影响劳动关系结果的能力，是相互冲突的利益、目标和期望以何种形式表现出来的决定因素。力量分为劳动力市场的力量和双方对比关系的力量。劳动关系双方都具有这两种力量，双方选择合作还是冲突，取决于双方力量的对比。

（1）员工的力量

员工的劳动力市场力量，反映了劳动力的相对稀缺程度，是由劳动者在劳动力市场供求中的稀缺性决定的。一般而言，劳动者的技能越高，其市场力量就越强。员工的关系力量是指劳动者进入就业组织后，能够影响雇主行为的程度。

关系力量有很多种，尤以退出力量、罢工力量、岗位力量这三种力量最为重要。退出力量即劳动者辞职，它会给雇主增加额外的成本，如招聘和培训顶替辞职员工的费用。罢工力量即劳动者停止工作，它也会给雇主带来损失。岗位力量是指劳动者仍旧在工作岗位上，由于主观故意或疏忽而造成雇主的损失,如员工缺勤率上升、产品残次程度增强、给雇主带来生产成本的增加。

员工的行为能够导致雇主的损失,所以员工就具有关系力量。劳动力市场力量显示了员工个人获得一份好工作的能力;而关系力量则显示了员工在雇佣关系中会得到的待遇。例如,在核电厂工作的员工的关系力量就比较强。因为在核电厂,替换员工需要管理方付出较高的成本。此外,核电厂的巨额投资使得任何形式的运营中断,包括可能的罢工,都会给雇主带来灾难性的经济损失,个别或少数员工的疏忽或偷懒行为也会引发严重的后果。相反,在只需要低技术水平的服装加工厂,员工的关系力量就会较弱。因为这类员工几乎无须培训即可上岗,同时,如果他们罢工,工厂也能迅速找到替代的劳动力。此外,由于服装加工行业的生产流程相对分散,个别员工的偷懒或怠工行为对整体生产效率和产品质量的影响较为有限。所以,在其他条件相同的情况下,雇主的态度会对前者更为有利,因为如果雇主不做更多的让步,就会承担更多由于雇员的退出、罢工和怠工而带来的成本。

(2)管理方的力量

管理方也具有一定的劳动力市场力量和关系力量。管理方的劳动力市场力量是指在劳动力市场上管理方对应聘者的需求,它反映了该工作的相对稀缺程度。例如,在劳动力市场上的某个阶段,护士这一职业供不应求,那么此时对于某一医院而言,其劳动力市场力量就要弱一些。反之,如果秘书职业供大于求,对于招聘秘书的公司来说,其劳动力市场力量就要强一些。

管理方的关系力量是指与员工建立雇佣关系之后,管理方所能控制员工表现的程度。与员工的三大关系力量相对应,管理方也具有退出力量、停工力量和岗位力量。管理方的岗位力量体现在:它具有指挥、安排员工工作的权力,如管理方可以根据其个人的好恶来安排员工工作,使员工受到影响。而员工退出、罢工、辞职,或采取任何其他针对管理方的抵制活动,无论能否对管理方起到作用,都会给员工造成损失。例如,员工会迫于保证金被没收的压力而减少其退出、罢工的可能,管理方控制员工的能力就强一些。管理方和员工具有各自的力量,双方的力量不是一成不变的,而是随着其他因素的影响变化的。

4.权力

在劳动关系中,权力往往集中在管理方,拥有权力的管理方在劳动关系中处于主导地位。管理方的权力包括:①指挥和安排员工的权力,这是最为重要的管理方权力;②影响员工的行为和表现的各种方式,管理方行使这一权力,比较重要的途径是通过提供大量的资源,增强员工的认同感,提升其工作绩效;③其他相当广泛的决策内容,包括产品的研发设计、对工厂和设备的投资、制定预算,以及其他与组织的生存和发展、就业岗位有关的决策等。

由于这种向管理方倾斜的权力的存在,管理方在劳动关系中处于优势地位。但这种优势地位并不是绝对的,在某些时间和场合会发生逆转。同样,这种优势地位也不是无可非议的,当员工认为这些权力不是法律赋予的,或与其遵守的基本准则不一致时,员工会采取辞职、罢工或怠工等行为。通常,管理方为保证其权力优势,会采取恩威并施的办法。同时,这种权力在多数国家也在一定程度上受到法律的保护。

二、劳动法

(一)劳动法与劳动关系

1.劳动法的概念

劳动法是指调整特定劳动关系以及与劳动关系联系密切的社会关系的法律规范的总称。劳动法所研究的内容是职业性的、有偿的和基于特定劳动关系发生的社会劳动。在劳动关系领域,劳动者、工会和用人单位受到法律的制约和规范。

2.劳动法的功能

劳动关系方面的法律主要有三个功能:①保护劳动关系双方的自愿安排并为之提供保护,如劳动合同、集体合同制度。②解决纠纷,劳动法不仅赋予劳动者劳动权和保障权，而且还规定了保证这些权利实现的司法机制，这是民主法治的基本要求。③确定基本劳动标准，如最低工资、最低就业年龄、工作时间和休息休假以及安全卫生标准等。

3.劳动法调整劳动关系

劳动法是通过平衡雇员和雇主双方之间的权利、义务关系达到调整劳动关系的目的的。《中华人民共和国劳动法》第三条规定："劳动者享有平等就业和选择职业的权利、取得劳动报酬的权利、休息休假的权利、获得劳动安全卫生保护的权利、接受职业技能培训的权利、享受社会保险和福利的权利、提请劳动争议处理的权利以及法律规定的其他劳动权利。"劳动者应当完成劳动任务，提高职业技能，执行劳动安全卫生规程，遵守劳动纪律和职业道德。权利与义务是一致的、相对应的。劳动者的权利，即用人单位的义务；反之，劳动者的义务，即用人单位的权利。为了强调用人单位的义务，《中华人民共和国劳动法》第四条规定："用人单位应当依法建立和完善规章制度，保障劳动者享有劳动权利和履行劳动义务。"

4.劳动关系的调整机制

（1）法律调整机制

劳动关系在社会关系体系中处于重要地位，对劳动关系进行规范和调整，是各国劳动法的重要任务，也是劳动法产生的社会条件。劳动立法在各国都是调整劳动关系的主要机制。

（2）企业内部调整机制

企业内部调整劳动关系的机制主要有：集体协商和谈判机制，包括集体谈判和集体合同制度，但更重要的内容是劳动关系双方多层次的协商。谈判比较正规、严肃，一旦破裂容易产生争议。协商则比较灵活，气氛融洽，有缓冲的余地，它可以在多层次开展，如车间分厂、总厂。协商的内容可以从日常生活到企业经营活动，无所不包。经常性的交流、沟通式的协商是调整劳动关系的重要形式。

（3）劳动争议处理机制

通过处理劳动争议案件和不当劳动行为案件来调整劳动关系，是各国普遍采用的一种比较成熟的调整劳动关系的机制。因为劳动争议是劳动关系双方发生冲突、矛盾的表现，争议的有效解决过程就是使劳动关系双方由矛盾、冲突达到统一、和谐的过程。

（4）三方协商机制

在制定劳动法规、调整劳动关系、处理劳动争议和参与国际劳工会议方面，政府、雇主和雇员代表共同参与决定，互相影响和制衡，这是在调整劳动关系的实践中形成的有效机制。三方协商机制是国际通行的做法，也是国际劳工组织着重推行的重要机制。

（二）工资的法律含义、支付原则及法律保障

1.工资的法律含义

工资是雇员生活的主要来源，支付工资是雇主与雇员劳动义务相对应的一项重要义务。劳动法中，工资是雇主依据国家有关规定或劳动合同约定，以货币形式直接支付给劳动者的劳动报酬。一般来说，工资总额由以下部分组成：计时工资、计件工资、奖金、津贴和补贴、加班加点工资、特殊情况下支付的工资。工资的种类可以是货币工资、实物工资和混合工资，其形式包括了计时工资、计件工资、奖励工资、津贴、佣金和分红等。工资的给付水平直接决定了劳动力的成本，它是由劳动生产率、通货膨胀率和市场竞争强度决定的。在市场经济条件下，工资作为劳动合同的重要条款，是由雇员和雇主定期协商决定的。

2.工资支付原则

（1）协商同意原则

工资的给付标准和数额，由劳动力市场最终决定。工资应当由雇员和雇主平等地协商决定。当事人协商确定工资标准，是工资支付的一般原则。工资集

体协商是与市场经济相适应的工资决定和制衡机制。在工资问题上实行平等协商，可以使最敏感的问题从模糊变得公开，员工通过工会与企业协商沟通，使矛盾得以化解。协商可以集思广益，使工资分配更加合理，从源头上避免矛盾的产生。经协商确定的工资集体协议具有法律效力，双方都要依法履行。一旦发生争议，也能依法调解。

（2）平等付酬原则

男女同工同酬是《中华人民共和国劳动法》始终坚持的原则，《中华人民共和国劳动法》第四十六条规定："工资分配应当遵循按劳分配原则，实行同工同酬。工资水平在经济发展的基础上逐步提高。国家对工资总量实行宏观调控。"

（3）紧急支付原则

当劳动者遇有生育、疾病、灾难等非常情况急需用钱时，雇主应当提前支付劳动者应得的工资。

（4）依法支付原则

依法支付原则是指要按照法律规定或合同约定的标准、时间、地点、形式和方式发放工资。

3.工资的法律保障

（1）工资处理不受干涉

工资处理不受干涉，是指任何人不得限制和干涉雇员处理其工资的自由。雇主不得以任何方式要求甚至强迫雇员到雇主或其他任何人的商店购买商品，亦不得强迫雇员接受雇主提供的劳务服务。任何限定工资使用地点和方式的协议都是非法的、无效的。

（2）禁止克扣和无故拖欠劳动者工资

第一，工资不得扣除。任何组织和个人无正当理由不得克扣和拖欠劳动者的工资。克扣和拖欠劳动者工资，是一种侵权行为。《中华人民共和国劳动法》第五十条规定："不得克扣或者无故拖欠劳动者的工资。"所谓克扣劳动者工资，是指在正常情况下，劳动者依法律或合同规定完成了生产工作任务，用人单位未能足额支付规定的报酬，或借故不全部支付劳动者工资。通常劳动者和用人单位在一个工资支付周期内会事先商定具体付薪时间，并形成制度，超过商定付薪时间未能支付工资就是拖欠工资。任何人不得直接或间接用武力、偷窃、恐吓、威胁、开除或其他任何办法，不经雇员同意，扣除其任何数量的工资，或引诱其放弃部分工资。

第二，扣除工资的限制。我国《工资支付暂行规定》第十六条规定："因劳动者本人原因给用人单位造成经济损失的，用人单位可按照劳动合同的约定要求其赔偿经济损失。经济损失的赔偿，可从劳动者本人的工资中扣除。但每月扣除的部分不得超过劳动者当月工资的20%。若扣除后的剩余工资部分低于当地月最低工资标准，则按最低工资标准支付。"

第三，对代扣工资的限制。我国《工资支付暂行规定》第十五条对代扣工资也做了具体规定："用人单位不得克扣劳动者工资。有下列情况之一的，用人单位可以代扣劳动者工资：（一）用人单位代扣代缴的个人所得税；（二）用人单位代扣代缴的应由劳动者个人负担的各项社会保险费用；（三）法院判决、裁定中要求代扣的抚养费、赡养费；（四）法律、法规规定可以从劳动者工资中扣除的其他费用。"

（3）特殊情况下的工资支付

特殊情况下的工资是指依法或按协议在非正常情况下，由用人单位支付给劳动者的工资。

第一，履行国家和社会义务期间的工资。我国《工资支付暂行规定》第十条指出："劳动者在法定工作时间内依法参加社会活动期间，用人单位应视同其提供了正常劳动而支付工资。社会活动包括：依法行使选举权或被选举权；当选代表出席乡（镇）、区以上政府、党派、工会、青年团、妇女联合会等组织召开的会议；出任人民法庭证明人；出席劳动模范、先进工作者大会；《工会法》规定的不脱产工会基层委员会委员因工会活动占用的生产或工作时间；其他依法参加的社会活动。"

第二，年休假、探亲假、婚假、丧假工资。根据《中华人民共和国劳动法》

及相关规定，劳动者依法享受年休假、探亲假、婚丧假期间，用人单位应当按劳动合同规定的标准支付工资。

第三，延长工作时间的工资支付。《中华人民共和国劳动法》第四十四条规定："有下列情形之一的，用人单位应当按照下列标准支付高于劳动者正常工作时间工资的工资报酬：（一）安排劳动者延长工作时间的，支付不低于工资的百分之一百五十的工资报酬；（二）休息日安排劳动者工作又不能安排补休的，支付不低于工资的百分之二百的工资报酬；（三）法定休假日安排劳动者工作的，支付不低于工资的百分之三百的工资报酬。"

第四，停工期间的工资。《工资支付暂行规定》第十二条规定："非因劳动者原因造成单位停工、停产在一个工资支付周期内的，用人单位应按劳动合同规定的标准支付劳动者工资。超过一个工资支付周期的，若劳动者提供了正常劳动，则支付给劳动者的劳动报酬不得低于当地的最低工资标准；若劳动者没有提供正常劳动，应按国家有关规定办理。"

（4）破产时工资的优先权

企业破产或司法清理时，劳动者对于企业破产或清理前应得的工资，享有优先清偿的权利。因为工资是劳动者因自己的劳动而应获得的款项，所以比其他债款有优先清偿的权利。《工资支付暂行规定》第十四条规定："用人单位依法破产时，劳动者有权获得其工资。在破产清偿中用人单位应按《中华人民共和国企业破产法》规定的清偿顺序，首先支付欠付本单位劳动者的工资。"

（三）工作时间、加班加点和休息休假

1.工作时间

工作时间是法律规定的劳动者每天工作的时数或每周工作的天数。

工作时间是最重要的劳动条件之一，工作时间制度是否优良，不仅影响劳动者工作权益的保障，也影响着企业的日常经营活动，甚至企业的竞争力。全球化时代的来临，高新技术的普遍应用，以及知识经济的发展，对劳动者权益

保障提出了新的要求，弹性化地调整工时制度是国际发展潮流，也是主要发达国家工时制度的发展趋势。

（1）标准工作日

标准工作日是国家统一规定的。我国的标准工作日为每日工作 8 小时，每周工作 40 小时。

（2）缩短工作日

缩短工作日是指法律规定的少于标准工作日时数的工作日，即每天工作时数少于 8 小时或者每周工作时数少于 40 小时。我国实行缩短工作日的情况主要有：①从事矿山井下、高山、有毒有害、特别繁重体力劳动的劳动者；②夜班工作；③哺乳期工作的女职工。

（3）不定时工作日

不定时工作日是指没有固定工作时间限制的工作日，主要适用于因工作性质和工作职责限制，不能实行标准工作日的劳动者。主要包括：①企业的高级管理人员、外勤人员、推销人员、部分值班人员和其他工作无法按标准工作时间衡量的职工；②企业中的长途运输人员、出租汽车司机和铁路、港口、仓库的部分装卸人员以及因工作性质特殊，需机动作业的职工；③其他因生产特点、工作特殊需要或职责范围的关系，适合实行不定时工作制的职工。

实行不定时工作制，应履行审批手续。经批准实行不定时工作制的职工，不受《中华人民共和国劳动法》规定的日延长工作时间和月延长工作时间标准的限制，其工作日长度超过标准工作日的，不算作延长工作时间，也不享受超时劳动的加班报酬，但企业可以安排适当补休。

（4）弹性工作时间

弹性工作时间是指在标准工作时间的基础上，每周的总工作时间不变，每天的工作时间在保证核心时间的前提下可以调节。弹性工作时间制度是 20 世纪 60 年代末从德国率先发展起来的，目前发达国家已普遍实行，我国在个别地区和行业开始试行。

（5）计件工作时间

计件工作时间是指以劳动者完成一定劳动定额为标准的工作时间。《中华人民共和国劳动法》第三十六条规定："国家实行劳动者每日工作时间不超过八小时、平均每周工作时间不超过四十四小时的工时制度。"《中华人民共和国劳动法》第三十七条规定："对实行计件工作的劳动者，用人单位应当根据本法第三十六条规定的工时制度合理确定其劳动定额和计件报酬标准。"因此，实行计件工作的用人单位，必须以劳动者在一个标准工作日或一个标准工作周的工作时间内能够完成的计件数量为标准，合理地确定劳动者每日或每周的劳动定额。

2.加班加点

（1）加班加点的概念

加班加点，即延长劳动时间，是指劳动者的工作时数超过法律规定的标准工作时间。加班是指劳动者在法定节日或公休假日从事生产或工作。加点是指劳动者在标准工作日以外继续从事劳动或工作。为维护劳动者的合法权益，国家法律法规严格限制加班加点。《中华人民共和国劳动法》第四十三条规定："用人单位不得违反本法规定延长劳动者的工作时间。"《中华人民共和国劳动法》严格限制加班加点，规定了企业在生产需要的情况下，实施加班加点的条件、时间限度和补偿方式。

（2）加班加点的工资支付

用人单位安排劳动者延长工作时间，都应当支付高于劳动者正常工作时间的工资报酬。因为加班加点，劳动者增加了额外的工作量，付出了更多的劳动和消耗，这样规定，能够补偿劳动者的额外消耗，同时也能有效地抑制用人单位随意延长工作时间。

3.休息休假

休息休假是指劳动者在国家规定的法定工作时间以外自行支配的时间。休息休假的规定是劳动者休息权的体现。根据相关法规，劳动者的休息时间主要有以下几种：

工作日内的间歇时间，即一个工作日内给予劳动者休息和就餐的时间。

两个工作日之间的休息时间，即一个工作日结束后至下一个工作日开始前的休息时间。

公休假日，即工作满一个工作周以后的休息时间。我国劳动者的公休假日为两天，一般安排在周六和周日。

法定休假日，即国家法律统一规定的用于开展庆祝、纪念活动的休息时间。

年休假，即法律规定的劳动者工作满一定年限后，每年享有的保留工作带薪连续休假。《中华人民共和国劳动法》第四十五条规定："国家实行带薪年休假制度。劳动者连续工作一年以上的，享受带薪年休假。"

探亲假，即劳动者享有的探望与自己分居两地的配偶和父母的休息时间。

三、劳动合同

（一）劳动合同概述

1. 劳动合同的概念

劳动合同是劳动者和用人单位之间确立、变更和终止劳动权利和义务的协议。《中华人民共和国劳动合同法》第十条规定："建立劳动关系，应当订立书面劳动合同。"劳动合同是确立劳动关系的凭证，是建立劳动关系的法律形式，是维护双方合法权益的法律保障。根据劳动合同，劳动者加入企业事业机关、团体等用人组织内，担任一定职务或从事某种工作，并遵守所在单位的内部劳动规则和制度；用人方按照劳动的数量和质量支付劳动报酬，依法提供劳动条件，保障劳动者依法享有劳动保护、社会保险等合法权利。

2. 劳动合同的种类

劳动合同可以按照不同的标准进行划分。

(1) 按照劳动合同的期限划分

劳动合同的期限是企业根据生产、工作特点和需要，合理配置人力资源的手段，也是劳动者进行职业生涯设计、分期实现就业权的方式。《中华人民共和国劳动合同法》第十二条规定："劳动合同分为固定期限劳动合同、无固定期限劳动合同和以完成一定工作任务为期限的劳动合同。"第十三条规定："固定期限劳动合同，是指用人单位与劳动者约定合同终止时间的劳动合同。"第十四条规定："无固定期限劳动合同，是指用人单位与劳动者约定无确定终止时间的劳动合同。"第十五条规定："以完成一定工作任务为期限的劳动合同，是指用人单位与劳动者约定以某项工作的完成为合同期限的劳动合同。"

(2) 按照产生劳动合同的方式划分

按照产生劳动合同的方式，劳动合同可分为以下三种形式：

录用合同，指用人方通过面向社会公开招收、择优录用的方式所签订的劳动合同。

聘用合同，指聘用方与被聘用的劳动者之间签订的明确双方责、权、利的协议。一般用于聘请专家顾问和其他专门人才。

借调合同，指借调单位、被借调单位与借调人员之间确立借调关系，明确相互责任、权利和义务的协议。借调合同应明确约定借调人员借用期间的工资、社会保险（包括工伤保险）及其他福利待遇，以避免产生争议。

（二）劳动合同的订立

1.订立劳动合同的原则

《中华人民共和国劳动法》第十七条规定："订立和变更劳动合同，应当遵循平等自愿、协商一致的原则，不得违反法律、行政法规的规定。劳动合同依法订立即具有法律约束力，当事人必须履行劳动合同规定的义务。"订立劳动合同必须遵循的原则有以下两点：

(1) 平等自愿，协商一致

所谓平等，指劳动合同双方当事人在签订劳动合同时的法律地位是平等的，不存在任何依附关系，任何一方不得歧视、欺压对方。只有在法律地位平等的基础上订立、变更劳动合同条款，才具有协商的前提条件。所谓自愿，指劳动合同双方当事人应完全出于自己的意愿签订劳动合同。凡是采取强迫、欺诈、威胁或乘人之危等手段，把自己的意志强加于对方，或者所订条款与双方当事人的真实意愿不一致的情况，都不符合自愿原则。

（2）依法订立

依法订立，指订立劳动合同不得违反法律、法规的规定。这是劳动合同有效并受法律保护的前提条件，也是把劳动关系纳入法治轨道的根本途径。依法订立原则的内涵包括以下几点：

①主体合法。订立劳动合同的双方当事人必须具备法律、法规规定的主体资格，劳动者这一方必须达到法定劳动年龄，具有劳动权利能力和劳动行为能力，用人方必须具备承担合同义务的能力。

②目的和内容合法。劳动合同所设定的权利义务、合同条款必须符合法律、法规，不得以合法形式掩盖非法意图和违法行为。订立劳动合同，用人单位不得以任何形式收取抵押金、抵押物、保证金、定金及其他费用，也不得扣押劳动者的身份证及其他证明。实践中，要特别注意劳动合同附件、企业内部规则不得与法律法规相抵触。

③程序合法。订立劳动合同要遵循法定的程序和步骤，要约和承诺要符合法律规定。一些地方性法规具体规定了双方订立劳动合同的知情权，即用人单位应当如实向劳动者说明岗位用人要求、工作内容、工作时间、劳动报酬、劳动条件、社会保险等情况；劳动者有权了解用人单位的有关情况，并应当如实向用人单位说明本人的学历、就业状况、工作经历、职业技能等方面的情况。

④形式合法。劳动合同有书面形式和口头形式，我国法律规定，劳动合同应采用书面形式。劳动合同一式两份，双方当事人各执一份。

2.订立劳动合同的程序

劳动者和用人方在签订劳动合同时，应遵循一定的程序。劳动合同的订立程序一般有以下三个：

（1）提议

在签订劳动合同前，劳动者或用人方提出签订劳动合同的建议，称为要约，如用人方通过招工简章、广告、电台等渠道提出招聘要求，另一方接受建议并表示完全同意，称为承诺。一般由用人方提出和起草合同草案，提供协商的文本。

（2）协商

双方对签订劳动合同的内容进行磋商，包括工作任务、劳动报酬、劳动条件、内部规章、合同期限、福利待遇等。协商的内容必须做到明示、清楚、具体、可行，充分表达双方的意愿和要求，经过讨论、研究，相互让步，最后达成一致意见。在双方达成一致意见后，协商即告结束。

（3）签约

在认真审阅合同文书，确认没有分歧后，用人单位的法定代表人（负责人）或者其书面委托的代理人代表用人单位与劳动者签订劳动合同。劳动合同由双方分别签字或者盖章，并加盖用人单位印章。订立劳动合同可以约定生效时间。没有约定的，以当事人签字或盖章的时间为生效时间。当事人签字或者盖章时间不一致的，以最后一方签字或者盖章的时间为准。

3.劳动合同的内容和条款

劳动合同应当具备以下条款：①用人单位的名称、住所和法定代表人或者主要负责人。②劳动者的姓名、住址和居民身份证或者其他有效身份证件号码。③劳动合同期限。④工作内容和工作地点。⑤工作时间和休息休假。⑥劳动报酬。⑦社会保险。⑧劳动保护、劳动条件和职业危害防护。⑨法律、法规规定应当纳入劳动合同的其他事项。

除前面规定的必备条款外，用人单位与劳动者可以在劳动合同中约定试用期、培训、补充保险和福利待遇等其他事项。

第二节 劳动争议处理

一、劳动争议的概念

劳动争议就是劳动纠纷,是指劳动关系当事人之间因劳动权利与义务发生的争执。在我国,劳动争议具体指劳动者与用人单位之间,在劳动法调整范围内,因适用国家法律、法规和订立、履行、变更、终止和解除劳动合同以及其他与劳动关系直接相联系的问题而引起的纠纷。劳动纠纷是劳动关系不协调的反映,只有妥善、合法、公正、及时处理劳动争议,才能维护劳动关系双方当事人的合法权益。

二、劳动争议的种类

从世界范围看,劳动争议一般分为两类:一类是个别争议,是指劳动者个人与用人单位之间的争议。另一类是因制定或变更劳动条件而产生的争议,由于这类争议通常是多数劳动者参与的,所以又叫集体争议。

三、劳动争议处理的基本原则

（一）着重调解、及时处理原则

调解是处理劳动争议的基本手段,贯穿于劳动争议处理全过程。企业劳动争议调解委员会处理劳动争议的工作程序全部是进行调解。仲裁委员会和人民法院处理劳动争议,应当先行调解,在裁决和判决前还要为当事人提供一次通过调解解决争议的机会。调解应在当事人自愿的基础上进行，不得有丝毫的勉强或强制。

调解应当依法进行，包括依照实体法和程序法，调解不是无原则地"和稀泥"。对劳动争议的处理要及时。劳动争议调解委员会对案件调解不成，应在规定的期限内及时结案，避免当事人丧失申请仲裁的权利；劳动争议仲裁委员会对案件先行调解不成，应及时裁决；人民法院在调解不成时，应及时判决。

（二）在查清事实的基础上依法处理的原则

劳动争议处理机构要正确处理调查取证与举证责任的关系。调查取证是劳动争议处理机构的权利和责任，举证是当事人应尽的义务和责任，两者有机结合，才能达到查清事实的目的。处理劳动争议既要依实体法，又要依程序法，而且要掌握好依法的顺序，按照"大法优于小法，后法优于先法"的顺序处理。处理劳动争议既要有原则性，又要有灵活性。

（三）当事人在适用法律上一律平等的原则

劳动争议当事人双方法律地位平等，具有平等的权利和义务，任何一方当事人不得有超越法律规定的特权。当事人双方在适用法律上一律平等，劳动争议处理机构对任何一方都不得偏袒或歧视，要对被侵权或受害的任何一方予以保护。

四、劳动争议处理方法

用人单位与劳动者发生劳动争议，当事人可以依法申请调解、仲裁，提起诉讼，也可以协商解决。调解适用于仲裁和诉讼程序。劳动争议处理机构应当根据合法、公正、及时处理的原则，依法维护劳动争议当事人的合法权益。

（一）调解

企业可以设立劳动争议调解委员会，负责调解本企业的劳动争议。企业劳动争议调解委员会可以调解企业与员工之间发生的下列劳动争议：①因开除、除名、辞退员工和员工辞职、自动离职发生的争议。②因执行国家有关工资、社会保险、福利、培训、劳动保护的规定发生的争议。③因履行劳动合同发生的争议。④法律规定的其他劳动争议。

企业劳动争议调解委员会由员工代表、企业代表和企业工会代表等三部分人员组成。其中，员工代表由职工代表大会推举产生。企业代表由企业行政领导指定。企业工会代表由企业工会指定。劳动争议调解委员会主任由工会代表担任。劳动争议经调解达成协议的，当事人应当履行。

企业劳动争议的处理应按规定的程序进行。首先，由劳动争议当事人口头或书面提出调解申请。申请必须在知道或应当知道其权利被侵害之日起 30 日内提出，当事人应填写《劳动争议调解申请书》。调解委员会接到申请书后，应立即进行研究，审核该事由是否属于劳动争议、是否属于调解委员会的调解范围、调解请求与事实根据是否明确。审核研究后，无论是否受理，都应尽快通知提出调解申请的劳动争议当事人。调解委员会受理调解申请后，必须着手进行事实调查。调解必须在查清事实、分清是非、明确责任的基础上进行。只有查清争议事项的原委，才能分清是非、明确责任，并依此进行调解。

事实调查的主要内容包括劳动争议产生的原因、发展经过和争议问题的焦点，劳动争议所引起的后果，劳动争议的当事人双方各有什么意见和要求，劳动争议涉及的有关人员及争议有关的其他情况，企业员工对争议的看法等。经过一定的调查准备后，劳动争议调解委员会将以会议的形式实施调解。调解会议由调解委员会主任主持，有关单位和个人可以参加调解会议，协助调解。

在会议过程中，当事人双方先对争议案件进行陈述；然后调解委员会依据查明的事实，在分清是非的基础上，依据有关法律法规，公正地将调解意见予以公布，并听取当事人双方对调解委员会所公布的案件调查情况和调解意见的看法；在此基础上当事人双方进行协商，达成一致意见后即可达成调解协议。企业劳动争议调解委员会在调解劳动争议时未达成调解协议的，当事人可以自劳动争议发生之日起60日内，向劳动争议仲裁委员会提出仲裁申请。

（二）仲裁

劳动争议仲裁，是指以第三者身份出现的劳动争议仲裁委员会，根据劳动争议当事人的申请，依法对劳动争议做出裁决，从而解决劳动争议的一种制度。

劳动争议仲裁机关是各县、市、市辖区所设立的劳动争议仲裁委员会。一般来说，劳动争议仲裁程序主要包括如下四个阶段：

第一，提出仲裁申请。由劳动争议当事人向劳动争议仲裁委员会提出申请，要求依法裁决，保护自己的权益。提出仲裁申请必须符合下列条件：①申请必须在规定的时效以内。根据相关规定，提出仲裁要求的一方应当自劳动争议发生之日起1年内向劳动争议仲裁委员会提出书面申请。②申诉人必须与该劳动争议有直接利害关系。③申诉人必须有明确的被诉人，以及具体的申诉请求和事实依据。④申诉的案件必须在受理申诉的劳动争议仲裁委员会的管辖范围之内。

第二，仲裁机关审查。劳动争议仲裁机关在收到当事人申请仲裁的书面申请材料后，必须进行认真的审查，对于符合条件的劳动争议案件，仲裁机关在收到申请后的7日内，应做出立案审理的决定。

第三，立案调查取证。仲裁委员会立案受理劳动争议后，应按《中华人民共和国劳动法》及有关条例规定，成立仲裁庭，仲裁庭由三名仲裁员组成。成立仲裁庭之后，仲裁庭成员应认真审查申诉答辩材料，调查收集证据，查明争议事实。调查取证是仲裁活动的重要阶段，是弄清事实真相、明确案件性质、正确处理争议案件的前提和基础。调查主要是为了查清争议的时间、地点、原因、经过、双方争议的焦点、证据的来源等。

第四，开庭审理。在调查取证的基础上，开庭审理。仲裁庭处理劳动争议，首先应当进行调解，促使当事人双方自愿达成协议。经调解达成协议的，仲裁庭制成仲裁调解书，送达双方。一经送达，调解书即具有法律效力。若不能达成调解协议，则进行仲裁辩论。当事人按申诉人、被申诉人的顺序，围绕争议进行辩论，仲裁庭成员应根据情况，将辩论焦点集中在需要澄清的问题和应该核实的问题上。

为了进一步查明当事人双方的申诉请求和争议事项，仲裁庭还必须进行仲裁调查，如由证人出庭作证，仲裁机关出示证据等。仲裁庭最后应根据调查结果和有关法律法规及时做出裁决。仲裁裁决必须在 7 日内完成。

仲裁裁决一般应在收到仲裁申请的 60 日内做出。对仲裁裁决无异议的，当事人必须履行。劳动争议当事人对仲裁裁决不服的，可以自收到裁决书之日起 15 日以内向人民法院提起诉讼。期满不起诉的，裁决书产生法律效力。一方当事人在法定期限内不起诉又不履行仲裁裁决的，另一方当事人可以申请人民法院强制执行。

仲裁庭处理劳动争议，应从组织仲裁庭之日起 60 日内结案。案情复杂，需要延期的，报仲裁委员会批准后可以适当延长，但不得超过 30 日。

第八章 企业发展战略

第一节 一体化战略

一、一体化战略的概念

一体化战略是指企业在现有业务的基础上或是进行横向扩展,实现规模的扩大;或是进行纵向扩展,进入目前经营的供应阶段或使用阶段,实现在同一产品链上的延长,以促进企业的进一步成长与发展。

二、一体化战略的分类

(一)横向一体化战略

横向一体化战略,又称水平一体化战略,它是指企业以兼并处于同一生产经营阶段的企业为其长期活动方向,进而促进企业实现规模经济和迅速发展的一种战略。

采用横向一体化战略,企业可以有效地实现规模经济,快速获得互补性的资源。此外,通过收购或合作的方式,企业可以有效地建立与客户之间的固定关系,遏制竞争对手的扩张意图,维持自身的竞争地位和竞争优势。

横向一体化战略也存在一定的风险,如过度扩张所产生的巨大生产能力对市场需求规模和企业销售能力都提出了较高的要求。同时，在某些横向一体化战略，如合并战略中，还存在技术扩散的风险。此外，组织上的障碍也是横向一体化战略所面临的风险之一，如"大企业病"、并购中存在的文化不融合现象等。

（二）纵向一体化战略

纵向一体化战略是在同一个行业内扩大企业的经营范围的战略。其内容包括把企业的业务范围向供给资源方向扩大或向最终产品的直接使用者方向扩大。企业经营的纵向一体化可能是完全的，也可能是局部的，主要视企业的能力和需要而定。

1.后向一体化战略

企业产品在市场上拥有明显的优势，可以继续扩大生产，打开销售通道，但是由于协作供应企业的材料供应跟不上或成本过高，会影响企业的进一步发展。在这种情况下，企业可以依靠自己的力量扩大经营规模，由自己来生产材料或配套零部件，也可以向后兼并供应商或与供应商合资兴办企业，组成联合体，统一规划和发展。

无论企业处于价值阶梯的哪一个级别，都是在维护其产品或服务的销路。除此之外，后向一体化还有助于保证原材料和零部件的供应，如果企业所需的重要原料出现长期短缺，就必须考虑是否应当进行后向一体化，自行生产这种原料。例如，可口可乐公司在亚洲的分装厂一般是对外采购装瓶所需的碳酸气的。但是，由于碳酸气供应商的规模通常较小，所以分装单位往往无法确保充足的供应量，于是有些分装厂会自行投资生产碳酸气。

目前，许多产业领域都存在着这种导致后向一体化的因素。实际上，其主要原因之一就是要确保企业关键原材料供应充足。企业在考虑后向一体化时，通常要对自行生产与对外采购的成本进行比较。在这一点上，迈克尔·波特总是不断地提醒企业，在进行成本比较分析时，一定要把管理一个规模扩大的联合企业的成本与困难等因素也考虑在内。

2.前向一体化战略

从物质的移动角度看,前向一体化就是向与后向一体化相反的方向发展。它一般是指生产原材料或半成品的企业,根据市场需要和生产技术条件,充分利用自己在生产原材料、半成品上的优势和潜力,决定由企业自己制造成品或与成品生产企业合并,组建经济联合体,以促进企业的不断成长和发展。

前向一体化的目的在于突破销售或技术"瓶颈"。企业之所以决定进行前向一体化,通常是想借此解决日趋严重的销售或技术方面的问题。由于部分地区的交通设施不够发达,销售成了一个大问题,所以有些生产消费品的企业就建立起广泛的销售网络,向销售领域进行前向一体化。企业控制了销售渠道,就能够更快地对顾客的需求做出反应,提供更好的售后服务,并且获得更多的潜在优势,从而领先于竞争对手。企业还可以在技术方面进行前向一体化。比如,一个零部件生产企业就可以充分利用本企业的零部件向组装领域发展。日本的京瓷公司本来是一家硅酸盐材料生产企业,为其他厂商提供各种电子元件与瓷制零部件。现在,京瓷公司在原有生产范围之外,又生产电话设备与数码相机等电器商品,成为大型电子联合企业。

三、一体化战略的意义

(一)经济性意义

一体化战略可以降低市场交易成本。市场交易会产生庞大的讨价还价成本,还有因商业信用而导致的风险成本。一体化战略可以将市场上形成的各种交易成本变为企业内部的管理成本,这样可以大大节约用于交易成本支出的各项费用,从而为企业提高利润空间。因此,从经济理论上来说,精于管理的企业可以通过一体化战略获得直接的经济效益。

（二）发展性意义

在很多情况下，企业实施一体化战略考虑的并非经济性意义，而更多的是发展性意义。企业战略管理的作用已经越来越为企业所重视，对竞争激烈的大型企业而言，战略的竞争显得尤为重要。企业与上下游厂商的博弈从来都没有中断过，供求双方随着力量变化而不断转换着双方的地位。

以制造业为例，上游原材料供应商的市场分布状况、由一个供应商到另一个供应商的转换成本、原材料的资源是否稀缺等问题都会影响制造业厂商与原材料供应商之间实力的消长，而这一点恰恰是企业成本领先、形成核心竞争力的重要因素。下游的商家决定着企业产品能否迅速进入市场，产品最终消费者的信息反馈也需要通过下游商家传递。实施一体化战略可以帮助企业降低下游商家的影响，促进企业的发展。

四、实施一体化战略需要注意的问题

（一）不能无休止地扩张

企业总会遇到各种契机进入一个全新的经营领域，但这种发展战略的风险性也相当高。确实有很多企业成功地沿着阶梯向上攀登，进入了价值更高的经营领域，但也有很多的企业出现了问题，有的甚至一蹶不振。

（二）时刻关注成本问题

实施一体化战略有时会给企业带来一些问题：需要较多的资本，企业有时可能不堪重负；使企业经营规模扩大，增加风险；需要庞大的固定资产投资，会降低企业灵活性；完全一体化的企业比局部一体化企业更难采用新技术和新工艺。企业在实施一体化战略时需要时刻关注成本问题，避免财务方面的风险。

第二节　多元化战略

一、实施多元化战略的前提条件

随着市场经济的纵深发展，我国的企业以突飞猛进的态势迅速发展，一批大型企业脱颖而出。在企业寻求不断扩张的过程中，很多企业选择了多元化战略。经过一段时间的探索后，成功与失败的例子都有，这表明企业实施多元化战略需要许多特殊的前提条件，并非所有的企业都可以取得成功。

（一）过剩资源的存在

多元化战略是指企业在原经营范围以外的领域从事生产经营活动，即企业从现有的产品和市场中分出资源和精力，投入企业不太熟悉或毫不熟悉的产品和市场上。既然要从核心业务或核心产品中抽出资源和精力来实施多元化战略，那么首先企业一定要有过剩资源存在。过剩资源的存在是企业实施多元化战略的前提条件。过剩资源是指在主营业务、市场占有率及长期战略发展目标不受影响的前提下，企业还有剩余的内部资源。这些过剩的资源可以是资金、设备、厂房等有形的资源，也可以是技术、服务、商标、品牌价值等无形的资源。

企业在不具备过剩资源或过剩资源有限的情况下，不宜贸然实施多元化战略，而应先集中有限资源发挥最大效用，延续以往的经营战略。很多企业之所以最终败在多元化的道路上，就是因为没有考虑到企业的过剩资源能否支持多元化战略所需要的巨大投入。

（二）产品及所处行业的生命周期

任何一件事物的产生和发展都要遵循一定的生命轨迹，产品和行业的发展也不例外。某一种新产品从投入市场到最后被市场淘汰要经历导入期、成长期、成熟期和衰退期四个阶段。产品生命周期是以产品的销售额和企业所获得的利润额的变化来衡量的。导入期是指新产品刚投入市场的时期，在这一时期产品没有被消费者熟知，成本较大，市场也还没有打开，所以企业需要进行大量的宣传、推广活动。进入成长期，产品逐渐为消费者所认可和欢迎，需求扩大，产品的销售量迅速增长。当产品的销售量达到最高点时，产品就进入了成熟期，这段时期产品的收入和利润都达到最高峰，增长速度开始减缓，竞争激烈。当产品进入衰退期时，企业的盈利和销售量都迅速减少，产品即将退出市场。

当进入成熟期和衰退期时，产品的销量增长开始变得缓慢，盈利能力逐渐降低，为了保持企业的整体盈利水平和发展前景，企业可以选择进入市场需求潜力巨大的产品市场，进行多元化经营。同样，当企业所处的行业属于夕阳产业，增长缓慢、前景黯淡时，企业也可以考虑分散经营、规避风险，采用多元化发展战略。

（三）企业生产高风险的单一产品

有些企业专门生产单一产品，而且产品本身具有很高的风险性，那么企业的经营成功与否就取决于市场对该产品的需求状况。当需求量大幅度减少或市场不接纳该产品时，企业就会无路可走、无章可循。企业即使采取大规模的降价措施来拉动产品的需求量，也会因为利润损失而大伤元气。若是由于消费者不接受这种产品而导致需求量减少，那么即使降价也无济于事。所以，生产高风险的单一产品的企业，其经营风险很高。很多高新技术生产企业，由于前期发展阶段资金和技术不足，只好先开发单一产品，从而面临着很大的压力。在这种情况下，最好的方法就是实施多元化战略来分散风险。

（四）需求波动性极大的市场

随着经济的不断发展，某些市场呈现需求越来越多元化的特点，产品生命周期越来越短，更新换代速度不断加快，产品淘汰率不断上升，市场需求的不确定性不断加强。在这种情况下，企业如果只生产和销售单一产品，其经营风险是不言而喻的。为有效地分散经营风险，企业就要开发新的产品，实现多元化经营。即使是原来从事多元化经营的企业，在原有的产品市场需求存在较大不确定性的情况下，为了分散风险也会积极地开拓新的经营领域。

二、多元化战略选择

（一）正相关多元化战略

企业的正相关多元化战略是指企业围绕其核心竞争力和主营业务所建立起来的一系列相关的其他业务。这些不同的业务表现出不同的发展态势。正相关多元化战略在企业的发展过程中应用比较广泛，主要包括同心多元化战略和水平多元化战略。

1.同心多元化战略

同心多元化战略又称基于核心能力的多元化发展战略。顾名思义，它是指企业的所有多元化领域都是建立在企业的核心能力之上的，以其核心能力为圆心向外辐射发展。核心能力是指使企业长期或持续拥有某种竞争优势的能力。核心能力是保持主营业务竞争优势的主要因素。稳定而具有竞争优势的主营业务，是企业生存的基础和利润的主要源泉。企业应该通过保持和扩大自己所熟悉与擅长的主营业务，尽力提高市场占有率以求经济效益最大化，把增强企业的核心能力作为第一目标，并视为企业的生命，在此基础上兼顾多元化。

2.水平多元化战略

水平多元化战略主要是指从事与主导产业或企业的核心竞争力相关或相

似的业务的生产与经营的发展战略。采用水平多元化战略的优势是可以利用主营业务的优势影响相近的新业务。

（二）负相关多元化战略

负相关多元化战略，也称作互补多元化发展战略，是指企业所涉足的新的产业与原产业市场波动周期能够互补，产业的性质及收益率呈负相关，以求在规避风险方面更具优势，获得成功的把握更大。负相关多元化战略的基础是风险投资理论。依据风险投资理论，只要企业投资的各个项目不完全正相关，通过多元化经营，企业经营总利润是这些投资收益的加权平均数，而风险则可以部分抵消，因此企业可以通过多元化经营来降低市场风险。

（三）不相关多元化战略

不相关多元化战略主要是指企业的各种业务及产品之间完全没有任何关联，资源无法共享或互补。不相关多元化战略不利于发挥核心资源的辐射和整合优势，但在有些情况下可以帮助企业分散经营和投资风险。在我国引入多元化战略的初期，很多企业被新兴、热门但自身并不熟悉或缺乏专业能力的行业所吸引，盲目进行投资，这可能会导致多数项目因资金不足而难以维持正常运营。再加上在技术、人才、经营、管理方面并不具备成功经营所必需的力量，使新项目长时间不能形成市场优势，不能形成良性循环并产生收益，这又加重了企业财务负担，使企业陷入"多元化陷阱"不能自拔。

三、多元化战略的评价

20世纪90年代以来，我国企业掀起了一股多元化发展的热潮。在通用电气公司成功进行多元化发展的激励下，人们普遍认为多元化战略能够有效规避企业经营风险、扩大企业规模，从而使企业获得丰厚的利润回报。然而，在经历一系列多元化经营惨败的沉痛教训之后，企业家们普遍改变了多元化战略是企业发展的制胜法宝的想法，开始认真、理性地思考：为什么同样是多元化发展战略，却有成功和失败两种截然不同的效果呢？

（一）多元化战略的优势

1.能够有效地规避企业经营风险

随着改革开放的深化，我国涌现出一批规模巨大、实力雄厚的大企业。然而，随着世界经济一体化的快速发展，众多跨国企业开始进入中国市场，使得我国企业面临前所未有的竞争压力和风险挑战。一方面，本国企业间的竞争越发激烈；另一方面，跨国企业又对我们的市场虎视眈眈。如果企业处于某一特定行业，尤其是依赖单一产品，其面临的挑战尤为严峻。当产品处于成熟期或衰退期时，企业就应该马上调整其产业结构和产品结构，积极开拓新的市场。

2.能够产生协同效应

多元化战略可以把技术上相同或相似的产业联合起来，一方面能够形成规模经济，另一方面能够多方面增加企业的收益。原材料、设备方面的联合还有助于企业增强在采购时的谈判能力，从而能够有效降低外部交易成本和采购成本。

3.能够充分利用资源，挖掘企业潜力

规模、资金、诱导市场的能力等属于企业的硬资源；企业形象、信誉、管理组织水平等是企业的软资源。资源丰富的企业必然有着强大的实力。这些内在因素是企业实施多元化战略的基础，而多元化战略的实施有利于充分地利用企业的资源，最大限度地挖掘企业的潜力。

目前，我国资产重组、企业兼并浪潮方兴未艾，企业之间的横向联系日益加强，在这种态势下，多元化经营战略已成了许多企业在市场竞争中的必然战略选择。

4.有利于企业的结构调整

企业为了适应市场需求的变化，必须不断调整内部资源配置，强化自身的市场适应能力和应变能力。这种调整属于企业内部资源优化配置，因此必然服从于经济效益最大化和社会效益最佳化的目标。多元化经营的格局给企业的结构调整工作带来了更多的选择。中国葛洲坝集团在 1988 年市场疲软、建筑业大滑坡的形势下，提出了"一业为主、多种经营"的"221"产业结构调整方案，即 2 万人投入施工主业，2 万人从事工业，1 万人从事第三产业。经过企业内部有计划的战略结构调整，该集团工业和第三产业的产值很快达到了总产值的 40%，集团渡过了难关，迎来了进军三峡、走向国际市场的新转机。

多元化战略不仅在我国受到了广泛的欢迎，在国际上也被众多的大型企业所看好。欧美及日本的许多大公司都在极力向综合性的跨国公司转型，渗入原来并不属于自己活动范围的领域中去。日本经济企划厅早在 20 世纪 70 年代所做的调查就表明，在日本的制造业中，有 74.4%的企业实施了多元化战略。由于多元化战略的实施，现在日本几乎找不到单纯经营一类产品的公司了。

（二）多元化战略的弊端

1.不利于形成核心竞争力

采用多元化战略的企业会拥有多种主营业务，横跨众多行业，这势必会分散企业的各种资源，不利于资源共享。而企业的资源总是相对有限的，如果企业的战线拉得过长，涉及的产业过多，那么在进行资源配置的时候，总会造成某些产业的相对投入不足。同时，实施多元化战略的企业也很难形成经营特色。当今的社会正处于一个强调个性化发展的时期，没有特色的产品就很难打动消费者的心。

2.加大了管理难度

随着企业多元化战略的推进，企业生产的产品种类势必随之增加，这就会大大提高管理的难度。首先，不同的产品依赖不同的技术。企业不仅要掌握不同的技术，同时还要时刻关注不同技术的更新换代及发展问题，那么就需要既具备专业知识又懂得管理的高级技术管理人员。而这样的人才正好是现代企业缺少的。其次，不同的产品将面临不同的市场，而市场之间的差异性优势普遍存在，所以这又会加大市场管理的难度。最后，多元化经营往往意味着生产规模扩大、经营地域分散，管理层次与结构也会更复杂，那么企业原有的组织结构和管理模式将会面临很大的挑战，需要进行变革，这又是企业不得不面对的一个管理难题。

第三节　并购战略

当企业需要实施一体化战略或多元化战略，开拓新市场或新业务时，合并与收购是一种较普遍的战略选择。

一、并购战略的概念

合并是指两家公司在相对平等的基础上将相互的业务进行整合，通常其拥有的资源和实力合在一起能够比独立发展产生更大的竞争优势。企业通过合并，有偿转移所有权和经营权，实现资产、资源和要素合并，共同组成一个具有独立法人地位、统一经营的新企业。

收购是指一家企业购买另一家企业的部分或全部股权，将被收购企业的业务纳入其战略投资组合，从而达到更加有效地利用其核心竞争力的目的。通过收购，被收购方出让产权和放弃法人资格，资产、资源和经营活动等都归属于收购企业，并以收购企业的名义开展经营活动。

尽管合并和收购这两种战略举措在所有权的处理方式、合并后企业的名称与地位等方面存在显著差异，但实质上都是通过资源和要素的有效利用和整合，提升企业的竞争力，所以合并和收购统称为并购战略。

二、并购战略的类型

（一）横向并购

横向并购是指处于相同行业，采用相近工艺、设备和资源，生产相同或相近产品的竞争性企业之间的并购。这种并购通过共享企业资源和集中资本实现规模经济，能够迅速扩大生产规模和市场份额，提升企业的整体竞争力。

（二）纵向并购

它是指企业并购其某一种或多种产品和服务的供应商或分销商及其配送渠道等的行为。纵向并购一般发生在生产和经营过程紧密衔接，在供应链和价值链上实现资源、产品或工艺互补的企业之间。如食品加工企业收购面粉生产企业、食品销售企业等。这种并购有利于实现范围经济，降低交易成本，缩短生产周期，有助于企业开发新产品、新技术，但同时也可能导致管理成本的增加。

（三）混合并购

它是指处于不同行业、不同市场，而且资源、产品和工艺没有相关性或相关性不大的企业之间的并购。如有的房地产集团并购餐饮、旅游等行业中的企业，这种并购的目的是研发新产品，实施多元化战略，开辟新的市场领域，从而扩大目标市场和产品市场，降低经营风险，提高盈利能力。

三、并购战略的优势

（一）获得更大的市场份额

通过并购同行业企业或价值链上的相关企业，企业能够减少竞争对手数量，扩大销售渠道和经营市场，增强企业的竞争能力和讨价还价能力，从而获得更高的市场份额。

（二）跨越新领域的进入壁垒和规避生产经营风险

企业在试图研发新产品、开拓新市场、开创新行业时，往往会遇到资金、技术、研发人员、顾客、政策和竞争对手的阻碍，而且由于需要达到一定的生产规模，所以会导致生产过剩，引起其他企业的强烈抵制，破坏整个行业的盈利能力。企业通过并购能有效跨越这些壁垒，从资源配置、快速获得新技术等方面降低进入成本和风险，并保持行业稳定。

（三）降低经营成本和时间成本

企业扩大市场或进入新行业，必须在人、财、物、信息、管理等方面投入大量资源，从而使成本剧增。并购战略能使企业发挥自身的核心优势，大大降低生产成本、研发成本、经营成本和管理成本。同时，在机遇稍纵即逝的市场经济时代，企业间的竞争就是速度的竞争，进入新市场和新领域的时机往往决定一个企业的成败，谁进入得早谁就可能在原材料、销售渠道、顾客和企业声誉等方面获得先发优势和领先地位，而并购则可以使企业在短时间内改变市场地位。

（四）实现规模经济和范围经济

并购能有效降低交易成本和管理费用，提升企业原有设备、资源、资金、人员和技术的利用率和生产效率，降低原材料的价格，整合原企业的营销渠道，节省营销费用，使得各类资源得到合理配置，实现生产协同和经营协同，扩大需求市场和生产规模，实现规模经济和范围经济。

四、并购战略的风险

并不是所有的并购都能取得预期的效益，并购战略还存在一定的风险，主要表现在以下几个方面：

（一）经营管理风险

有些企业在并购后，无法实现资源的合理配置和生产要素、生产过程的协调互补，也可能不熟悉新行业，缺乏管理新产品和新市场的经验和能力。同时，机构、人员的增加也使管理成本增加，这样分散了企业的投资方向和高层的精力，不但不能实现规模经济，规避发展风险，还可能使企业丧失原有的优势。

（二）财务风险

缺乏计划性和合理评估的盲目并购，会导致企业对并购后的收益过于乐观，过高地估计收益，忽略了并购带来的投资风险。企业并购的资金一般数额巨大，有的实施并购的企业需要发挥财务杠杆作用，通过负债投入资金，而且如果被并购企业本身就负有一定的债务，这样并购后企业无疑会背负巨大的债务压力。所以，并购战略需要在投资收益大于付出的财务成本时才能实施。

（三）并购成本过高

出于被并购企业管理层和股东的要求，收购的价格常常高于正常市场价格。同时，由于被并购企业的价格可能在并购过程中因竞争而被抬高，导致企业在并购其他企业尤其是上市公司时要付出巨大的代价。

（四）文化整合困难

企业文化整合是成功并购的关键。企业完成并购后，不但面临着管理体制的转变、领导层的更换、资源的重新配置、生产过程的衔接和利益的再分配等问题，而且面临着企业文化的整合和重新塑造、企业员工工作模式的转换、不同价值观之间的冲突和融合等问题。而且，员工关系的处理、企业文化的塑造相对于企业的经营管理来说是更加困难的工作，需要一个相当长的过程。如果企业并购中文化整合处理不好，则会带来各方面的矛盾和冲突，甚至直接导致并购的失败。

（五）对象选择和评估失误

合理选择并购对象是并购成功的前提，所以企业必须准确地对并购对象进行评估，包括生产经营领域、财务、企业文化等，还要考虑其董事会和员工可能带来的阻力。由于信息不对称带来的对目标公司生产、经营和财务状况等方面了解得不充分，会导致评估依据不准确，这样不但未必能达到预期的目标，反而可能使企业背上沉重的负担。

需要指出的是，企业必须根据外在的市场环境和行业背景，准确分析自身的资源和能力，从而科学合理地制定并购决策。并购本来可以帮助企业实现多元化发展，但过度多元化使得管理者更多地依赖财务控制而不是战略调控来评价各业务部门的绩效，会引起各部门经理以牺牲长期投资为代价来追求短期利益，同时过度多元化会使公司倾向于用收购行为代替自我创新。另外，管理者如果过于关注并购，则会忽视对公司取得长期竞争优势相关环节的关注，从而不能客观地评价并购所取得的成果。

五、选择并购战略应考虑的因素

(一)战略是前提

企业要依据自身战略选择并购对象,寻求并购对象与自身战略的契合点,通过并购提高自身的战略能力,才能真正达到并购的目的。只有在两种情况下实施大型并购战略才是明智的:一种情况是该并购能强化公司目前的竞争基础;另一种情况是公司的竞争基础有所改变,该并购能够使公司在行业中处于领先地位或者跟上行业的步伐。

(二)分析是基础

企业要进行充分的 SWOT(strengths、weaknesses、opportunities、threats,优势、劣势、机会、威胁)分析,合理评估自身和并购对象,包括合理评估自身实力和对并购对象进行充分的产业、法律、经营、财务、产品市场、竞争环境、管理能力和企业文化分析,这样才能为并购奠定良好的基础。

(三)整合是关键

并购之后的系统整合是整个并购战略的关键。即便在缺乏战略合作基础或评估不合理的情况下,若整合工作能够高效且精准地进行,仍有可能引导企业走上良性发展的道路;反之,即便并购之初有坚实的战略合作基础或充分的评估,若整合不力,也可能导致并购效果不佳甚至失败。这里讲的整合主要包括战略、业务、制度、组织人事和企业文化整合等。

六、并购后的整合策略

企业并购的目的是通过获取目标企业的控制权,进而利用其运营资源来推动自身的发展,最终实现既定的经营战略目标。然而,成功取得目标企业的控制权,只是完成了并购目标的一半。并购成功的关键在于对目标企业进行整合,使其与自身的整体战略及经营方式协调一致、互相配合。并购后的整合具体包括:战略整合、业务整合、制度整合、组织人事整合和企业文化整合。

(一)战略整合

如果被并购的企业战略不能与收购企业的战略互相配合、相互融合,那么两者间的战略协同效应将难以实现。收购企业只有在并购后对目标企业的战略进行整合,使其符合整个企业的发展战略,才能使目标企业发挥出比以前更大的效应,促进整个企业的发展。因此,在并购以后,收购企业必须制定整个企业的战略,规划目标企业在整个战略实现过程中的地位与作用,然后对目标企业的战略进行调整,使整个企业中的各个业务单位形成一个相互关联、相互配合的体系。

(二)业务整合

在完成对目标企业的战略整合后,收购企业应进一步聚焦于业务整合,根据目标企业在整个体系中的作用及其与其他部分的关系,重新设置其经营业务,将一些与本业务单位战略不符的业务剥离,将整个企业其他业务单位中的某些业务规划到本单位之中,通过整个运作体系的分工配合提高协作能力,发挥规模效应和协作优势。随着业务整合的推进,收购企业还需对目标企业的资产进行重新配置,以适应业务整合后生产经营的需要。

（三）制度整合

管理制度对企业的经营与发展有着重要的影响，因此收购企业在并购后必须重视对目标企业的制度进行整合。如果目标企业原有的管理制度良好，收购企业则不必加以修改，可以直接利用目标企业原有的管理制度，甚至可以将目标企业的管理制度引入本企业中，对本企业的制度进行改进。若目标企业的管理制度与收购企业的要求不相符，则收购企业可以将自身的一些优良制度引入目标企业之中，如存货控制制度、生产过程控制制度、销售分析制度等。通过这种制度输出，收购企业能对目标企业原有资源进行整合，使其发挥出更好的效益。

在新制度的引入和推行过程中，常常会遇到很多方面的问题，例如，引入的新制度与目标企业某些相关的制度不配套，甚至互相冲突，影响新制度作用的发挥。在很多情况下，引入新制度还会受到目标企业管理者的抵制，他们通常会认为收购企业的管理者并不了解目标企业的实际情况，而是在盲目改变目标企业的管理制度。因此，在将新制度引入目标企业时，收购企业必须详细调查目标企业的实际情况，在对各种影响因素进行细致分析之后，再制订出周密可行的计划，为制度整合的成功奠定基础。

（四）组织人事整合

在完成并购后，收购企业应该根据对目标企业战略、业务和制度的重新设置对其组织人事进行整合，根据并购后对目标企业职能的要求，设置相应的部门，安排适当的人员。一般在并购后，目标企业和收购企业在财务、法律、研发等方面的部门和人员可以合并，从而发挥规模优势，降低管理费用。如果并购后，双方的营销网络可以共享，则营销部门和人员也应该合并。总之，通过组织人事整合，收购企业和目标企业可以高效运作，发挥协同优势，实现资源共享，提高整个企业的效益。

（五）企业文化整合

企业文化是企业经营中最基本、最核心的部分，其影响着企业运作的方方面面。并购成功与否，很大程度上取决于收购企业与目标企业能否在文化层面达成深度融合。在对目标企业进行文化整合过程中，收购企业应深入分析目标企业文化形成的历史背景，了解其优缺点，分析其与自身企业文化融合的可能性，在此基础上，吸收双方企业文化的优点，摒弃其缺点，从而形成一种优秀的、有利于企业战略实现的文化，并在目标企业中推行，使双方实现真正的融合。

第四节　虚拟经营战略

一、虚拟经营的概念及发展前景

（一）虚拟经营的概念

虚拟经营是 1991 年由美国著名学者罗杰·内格尔（Roger N. Nagel）首先提出来的。所谓虚拟经营，是指企业在组织上突破有形的界限，虽有生产、营销、设计、财务等功能，但企业内部没有完整的执行这些功能的组织，仅保留企业中最关键的功能，而将其他的功能虚拟化。

虚拟经营战略是以顾客需求为导向，舍弃非核心业务领域，专注于企业核心产品、核心业务，以开发、培育使企业可持续发展的核心能力为目标，与优势企业、顾客，甚至竞争对手等采取联营、联盟、外包等合作形式，将企业价值链上的非核心环节转移出去，以抓住快速变化的市场机遇的经营战略。

（二）虚拟经营的发展前景

虚拟经营作为一种全新的经营理念，从其诞生之日起便显示出强大的生命力。当前，虚拟经营在国内外都已十分普遍，服装业、软件业、计算机制造业、造船业、航空服务业、航空制造业、食品制造业、汽车制造业等都正在运行或尝试这种经营战略。可以预见，未来企业与企业之间合作的范围将会更广、层次将会更深。虚拟经营将是未来企业最普遍的经营模式。

二、虚拟经营的形式

（一）业务外包

企业按照"扬长避短、留强去弱"的原则精简组织结构，仅建立或保留关键的职能机构，集中力量开展属于自身强项的业务，而把非强项业务外包出去，让国内外相对条件好、能力强的专业单位去经营，也就是将那些对应的非关键的职能机构虚拟化，借用外力即社会优质资源来弥补、整合企业资源，"借鸡生蛋、借船出海"，以降低经营成本，增强组织的应变力，以便在市场竞争中取得最大优势。例如，耐克公司就是最早、最典型的"虚拟生产""没有工厂"的工业企业，它专管产品的设计和营销，充分发挥其知识密集、掌握市场、擅长创新和管理的优势，将产品的生产全部虚拟化，通过定牌生产、委托加工等形式，组织一大批分布在各国各地，人工成本或原材料成本、场地使用成本较低的小企业严格按其计划和要求进行生产。又如可口可乐公司，它把除原液生产以外的大部分灌装生产业务虚拟化，外包给世界各地的众多饮料厂就地取材、加工、销售，从而最大限度地利用了外部资源。近年来，波音、通用汽车、IBM、思科、爱立信等公司也把部分零部件制造业务和部分产品装配业务转移给了其他企业，既使自身"减了肥"，又使技术开发、产品总体设计方面的优势得到了进一步加强。

（二）特许连锁

拥有品牌、技术等优势的企业实行"强项扩散"，在保留自身全部经营业务的同时，和经过严格选择与人员培训的国内外其他企业订立特许经营合同，有偿地授予它们在一定期限、一定范围内和一定条件下使用该企业的品牌或技术升展经营活动的特权，从而使它们在业务上加盟连锁经营，成为该企业"虚拟营销网络"的成员（尽管它们可以继续保持原来的独立企业的地位）。输出品牌或技术的企业不必投入大量物资，不承担被许可方经营失败的直接损失，既能凭知识产权取得可观的许可使用费收入，又能迅速扩大企业影响力。参加连锁经营的单位越多、经营规模越大，企业的市场地位、市场价值就越高。麦当劳、肯德基、沃尔玛、家乐福等公司正是应用这种方式的成功范例。

（三）战略联盟

战略联盟是由若干企业（包括不同国家的企业）为实现一定时期内某一共同的战略目标，在平等、相互信任、建立战略伙伴关系的基础上，达成彼此交换关键资源、强项互补、共同开发产品和国内外市场的协议而形成的一个利益共享、风险共担的网络型企业联合体。它比主要靠资本纽带联结起来的企业集团松散、灵活；联盟对其成员并无合作项目以外的统一要求，所有成员始终保持各自的高度独立性；一个企业可同时参加几个联盟，故企业有可能在更大范围内利用、支配外部优质资源；共同目标完成后，联盟可很方便地解散，各企业可为新的目标重组新的联盟。这种在协同组合、协议合作等传统形式基础上发展起来的新形式，已赢得了越来越多企业的青睐。

三、虚拟经营战略的内容

(一)虚拟研发战略

在现代企业,尤其是全球高科技企业中,管理者越来越重视产品的研发战略。产品的研发甚至可以说是高科技企业的"命脉",但是产品研发所历经的漫长时间、所耗费的巨大成本以及企业所要承受的潜在风险却又是企业必须面对的难题。针对这种状况,很多企业开始大胆尝试、勇于探索,实行了虚拟研发战略。

虚拟研发战略是指若干掌握不同核心技术的独立企业通过网络联合开发高科技产品,共同承担风险、分享成果。这样一方面可以有效地进行优势互补、强强联合、节约成本、分散风险;另一方面能够对市场的需求做出快速反应,从而实现共存共荣。

(二)虚拟生产战略

虚拟生产是指企业将其产品的直接生产功能弱化,把生产环节用外包的方法转移给其他擅长加工的企业去完成,而自己只留下最具优势的、最能创造高附加值的开发和销售功能,从而节省投资、降低成本及充分发挥自身资源的优势。目前,很多企业都开始采用这种虚拟生产战略。例如,耐克公司只生产产品的最关键部分——耐克鞋的气垫,其余部分全部由外部的供应商提供。公司把主要力量集中在科研开发和营销上,专心从事运动鞋的设计、更新及全球市场的行情调研,并及时制定正确的销售策略。

企业通过协议、委托、租赁等方式将生产车间外包,不仅减少了大量的制造费用和资金占用,还能充分利用他人的要素投入,降低自身风险。当初 TCL 公司准备进入彩电生产领域时,虽然其规模不算太大,实力不算太强,但它瞅准了大屏幕彩电这一切入点,并相信自己专业、灵活的管理技巧及广泛的市场网络能够创立 TCL 强大的品牌知名度和市场占有率。没有资金购买厂房、生产线，TCL 就果断地将产品委托给长城电子公司生产。TCL 在产品设计中灵活运用价值工程原理，大胆取消了国际线路设计和一些不必要的功能，大幅度降低了成本，将国内实用性强的线路设计、造型款式、全功能遥控等技术作为主攻方向，同时精耕细作销售网络和品牌经营。如今，TCL 已经成为知名的家电企业。

（三）虚拟销售战略

虚拟销售是指利用不同企业现有的销售网点及配套设施联合销售本企业的产品。这样，企业不但可以节省一大笔管理成本和市场开拓费用，而且能专心致力于新产品开发和技术革新，从而保持其核心竞争优势。比如，青岛啤酒公司在美国的销售就完全借助一家美国本土的知名经销商，利用对方的销售网络提升了企业及品牌的知名度。又如，美国的微波通信公司、数字设备公司和微软公司结成销售联盟，在各自的销售点内联合销售三家公司的产品。当然，善于虚拟经营的企业往往能够综合运用虚拟研发、虚拟生产和虚拟销售这三大战略，这样可以最大限度地发挥临时性网络合作组织的优势。

（四）虚拟服务战略

随着经济的发展，人们对服务产品的需求在逐步扩大，如何满足消费者对服务产品的需求就成了服务产品供应商最重要的任务。在服务产业中，企业也可以通过动态联合进行虚拟经营，如联合订票系统、联合导游系统、网络就诊系统。这些服务性组织通过网络化组合，发挥远程通信设施的功能，为社会提供各种信息产品或虚拟信息服务产品。

第九章 人力资源管理职能的战略转型与优化

第一节 人力资源管理职能的战略转型

一、人力资源专业人员的角色与胜任素质模型

（一）人力资源专业人员的角色

在人力资源管理职能面临更高要求的情况下，人力资源专业人员应如何帮助组织赢得竞争优势，以及实现组织的战略目标呢？人力资源专业人员在组织中应当扮演好哪些角色呢？很多学者和机构都对此进行了研究。

阿奇·卡罗尔（Archie Carroll）提出，人力资源专业人员主要应当扮演好三个方面的角色，即授权者、技术专家以及创新者。授权者是指人力资源专业人员授权直线管理人员成为人力资源管理的主要实施者；技术专家是指人力资源专业人员要从事与薪酬以及管理技能开发等有关的大量人力资源管理活动；创新者是指人力资源专业人员需要向组织推荐新的方法，来帮助组织解决各种与人力资源管理有关的问题，如生产率的提高以及由疾病导致的员工缺勤率突然上升等。

约翰·斯托瑞（John Storey）在 20 世纪八九十年代，广泛参与了在英国开

展的关于人力资源管理特点的大讨论，他基于干涉性与不干涉性和战略性与策略性这两个维度，提出人力资源专业人员及其部门应当扮演顾问、仆人、管制者以及变革实现者四种角色。顾问是指人力资源专业人员应当了解人力资源管理领域的各种最新进展，然后让直线管理人员来实施各种相关的变革；仆人是指人力资源专业人员在提供服务时要以客户为导向，努力成为直线管理人员的助手和服务者；管制者是指人力资源专业人员需要制定和宣传各项雇佣规则，并且负责监督执行情况，这些规则既包括公司的各项人事程序手册，也包括与工会签订的集体合同；变革实现者则是说人力资源专业人员应当根据组织的经营需要，将员工关系置于一套新的基础之上。

在人力资源专业人员以及人力资源部门所扮演的角色方面，密歇根大学的戴维·乌尔里奇（Dave Ulrich）教授也提出了一个简明分析框架。乌尔里奇认为，一个组织的人力资源部门所扮演的角色和所承担的职责主要反映在两个维度上：一是人力资源管理工作的关注点是什么；二是人力资源管理的主要活动内容是什么。从关注点来说，人力资源管理既要关注长期的战略层面的问题，同时也要关注短期的日常操作层面的问题。从人力资源管理活动的内容来说，人力资源管理既要做好对过程的管理，同时也要做好对人的管理。基于这两个维度，人力资源专业人员需要扮演四种角色，即战略伙伴、行政专家、员工支持者以及变革推动者。

①战略伙伴。这一角色的主要功能是对战略性的人力资源进行管理。也就是说，人力资源专业人员需要识别能够促成组织战略实现的人力资源及其行为和动机，要将组织确定的战略转化为有效的人力资源战略和相应的人力资源管理实践，从而确保组织战略的执行和实现。人力资源专业人员通过扮演战略伙伴的角色，能够把组织的人力资源战略和实践，与组织的经营战略结合起来，从而提高组织实施战略的能力。

②行政专家。这一角色的主要功能是对组织的各种基础制度进行管理，要求人力资源专业人员能够通过制定有效的流程，来管理好组织内部的人员配置、培训、评价、报酬、晋升以及其他事务。尽管人力资源管理职能向战略方

向转变的趋势在加强,但是人力资源专业人员的行政专家角色对于成功经营一个组织来说,仍然是不可或缺的。作为组织的基础管理责任人,人力资源专业人员必须能够确保这些组织流程得到高效的设计和实施。实现这一目标有两条途径:一是通过重新思考价值创造过程,调整和优化组织的人力资源管理制度、流程以及管理实践,从而提高效率;二是通过雇佣、培训,帮助组织提高生产率、降低成本,从而提高组织的总体效率。在人力资源管理流程再造的过程中,很多组织都采用了共享人力资源服务中心的新型人力资源部门结构设计。

③员工支持者。这一角色的主要功能是对员工的贡献进行管理,即将员工的贡献与组织经营的成功联系在一起。人力资源管理专业人员可以通过两条途径确保将员工的贡献转化为组织经营的成功:一是确保员工具有完成工作所需要的能力,二是确保他们有勤奋工作的动机以及对组织的信任。无论员工的技能水平多高,只要他们与组织疏远,或者内心感到不公平,他们就不可能为企业的成功贡献力量,并且也不会在组织中工作太长的时间。为了扮演好员工支持者的角色,人力资源专业人员必须主动倾听员工的想法,了解他们在日常工作中遇到的问题、他们关注的事情,以及他们的需求。人力资源专业人员不仅要自己扮演好员工的倾听者和激励者的角色,而且要通过培训、说服以及制度引导的方式,确保员工的直接上级也能够了解员工的想法,只有这样,才能真正建立员工和组织之间的心理契约,积极主动地开发人力资源,把员工的贡献和组织经营的成功真正联系到一起。

④变革推动者。这一角色的主要功能是对组织的转型和变革过程进行管理。转型意味着一个组织要在内部进行根本性的文化变革。人力资源专业人员既要做组织文化的守护神,也要成为文化变革的催化剂,积极促成必要的组织文化变革,从而帮助组织完成更新过程。在组织变革的过程中,人力资源专业人员要帮助组织确认并实施变革计划,其中可能涉及的活动主要包括:找出并界定问题、建立信任关系、解决问题、制定并实施变革计划等。在当今这个急剧变化的竞争环境中,人力资源专业人员必须确保组织拥有能够持续不断进行变革的能力,并且帮助组织确定是否有必要进行变革以及对变革的过程进行管

理。变革推动者的角色，还要求人力资源专业人员在尊重组织历史文化的基础上，帮助员工顺利地接受和适应新文化。研究表明，能否扮演好变革推动者的角色，是决定一个组织的人力资源管理工作能否取得成功的重要因素。

此外，美国国际人力资源管理协会（International Public Management Association for Human Resources, IPMA-HR）也提出了一个模型，来阐明人力资源专业人员在公共部门中所应当扮演的四大角色，即人力资源专家、变革推动者、经营伙伴以及领导者。其中，人力资源专家的角色强调人力资源专业人员应当做好传统的人力资源管理中的各项专业技术工作；变革推动者的角色强调人力资源专业人员一方面要帮助直线管理人员应对变革，另一方面要在人力资源管理职能领域内部进行有效的变革；经营伙伴的角色强调人力资源专业人员不仅要告诉直线管理人员不能做什么，更重要的是向他们提供有助于他们解决组织绩效难题的有效建议，参与组织的战略规划，围绕组织的使命和战略目标来帮助组织达成目的；领导者的角色实际上强调了人力资源专业人员一方面必须对功绩制原则以及其他道德伦理保持高度的敏感，另一方面也要平衡好员工的满意度与组织的要求和目标之间的关系。

（二）人力资源专业人员的胜任素质模型

与人力资源专业人员及其所扮演的角色高度相关的一个问题是：人力资源专业人员需要具备怎样的能力，才能满足组织对人力资源管理工作所提出的战略要求？对此，很多学者和机构都进行了研究。下面主要介绍三种观点：第一种是戴维·乌尔里奇等人的研究结果，第二种是雷蒙德·诺伊（Raymond A. Noe）等人的观点，第三种是 IPMA-HR 提出的人力资源专业人员胜任素质模型。

1.戴维·乌尔里奇等人关于人力资源专业人员胜任素质模型的研究

在人力资源专业人员胜任素质模型研究方面，戴维·乌尔里奇和韦恩·布鲁克班克（Wayne Brockbank）所领导的研究具有非常大的影响力。乌尔里奇等人主持的研究始于 1988 年，至今一共进行了 5 轮，后续的 4 轮研究分别完成于 1992 年、1997 年、2002 年以及 2007 年。这些研究的目的是发现人力资源专业人员需要具备的胜任素质，同时追踪人力资源管理领域的最新发展趋势，从而帮助人力资源专业人员及其所在部门了解如何使自己为组织创造更多的价值。

在近 20 年的时间里，该项研究累计调查了 4 万名人力资源专业人员以及直线管理人员。前三轮调查的数据主要在美国收集，从 2002 年开始，数据的收集范围扩大到了亚洲、欧洲等地。在 1988 年和 1992 年的调查中，研究小组一共发现了三大类胜任素质，即经营知识、人力资源管理职能履行能力以及变革管理能力。到 1997 年，胜任素质又增加了两大类，即文化管理能力和个人可信度。2002 年确立的模型，包括五大类胜任素质，即战略贡献能力、个人可信度、经营知识、人力资源服务能力以及人力资源技术运用能力。

第一，战略贡献能力是指人力资源专业人员必须能够管理文化，为快速变革提供便利条件，参与战略决策。同时，它还要求人力资源专业人员能够创造"市场驱动的连通性"，不仅要关注"内部客户"，同时还要密切关注组织的"外部客户"。在人力资源专业人员对于组织的经营业绩所做的贡献中，战略贡献能力占 43%，几乎是其他任意一项胜任素质的 2 倍。

第二，个人可信度是指人力资源专业人员在人力资源同事以及作为本人服务对象的直线管理人员心目中是值得信赖的。在这方面，人力资源专业人员不仅需要与本业务领域内外的关键人物建立有效的联系，而且要建立起可靠的追踪记录。此外，他们还必须掌握有效的书面和口头沟通技巧。

第三，经营知识是指人力资源专业人员对于组织所处的业务领域以及行业的理解程度，最关键的知识领域包括对组织整体价值链（组织是如何进行横向整合的）和组织价值主张（组织是如何创造财富的）的理解。

第四，人力资源服务能力包括人员配置能力、开发能力、组织结构建设能力和绩效管理能力。其中，配置能力要求人力资源专业人员必须有能力吸引、留住员工，使员工晋升以及在必要时将某些员工安排到组织的外部。开发能力主要是指他们能够设计开发方案、提供职业规划服务，以及为内部沟通过程提供便利的能力。这里的开发对象，既包括员工，也包括组织。组织结构建设能力则是指能够重塑组织流程、衡量人力资源管理实践对组织的影响，以及处理人力资源管理实践的全球化问题的能力。

第五，人力资源技术运用能力则是指人力资源专业人员在人力资源管理领域中运用各种技术，以及利用电子化和网络手段向客户提供价值服务的能力。这是因为在工作中，技术已成为提供人力资源服务的重要载体。

乌尔里奇等学者 2007 年公布的调查结果，覆盖的范围包括中国、印度和澳大利亚等，发现了三个与人口结构有关的趋势。其一，人力资源领域中的女性工作者的占比在上升。1988 年，仅有 23%的被调查者为女性；到 2007 年，这一比例已经上升到了 54%。其二，很多人是从其他领域进入人力资源领域的，很多人的工作年限要长于他们在人力资源领域中的工作年限。其三，在中国的人力资源专业人员中，有大量的新进入者，60%的被调查者在人力资源领域中的工作时间不足 5 年。

此次调查表明，人力资源专业人员必须具备与人打交道和与业务打交道两个方面的胜任素质。一个只强调人，而忽略业务的人力资源专业人员，可能会受到别人的喜欢和拥护，但是不会获得成功，这是因为他所做的工作并不能推动业务目标的实现。如果一个人力资源专业人员只关注业务，而对人的因素不够敏感，也不会取得成功，这是因为尽管他能够确保业务在短期内做得很好，但是人们不会喜欢和拥护他。基于人和业务两个维度，新的人力资源胜任素质模型主要包括可靠的行动者、文化和变革统管者、人才管理者/组织设计者、战略构建者、运营执行者、业务支持者六大类。这些胜任素质所要解决的，分别是关系、流程和组织能力三个层面的问题。新模型特别强调：人力资源的胜任素质不仅仅是指知识，还包括运用这些知识的能力，即知道应当如何去做。

第一，可靠的行动者。它是指人力资源专业人员不仅要可靠（即能够赢得别人的尊重、赞赏，别人愿意倾听他们的意见），而且必须是积极的行动者（即提供意见和观点、表明立场、挑战假设）。可靠但不能采取行动的人力资源专业人员，虽然会得到别人的赞赏，但是不能产生影响力；而那些积极采取行动，但是并不可靠的人力资源专业人员，则没有人会听他们的话。在这方面，人力资源专业人员需要以诚信的方式达到目的，分享信息，建立信任关系，以某种姿态（承受适度的风险、提供坦诚的评论、影响他人等）来完成人力资源工作。

第二，文化和变革统管者。它是指人力资源专业人员必须认识到并展现组织文化的重要性，同时帮助组织形成自己的组织文化。文化是一整套活动，而不是单个的事件。在理想状态下，文化首先应当从澄清组织外部客户的期望（组织的身份或品牌）入手，然后将这些期望转化为内部员工以及整个组织的行为。作为文化的统筹管理者，人力资源专业人员应当尊重组织过去的文化，同时帮助组织塑造新的文化。此外，成功的人力资源专业人员应能够通过两种途径为组织变革提供便利条件：一是帮助组织形成文化，二是制定一系列的规章制度来推动变革在整个组织中发生。或者说，他们要帮助组织将大家已经明白的事情，转化为大家的实际行动。在这方面，人力资源专业人员需要为变革提供便利、构建文化、重视文化的价值、实现文化的个人化（帮助员工找到工作的意义、平衡工作和生活等）。

第三，人才管理者/组织设计者。它是指人力资源专业人员必须掌握人才管理和组织设计方面的相关理论、研究成果以及管理实践。人才管理者关注的是胜任素质要求，以及员工是如何进入一个组织、在组织内晋升、跨部门调动或者离开组织的。组织设计者关注的，则是一个组织是如何将各种能力（比如合作能力）嵌入决定组织运行的结构、流程以及政策中的。人力资源管理既不是仅关注人才，也不是仅关注组织，而是同时关注两者。一个组织在缺乏支持的情况下，是无法长期留住优秀人才的；一个组织如果缺乏具备扮演关键角色所需的胜任素质的人才，则无法达成预期目标。人力资源专业人员需要保证组织当前以及未来的人才需要得到满足。

第四，战略构建者。它是指人力资源专业人员对于组织未来获得成功的方式，应当有一个清晰的愿景，并且在组织制定实现这一愿景的战略时扮演积极的角色。这就意味着，人力资源专业人员必须能够认清业务发展的趋势，以及它们可能对业务产生的影响，预见到组织在取得成功的过程中可能会遇到的潜在障碍；同时，要在组织制定战略的过程中，提供各种便利条件。此外，人力资源专业人员还应当能够通过将内部组织和外部客户的期望相联系的方式，为组织总体战略的制定贡献自己的力量。在这方面，人力资源专业人员需要保持战略灵活性，同时积极关注客户。

第五，运营执行者。它是指人力资源专业人员还应承担在管理人和组织时需要完成的操作方面的事务。他们需要起草、修订以及实施各种政策。此外，员工也会产生很多行政管理方面的需要（比如领取薪酬、工作调动、雇佣手续办理等）。人力资源专业人员必须通过技术、共享服务以及外包等手段，来确保员工的这些基本需要得到满足。如果人力资源专业人员能够无缺陷地完成这些操作方面的工作，并且保持政策应用的一致性，人力资源工作就会变得可靠。在这方面，人力资源专业人员应当执行工作场所的各种政策，同时推动与人力资源管理有关的各项技术的进步。

第六，业务支持者。它是指人力资源专业人员要制定能够对组织外部的机会和威胁做出反应的方案，保证组织的经营取得成功。人力资源专业人员需要通过了解组织开展业务的社会背景或环境，为组织经营的成功做出贡献，他们还应当知道组织是怎样赚钱的，即企业的价值链（谁是公司的客户？他们为什么要购买公司的产品或服务？）。最后，他们还必须深刻理解组织经营中的各个方面（比如财务、市场、研发以及工程技术等），知道自己应当完成哪些工作任务，应该怎样协同完成工作，从而帮助组织盈利。在这方面，人力资源专业人员需要服务于价值链，解释组织所处的社会背景，明确组织的价值主张，以及充分发挥各种业务技术的作用。

2.雷蒙德·诺伊等人关于人力资源专业人员胜任素质模型的研究

人力资源管理学者雷蒙德·诺伊等人，也提出了包括人际关系能力、决策能力、领导能力以及技术能力在内的人力资源专业人员胜任素质模型。

（1）人际关系能力

人际关系能力，是指理解他人并与他人协调合作的能力。这种能力，对于今天的人力资源管理工作者来说十分重要。人力资源管理工作者需要了解，在帮助组织赢得竞争优势时组织成员扮演的角色，同时还要了解组织的哪些政策、项目以及管理实践，能够帮助员工扮演好所需扮演的角色。此外，今天的人力资源专业人员，还必须熟练掌握沟通、谈判以及团队开发方面的技能。

（2）决策能力

人力资源专业人员需要做出各种类型的决策，这些决策不仅会影响到员工能否胜任工作，以及能否得到充分的激励，还会影响到组织能否高效运营。在那些要求人力资源部门扮演战略支持角色的组织中，人力资源专业人员应该在战略问题上运用自己的决策能力。这就要求人力资源专业人员必须拥有组织经营和业务方面的知识，同时还要有能力通过成本及收益分析，为组织提供各种可行的选择。此外，在进行人力资源决策时，人力资源专业人员还必须考虑到各种可供选择的方案所体现的社会含义和伦理道德含义。

（3）领导能力

人力资源专业人员在处理涉及组织的人力资源问题时，需要扮演领导者的角色。人力资源专业人员要想帮助组织管理好变革过程，就必须具备一定的领导能力。这就需要人力资源专业人员做好问题诊断、实施组织变革、评价变革结果。由于变革可能会带来冲突、遭到抵制以及导致思想混乱，人力资源专业人员还必须有能力对整个变革过程进行监控，能够提供各种方法来帮助组织克服变革过程中所遇到的障碍，指导员工在新的条件下完成工作，同时激发员工的创造力。

（4）技术能力

这里的技术能力，是指人力资源管理领域的专业技能，即人力资源专业人员需要掌握的人员配备、人力资源开发、组织设计等方面的知识。新的甄选技术、绩效评价方法、各种培训项目以及激励计划不断涌现，并且大多需要用到新的软件和计算机系统。此外，每年都会有新的法律出台，这就需要人力资源专业人员掌握这些法律的知识，这也是技术能力方面的要求。人力资源专业人员需要根据人力资源管理的基本原则和企业价值要求，对这些新技术进行认真细致的评价，以判断哪些技术对组织是有价值的。

3.IPMA-HR 关于人力资源专业人员胜任素质模型的研究

IPMA-HR 提出的公共部门人力资源专业人员胜任素质模型一共包括 22 项，这些胜任素质与公共部门人力资源专业人员所扮演的四种重要角色，即变革推动者、经营伙伴、领导者以及人力资源专家之间为对应关系。其中，人力资源专家所对应的能力只有一项，即通晓人力资源管理法律和政策的能力。这些胜任素质的基本定义如下：

（1）理解公共服务环境的能力

能够跟踪可能会影响组织及其人力资源管理的各项政治和法律活动；理解通过政治过程产生的法律、法令以及法规的内容和文字，确保组织的执行过程与法律和政治变革所要达成的目标保持一致。

（2）知晓组织使命的能力

能够理解组织存在的目的，包括其法律地位、客户、提供的产品或服务以及组织使命达成情况的衡量指标；能够在各项人力资源管理活动和使命的成功达成之间建立必要的联系；跟踪、了解可能会在未来对组织使命产生影响的各种因素。

（3）理解业务流程的能力

能从更大的组织经营角度，理解人力资源管理计划所要承担的职责；能够认识到变革的必要性，并且通过实施变革来提高组织的效率和有效性。

（4）理解团队行为的能力

能够运用团队行为方面的知识，帮助组织达成长期和短期的目标；同时注意跟踪了解能够运用于组织的各种最新的人员激励方法和团队工作方法。

（5）设计和实施变革的能力

能够意识到变革的潜在利益，并且能够创造支持变革的基本条件；对新的思想保持灵活性和开放性，鼓励其他人认可变革的价值。

（6）良好的沟通能力

能够清晰且具有说服力地表达思想以及交换信息；能够基于组织的经营结

果和目标,而不是人力资源管理的技术术语来进行交流;能够与组织各个层级的人员进行有效沟通。

(7)创新能力以及风险承担能力

具备超常规思考的能力,以及在使命需要的情况下,创造和表达超出现有政策范围的新方法的能力。

(8)评价和平衡具有竞争性的价值观的能力

根据组织使命的要求,持续对当前和未来需要完成的各项工作进行评估,管理各种相互竞争的工作和各项工作任务;与高层管理者保持紧密联系,以确保理解组织使命要求优先完成的各项任务;向关键客户解释工作重点和优先顺序,以确保他们能够理解工作重点和有限顺序的决策过程。

(9)运用各项组织开发原则的能力

随时了解能够用于改进组织绩效的各种社会科学知识;制定有助于促进组织内部学习的战略;通过提供更多的建议,为员工个人的成长创造更多的机会。

(10)理解经营系统思维的能力

在人力资源管理的工作过程中,能够运用整体性的系统思维方式;在向各类客户提供建议和解决方案时,确保考虑到各种内部和外部的环境因素。

(11)将信息技术运用于人力资源管理领域的能力

关注和了解对改善组织人力资源管理的效率和有效性存在潜在价值的已有技术或新技术;能够在适当的时候,提出在组织中采用新的人力资源信息技术的建议。

(12)理解客户和组织文化的能力

对客户组织的特点进行研究,以确保自己提出的帮助和咨询建议是恰当的;时刻关注文化差异,确保所提供的服务是符合客户文化要求的。

(13)良好的分析能力

对不同来源的数据和信息进行多重分析,并且得出符合逻辑的结论;能够认识到可以获得的数据和需要的数据之间存在的差距,提出其他获得所需数据的途径。

（14）通晓人力资源管理法律和政策的能力

跟踪、了解影响人力资源管理计划的各种法律法规；能够关注和运用这些法律法规的内容，来帮助组织管理人力资源。

（15）咨询和谈判能力（含争议解决能力）

采取行动解决问题或协助解决问题；了解各种解决问题的技术，并且能够运用这些技术或建议。

（16）形成共识和建立联盟的能力

运用形成共识的能力，在个人或群体之间达成合作；客观总结反对的观点；综合各种观点，达成一个共同立场或一份协议；通过展现事实，与管理者就分歧达成协议；在意见出现分歧时，拿出一个替代性的方案；当正在采取的行动与法律要求或高层的政策要求不一致时，知道应当在何时以及如何将问题提交给更高级别的直线管理者；当一件事情关乎组织的使命或声誉的时候，能够坚持自己正确的立场。

（17）建立信任关系的能力

诚实正直，并且能够通过展现专业行为，来赢得客户的信任；及时、准确、完整地履行承诺；严守秘密，不滥用接触机密信息的特权。

（18）建立人力资源管理与组织使命和服务结果之间联系的能力

理解组织使命的需要及履行使命的人员需求；理解人力资源专业人员在组织中应扮演的角色，并调整自己的行为和工作方法，与这种角色保持一致。

（19）以客户服务为导向的能力

紧随组织氛围和使命所发生的变化，对客户的需求和关注点保持高度敏感；对客户需求、客户提出的问题以及关注的问题，及时、准确地做出反应。

（20）重视和促进多元化的能力

能够理解一支多元化的员工队伍对于组织的潜在贡献；能够意识到人力资源管理流程对于组织多元化的潜在影响，确保多元化的需要能够得到重视。

（21）践行并推动诚实等道德行为的能力

以一种展现出对别人的信任且能够获得他人信任的方式来采取行动；公

平、礼貌、有效地对客户的需求做出反应，无论他们在组织中所处的位置和层级怎样。

（22）营销和代表能力

就为何实施某些项目，或采取某些行动，以及可能达成的有利结果等事宜，说服内部和外部客户；总结对某一个问题的正反两方面的意见，说服相关各方采取最有利的行动方案；确保客户能够意识到人力资源管理的重要性。

二、人力资源管理职能战略转型的具体路径

（一）以战略和客户为导向

近年来，随着经济全球化步伐的加快，企业经营环境日趋复杂，技术进步尤其是网络和信息技术突飞猛进，员工队伍、社会价值观以及组织所处的内外部环境都发生了很大变化，这些情况使组织中的人力资源管理职能面临着越来越严峻的挑战。在这种情况下，很多关于人力资源管理职能变革的诉求出现，如人力资源管理应当从关注运营向关注战略转变；从关注短期向关注长期转变；从行政管理者向咨询顾问转变；从以职能管理为中心向以经营为中心转变；从关注内部向关注外部和客户转变；从被动反应向主动出击转变；从以完成活动为中心向以提供解决方案为中心转变；从集中决策向分散决策转变；从定性管理向定量管理转变；从传统方法向非传统方法转变；从狭窄视野向广阔视野转变；等等。

毋庸置疑，上述想法都有一定道理，但必须强调的一点是，人力资源管理职能的战略转型并不意味着人力资源管理彻底抛弃过去的一切，相反，现代人力资源管理职能必须在传统和现代之间找到一个适当的平衡点，只有这样才能为组织的成功经营和战略目标的达成提供附加价值，帮助组织在日益复杂的环境中获得竞争优势。

人力资源管理在一个组织的战略制定以及执行过程中起着非常重要的作用，它不仅被运用于组织制定战略的过程中，而且要确保组织制定的战略被贯彻和执行。人力资源管理职能部门要想在组织中扮演好战略性的角色，就必须对传统的人力资源管理职能进行重新定位；同时，要围绕新的定位来调整本部门的工作重点及在不同工作活动中所花费的时间。

如果想把人力资源管理定位为一种战略性职能，就必须把人力资源部门当成一个独立的经营单位，它有自己的服务对象，即内部客户和外部客户。为了向各种内部客户提供有效的服务，这个经营单位需要做好自己的战略管理工作，在组织层面进行的战略规划设计过程，同样也可以在人力资源部门层面进行。近年来，人力资源管理领域出现了一个与全面质量管理哲学一脉相承的新趋势，那就是企业的人力资源部门应当采取一种以客户为导向的方法来履行各种人力资源管理职能，即人力资源管理者应把人力资源部门当成一个战略性的业务单位，从而根据客户基础、客户需要以及满足客户需要的技术等，来重新界定自己的业务。

以客户为导向，是人力资源管理在试图向战略性职能转变时，需要做出的一个重要变化。

这种改变的第一步就是确认谁是自己的客户。需要得到人力资源服务的直线管理人员，显然是人力资源部门的客户；组织的战略规划团队，也是人力资源部门的客户，因为这个小组也需要在与人有关的业务方面，得到确认、分析，并且获得建议；此外，员工也是人力资源部门的客户，他们与组织确立雇佣关系后，获得的报酬、绩效评价结果、培训开发计划以及入离职手续的办理等，都是由人力资源部门来管理的。

第二步是确认人力资源部门的产品有哪些。直线管理人员希望招聘到忠诚、积极、高效且具有献身精神的高质量员工；战略规划团队不仅需要在战略规划过程中获得各种信息和建议，而且需要在战略执行过程中得到诸多人力资源管理方面的支持；员工则期望得到一套具有连续性、充足性以及公平性特征的薪酬福利方案，同时还希望得到公平的晋升以及长期的职业生涯发展机会。

第三步是，人力资源部门要清楚，自己应运用哪些技术来满足这些客户的需求。不同的客户，需求是不同的，因此，运用的技术也应该不同。人力资源部门建立的甄选系统，必须能够确保所有被挑选出来的求职者都具有为组织带来价值所必需的知识、技术和能力。如培训和开发系统应能够通过为员工提供发展机会，来确保他们不断增加个人的人力资本储备，为组织带来更大的价值，从而最终满足直线管理人员和员工双方的需求。绩效管理系统需要向员工表明，组织对他们的期望是什么，还要向直线管理人员和战略制定者保证，员工的行为将与组织的目标保持一致。此外，报酬系统需要为所有的客户（直线管理人员、战略规划人员以及员工）带来收益。总之，这些管理系统必须向直线管理人员保证，员工将运用他们的知识和技能服务于组织的利益；同时，它们还必须为战略规划人员提供相应的措施，以确保所有的员工都采取对组织的战略规划有利的行为。报酬系统还必须为员工所做的技能投资及其所付出的努力提供等价的报酬。

人力资源部门的客户，除了组织的战略规划人员、直线管理人员以及员工，还有另外一类非常重要的客户，即外部求职者。在当前人才竞争日益激烈的环境中，人力资源部门在招募、甄选人才的过程中表现出的专业精神、整体素质、组织形象等，不仅直接关系到组织是否有能力招聘到高素质的优秀员工，而且对组织的雇主品牌塑造、在外部劳动力市场上的形象都有重要的影响。因此，人力资源部门同样应当关注这些外部客户，设法满足他们的各种合理需求。

（二）进行工作重心调整

在现实中，很多企业的人力资源管理者经常抱怨自己不受重视。他们认为，他们在招聘、培训、绩效管理、薪酬管理等很多方面做了大量工作，受了不少累，但却没有真正受到最高领导者的重视。自己的一些工作得不到高层的有力支持，很多业务部门也不配合，自己就像是在"顶着磨盘跳舞，费力不讨好"。为什么会出现这种情况呢？除了组织自身的问题，这与人力资源部门未能围绕组织战略的要求调整自己的工作重心，未能合理安排在不同的工作活动中投入的时间和精力也有很大的关系。从理想的角度来说，人力资源管理职能在所有涉及人力资源管理的活动中，都应该非常出色。但是在实践中，由于时间、经费以及人员等方面的资源约束，人力资源部门想要同时有效地承担所有工作职能，往往是不可能的。于是，人力资源部门就必须进行这样一种战略思考，即应当将现有的资源分配到哪里以及如何进行分配才最有利于组织价值的最大化。

人力资源管理活动可以分为变革性活动、传统性活动和事务性活动。变革性活动主要包括知识管理、战略调整和战略更新、文化变革、管理技能开发等战略性人力资源管理活动；传统性活动主要包括招募和甄选、培训、绩效管理、薪酬管理、员工关系管理等传统的人力资源管理活动；事务性活动主要包括福利管理、人事记录、员工服务等日常性事务活动。

在企业中，这三类活动耗费人力资源专业人员的时间比重大体上分别为 5%～15%、15%～30% 和 65%～75%。显然，大多数人力资源专业人员把大部分时间花在了日常的事务性活动上，在传统性活动上花费的时间相对较少，在变革性活动上所花费的时间更是少得可怜。事务性活动的战略价值较低；传统性活动，尽管构成了确保战略得到贯彻执行的各种人力资源管理实践和制度，也只具有中等程度的战略价值；而变革性活动，由于其能够帮助企业培育长期发展潜力，提高企业的适应性，因此具有最高的战略价值。由此可见，人力资源专业人员在时间分配方面显然存在问题。他们应当尽量减少在事务性活动和传统性活动上花费的时间，将时间更多地用于具有战略价值的变革性活动。如果人力资源专业人员在这三种活动上的时间分配能够调整到 25%～35%、25%～35% 和 15%～25%，即增加他们在传统性活动和变革性活动方面花费的时间，那么人力资源管理职能的有效性必能得到大幅提高，从而为企业创造更多的附加价值。

然而，压缩人力资源管理职能在事务性活动上所占用的时间，并不意味着人力资源部门不再进行事务性活动；相反，人力资源部门必须继续履行这方面的职能，只不过可以通过一种更为高效的方式来完成这些活动。

第二节 人力资源管理职能的优化

一、循证人力资源管理

（一）循证人力资源管理的内涵

目前，企业已充分认识到，人力资源管理对于组织战略目标的实现和竞争优势的获得具有的重要战略作用。不论是人力资源专业人员，还是组织内各级领导者和管理者，在人力资源管理方面投入的时间、精力、金钱都在逐渐增多。组织期望自己的人力资源管理政策和实践，能够帮助自己吸引和招募到合适的员工，进行科学合理的职位设计和岗位配备，实现高效的绩效管理和对员工的薪酬激励等。但是，随着人力资源管理投入的不断增加，企业也产生了一些困惑。其中一个重要的疑问就是，这些人力资源管理政策、管理活动以及资金投入是否获得了相应的回报，达到了预期的效果？这就要求对组织的人力资源管理活动进行科学的研究和论证，以可靠的事实和数据来验证人力资源管理的有效性，进而不断实施改进，不能仅仅停留在一般性的人力资源管理潮流、惯例，甚至各种似是而非的"说法"上，这种做法被称为"循证人力资源管理"，又称为"实证性人力资源管理"或"基于事实的人力资源管理"。

循证的实质是强调做事要基于证据，而不是模糊的设想或感觉等。越来越多的政府机构和公共部门决策者开始意识到循证政策的重要性。英国政府在1999年发布的《现代化政府》白皮书中，明确将循证政策作为其行为准则。循证的理念很快渗透到管理学领域。循证管理的中心思想，就是把管理决策和管理活动建立在科学依据之上，通过收集、分析、总结和应用最佳、最合适的科学证据来进行管理，对组织结构、资源分配、运作流程、质量体系和成本运营等做出决策，不断提高管理效率。

循证人力资源管理，实际上是循证管理理念在人力资源管理领域的一种运用，它是指运用数据、事实、分析方法、科学手段、有针对性的评价以及准确的案例研究，为人力资源管理方面的建议、决策、实践以及结论提供支持。简言之，循证人力资源管理就是审慎地将最佳证据运用于人力资源管理实践的过程。循证人力资源管理的目的，就是确保人力资源部门的管理实践，对组织或者其他利益相关者（员工、客户、社区、股东）产生积极的影响，并且证明这种影响的存在。循证人力资源管理通过收集关于人力资源管理实践与生产率、流动率、事故数量、员工态度以及医疗成本之间关系的数据，向组织表明，人力资源管理确实能对组织目标的实现做出贡献。它对组织的重要性，实际上和财务、研发以及市场营销等是一样的，组织对人力资源管理项目进行投资是合理的。例如，循证人力资源管理可以回答这样一些问题："哪一种招募渠道能够给公司带来更多高效的求职者？""在新实施的培训计划下，员工的生产率能够提高多少？""员工队伍的多元化，给组织带来的机会多还是风险多？"从本质上说，循证人力资源管理代表的是一种管理哲学，即用可获得的最佳证据，代替陈旧的知识、个人经验、夸大的广告宣传、呆板的教条信念以及盲目的模仿，摒弃"拍脑袋决策"的直觉式思维，使人力资源决策牢固建立在实实在在的证据之上，同时证明人力资源管理决策的有效性。

在对很多组织的人力资源管理实践进行考察后不难发现，很多人力资源管理决策都缺乏科学依据，往往是依靠直觉和经验做出的。这不仅难以保证人力资源决策本身的科学合理，也无法证明或者验证人力资源管理活动对于组织的战略和经营目标的实现做出的实际贡献，导致人力资源管理在很多组织中处于一种比较尴尬的境地。因此，学会基于事实和证据来实施各项人力资源管理活动，可以产生两个方面的积极作用：一是确保并且向组织中的其他人证明，人力资源管理确实在努力为组织的研发、生产、技术开发、营销等方面提供有力的支持，而且对组织战略目标的实现做出了实实在在的贡献；二是考查人力资源管理活动在实现某些具体目标和有效利用预算方面取得的成效，从而不断改善人力资源管理活动的效果。

（二）循证人力资源管理的路径

在日常工作中，人力资源管理者如何实现循证人力资源管理呢？总的来说，如果人力资源管理者在日常管理实践中，注意做好以下四个方面的工作，将有助于贯彻循证人力资源管理的理念，提高人力资源管理决策的质量，增加人力资源管理工作对组织的贡献。

1.获取和使用各种最佳研究证据

最佳研究证据，是指经过同行评议或同行审查的，质量最好的实证研究结果，这些结果通常是公开发表的，并且经过科学研究的证据。在科学研究类杂志（符合国际学术规范的标准学术期刊）上发表的文章，都是按照严格的实证标准要求，并经过严格的评审的，这类研究成果必须达到严格的信度和效度检验要求。举例来说，在一项高质量的实证研究中，想要研究绩效标准的高低对员工绩效的影响，通常会使用一个控制组（或对照组）。即在随机分组的情况下，要求两个组完成同样的工作任务（对实验组的绩效标准要求较高），然后考虑两组的实际绩效水平差异。而在另外一些情况中，则需要采取时间序列型的研究设计。例如，在研究晋升决策对员工工作状态的影响时，可以在晋升之前对晋升候选人的工作积极性或工作绩效进行评估；在晋升决策公布之后，再次考查这些候选人的工作积极性或工作绩效。当然，如果无法在理想状态下进行实证研究，但能够控制住一些误差（尽管不能控制所有误差）的实证研究也具有一定的价值。这种证据对于改进人力资源决策质量，会有一定的帮助，不过最好能确认哪些证据是可用的，以及应当如何使用这些证据。

2.了解组织实际情况，掌握各种事实、数据以及评价结果

要系统地收集组织的实际状况、数据、指标等信息，确保人力资源管理决

策或采取的行动建立在事实的基础之上。即使是在使用上文提到的最佳实证研究证据时，也必须考虑到组织的实际情况，从而判断哪些类型的研究结果是有用的。总之，要将各种人力资源判断和决策，建立在尽可能全面和准确的事实的基础之上。例如，当组织希望通过离职面谈，发现导致近期员工流动的主要原因，而很多离职者都提到了组织文化和领导方式的问题时，人力资源管理人员就应当继续挖掘，搞清楚到底是组织文化和领导方式中的哪些特征造成了员工流失。只有揭示了某种情况的具体事实，才能找到适当的证据，确认导致问题出现的主要原因，同时制定并落实解决该问题的措施。关于组织实际情况的事实，既可能涉及相对软性的因素，如组织文化、员工的教育水平、知识技能，以及组织的管理风格等，也可能涉及一些硬性的因素，如部门骨干员工流动率、工作负荷以及生产率等。

3.进行科学的思考和判断

人力资源专业人员可以借助各种有助于减少偏差，提高决策质量，实现长期学习的程序、实践以及框架，做出科学的分析和判断。对有效证据的正确使用，不仅有赖于与组织的实际情况相关的高质量的科学研究结果，还有赖于人力资源决策过程。这是因为证据本身并非问题的答案。人力资源专业人员要将证据放在某个具体的情况中考虑，既要考虑做出明智的判断和高质量的人力资源决策，还需要对得到的相关证据和事实进行深入的思考，不能拿来就用。但问题在于，由于所有人都会存在认知局限，在决策中不可避免地会存在各种偏差，因此人力资源专业人员就需要采取一些方法和手段，以便做出相对科学和客观的决策。幸运的是，在这方面，一些经过论证以及实际使用效果很好的决策框架或决策路径，能够提醒人力资源专业人员注意到一些很可能会被忽视的、特定的决策影响因素。例如，一个组织正在设法改进新入职员工的工作绩效。多项实证研究结果表明，在其他条件一定的情况下，在通用智力测试中得分较高的人，其工作绩效也较好。那么，让所有的求职者都参加通用智力测试，能否确定员工入职后的绩效呢？显然不一定。如果这些求职者是最好的学校中成绩最好的毕业生，那么这种测试实际上已经暗含在组织的甄选标准中。在这种情况下，人力资源管理人员就要判断：影响新入职员工绩效的因素还有哪些？如他们是否具备特定职位所要求的特定技能；或者是否存在需要解决的，某种存在于工作环境之中的特定绩效问题，如上级的监督指导不到位、同事不配合等。总之，在批判性思考的基础上，仔细对情境因素进行分析，找到一个能够对各种假设进行验证的决策框架，了解事实和目标等，将有助于得出更为准确的判断和解释。

4.考虑人力资源决策对利益相关者的影响

人力资源专业人员在进行人力资源决策时，必须考虑伦理道德层面的因素，权衡其决策对利益相关者和整个社会可能产生的长期和短期影响。人力资源决策和人力资源管理实践，会给一个组织的利益相关者带来直接和间接的后果。这些后果不仅会对普通员工产生影响，而且会对组织的中层和高层管理人员产生影响，同时还有可能会对诸如供应商、股东或者普通公众等组织外部的利益相关者产生影响。如人力资源专业人员制定的组织的人力资源招募和甄选政策，会对不同的求职者产生不同的影响，这些影响有正面的，也有负面的。具体而言，如某种测试工具，可导致某类求职者的总体得分低于其他求职群体，但是这种测试工具却与求职者的工作绩效没有太大关系。再比如，一个组织经过研究可能会发现，女性员工的晋升比例远远低于男性员工，因为女性员工的工作绩效评价结果通常低于从事同类工作的男性员工，但导致这一结果的原因是组织的绩效评价体系有问题。那么，组织就应当考虑对绩效评价体系进行改进，确保晋升决策基于客观的事实。总之，对各种利益相关者都给予关注，是考虑周全且基于证据的人力资源决策的重要特征之一，它有助于避免人力资源决策在无意中对利益相关者造成不必要的损害。

（三）人力资源管理职能的有效性评估

循证人力资源管理，一方面要求组织的人力资源管理决策和人力资源管理实践应当建立在事实和数据的基础之上，另一方面还要求组织对人力资源管理职能的有效性进行评估。评估组织人力资源管理职能有效性的方法有两种，即人力资源管理审计和人力资源管理项目效果分析。

1.人力资源管理审计

在人力资源管理领域，以数字为基础的分析，常常始于对本组织内人力资源管理活动进行人力资源管理审计。人力资源管理审计是指按照特定的标准，采用综合研究分析方法，对组织的人力资源管理系统进行全面检查、分析与评估。

作为一种诊断手段，人力资源管理审计能够揭示组织人力资源系统的优势与劣势以及需要解决的问题，帮助组织发现缺失或需要改进的功能，支持组织根据诊断结果采取行动，最终确保人力资源管理职能最大限度地为组织使命和战略目标做出贡献。

人力资源管理审计通常可以分为战略性审计、职能性审计和法律审计三大类。其中，战略性审计主要考查人力资源管理职能能否成为企业竞争优势的来源，以及对组织总体战略目标实现的贡献程度；职能性审计，旨在帮助组织分析各种人力资源管理职能模块或政策的执行效率和效果；而法律审计则比较特殊，它的主要作用在于考查组织的人力资源管理活动是否遵循了相关法律法规。

人力资源管理中的法律审计在西方发达国家受到高度重视，这是因为如果一个组织的人力资源管理活动出现了违反法律规定的情况，就可能会使组织面临巨额的经济惩罚。而在我国，除了一些出口企业由于受到国际规则的限制而不得不对人力资源管理活动的合法性和合规性进行审计和报告，绝大部分的企业没有开始对自己的人力资源管理活动实施法律审计，部分企业的法律意识还比较淡薄。随着我国相关劳动法律体系的健全以及执法力度的加大，企业会因为人力资源管理活动或政策不合法，遭受越来越大的损失。在这种情况下，企业必须重视加强对人力资源管理政策和实践的法律审计，以确保其人力资源活动的合法性。

以人力资源招募和甄选过程中的法律审计为例，企业首先需要对组织的招聘政策、招聘广告、职位说明书、面试技术等关键环节的内容，进行详细、客观的描述，然后再根据这些内容来寻找相关的法律条款（如我国颁布的《中华人民共和国劳动法》及其配套的法律法规等），进而将自己的管理实践与法律规定进行对比审计分析，在必要时根据法律要求和自身情况对其进行调整和改进。这样的审计过程能够使企业在很大程度上避免因违反相关法律法规而蒙受直接和间接的损失，这是人力资源管理职能能够为组织做出的一种非常直接的贡献。

人力资源管理审计的考查内容，通常是人力资源管理对于组织的整体贡献，以及各人力资源管理职能领域的工作结果，以战略性审计和职能性审计居多。战略性审计主要考查人力资源管理对组织的利润、销售额、成本、员工的离职率和缺勤率等整体性结果产生的影响，而职能性审计则通过收集一些关键指标来衡量组织在人员的招募、甄选与配置、培训开发、绩效管理、薪酬管理、员工关系管理、接班计划等方面的工作有效性。关于人力资源管理审计中的战略性审计和职能性审计所使用的指标问题，由于不同组织审计的出发点不同，以及各个组织的行业特点存在差异，因此审计指标的选取以及指标的详细程度也会有所差异。

而其他的人力资源管理审计指标，则会针对人力资源管理的各个职能模块以及人力资源管理的总体有效性，分别进行选取。

在确定了人力资源管理审计使用的衡量指标之后，相关人员就可以通过收集信息来进行审计了。其中，关键经营指标方面的信息，可以在组织的各种文件中查到，但有时人力资源部门为了收集某些特定类型的数据，需要创建一些新的文件。如对人力资源管理职能所要服务的相关客户（主要是组织的高层管理人员、各级业务部门负责人以及普通员工等）的满意度进行调查和评估，需要创建调查文件，收集相关信息。其中，员工态度调查或满意度调查能够提供一部分内部客户的满意度信息，而对组织高层直线管理人员的调查，则可以为判断人力资源管理实践对组织的成功经营所起到的作用提供信息。此外，为了从人力资源管理专业领域的最佳实践中获益，组织还可以邀请外部的审计团队对某些具体的人力资源管理职能进行审计。

现在，随着电子化员工数据库以及相关人力资源管理信息系统的建立，人力资源管理审计所需要的关键指标的收集、存储、整理以及分析工作越来越容易，很多满意度调查工作也可以通过网络来完成。这有助于推动企业通过实施人力资源管理审计，提高人力资源管理政策和实践的效率及有效性。

2.人力资源管理项目效果分析

衡量人力资源管理有效性的另一种方法，是对某项具体的人力资源管理项目或活动进行分析。对人力资源管理项目效果进行分析的方式有两种：一种是以项目或活动的预期目标为依据，考查某一特定的人力资源管理方案或实践（比如某个培训项目或某项新的薪酬制度）是否取得了预定的效果；另一种是从经济的角度来估计某项人力资源管理实践可能产生的成本和收益，从而判断其是否为组织提供了价值。

企业在制订一项培训计划的时候，通常会同时确定期望通过这个计划达成的目标，如通过培训在学习层、行为层以及结果层（绩效改善）等方面产生效果。于是，人力资源管理项目分析就会衡量该培训计划是否实现了之前设定的目标，即培训项目对于受训者的学习、行为以及工作结果到底产生了怎样的影响。

例如，一家公司在设计一个培训项目时，将目标定位为帮助管理人员将领导力水平提升到某个既定的层次。那么，在培训结束之后，公司就会评价这项培训计划是否实现了之前确定的目标，即对培训计划的质量进行分析。于是，该公司在培训刚刚结束时，要求受训者对自己的培训经历进行评价；几个月后，培训部门会对受训者在培训结束后的实际领导绩效进行评估；此外，员工对于公司整体领导力所做的评价，也可以用来衡量这些管理人员培训的效果。

公司还可以采用经济分析的方法对上述培训项目的效果进行评估，即在考虑与培训项目有关的成本的前提下，对该培训项目所产生的货币价值进行评估。这时，企业并不关心培训项目到底带来了多大变化，只关心它为组织贡献的货币价值（收益和成本之间的差异）的大小。这些人力资源管理项目的成本，包括员工的薪酬以及实施培训、员工开发或者满意度调查等所支付的费用；收益则包括与员工的缺勤率和离职率相关的成本下降以及与培训计划有关的生产率的上升等。显然，成功的人力资源管理项目所产生的价值应当高于其成本，否则这个项目从经济上来说就是不合算的。

在进行人力资源管理实践成本及收益分析时，可以采取两种方法，即人力资源会计法和效用分析法。人力资源会计法试图为人力资源确定货币价值，就像为物力资源（比如工厂和设备）或经济资源（比如现金）定价一样，它要确定薪酬回报率、预期薪酬支付的净现值以及人力资本投资收益率等。而效用分析法，则试图预测员工的行为（比如缺勤、流动、绩效等）所产生的经济影响，如员工流动成本、缺勤和病假成本、通过甄选方案获得的收益、积极的员工态度所产生的收益、培训项目的财务收益等。与人力资源管理审计相比，人力资源管理项目效果分析的要求更高，因为它要求必须得到较为详细的统计数据，所需费用也较多。

二、优化人力资源管理职能的方式

为了优化人力资源管理职能，组织可以采取人力资源管理结构重组、人力资源管理流程再造、人力资源管理外包等几种不同的方式。

（一）人力资源管理结构重组

传统的人力资源管理结构，主要围绕员工配置、培训、薪酬、绩效以及员工关系等人力资源管理的基本职能而设定，是一种典型的按职能进行分工的形式。这种结构的优点是分工明确、职能清晰，但是缺点在于，在这种结构形式下，人力资源部门只能了解组织内部全体员工某一个方面的情况，如员工所受过的培训或员工的薪酬水平、绩效状况等，但是对某一位员工，尤其是核心员工的各种人力资源状况缺乏整体性的了解，导致人力资源部门在吸引、留住、激励以及开发人才方面,为组织做出的贡献大打折扣;同时,由于各个人力资源管理职能模块各行其是,人力资源管理职能之间的匹配性和一致性较差,无法满足战略性人力资源管理的内部契合性要求,从而使人力资源管理工作的整体有效性受到损害。因此,越来越多的组织认识到,传统的人力资源部门结构划分需要重新调整。

近年来,很多大公司都开始采用一种具有创新性的人力资源管理职能结构,在这种结构下,人力资源管理的基本职能被有效地划分为三个部分:专家中心、现场人力资源管理人员以及服务中心。专家中心通常由招募、甄选、培训及薪酬管理等传统人力资源领域的职能专家组成,他们主要以顾问的身份来开发适用于组织的各种高水平人力资源管理体系和流程。现场人力资源管理人员由人力资源管理多面手组成,他们被分派到组织的各个业务部门,具有双重工作汇报关系。他们既要向业务部门的直线领导报告工作,又要向人力资源部门的领导报告工作。这些现场人力资源管理人员,主要承担两个方面的责任:一是帮助自己所服务的业务部门的直线管理人员从战略的高度来强化人的问题,解决作为服务对象的特定业务部门中出现的各类人力资源管理问题,相当于一个被外派到业务部门的准人力资源经理;二是确保人力资源管理决策能够在整个组织中得到全面、有效的执行,从而强化帮助组织贯彻执行战略的功能。服务中心的工作人员的主要任务是,确保日常的事务性工作能够在整个组织中有效完成。在信息技术不断发展的情况下,服务中心能够非常有效地为员工提供服务。这种组织结构安排,通过专业化的设置,改善了人力资源服务的提供过程,真正体现了以内部客户为导向的人力资源管理思路。

此外,这种新型的人力资源管理结构在激励和人员配备方面也有其优点。过去,由于人力资源管理职能是按模块划分的,每一个人力资源专业人员都在本职能模块必须完成的事务性工作中花费了大量精力。尽管在一些人力资源管理专业人员的工作中,有一小部分工作需要较高水平的专业知识和技能才能完成,但是大部分工作都属于日常事务性工作,导致一些人力资源管理工作者感觉工作内容枯燥,缺乏挑战性。新型的人力资源管理结构,根据工作内容的复杂性和难度，设计了三个层次，可以让相当一部分人力资源专业人员摆脱日常事务性工作的束缚，集中精力做专业性的工作；同时，还可以让一部分高水平的人力资源专业人员，完全摆脱事务性的工作，发挥他们在知识、经验和技能上的优势，重点研究组织在人力资源管理领域中存在的重大问题，从而为人力资源管理职能的战略转型和变革打下良好的基础。这无疑有助于组织的人力资源管理达到战略的高度，同时也有利于增强对高层次人力资源专业人员的工作激励。

这种新型的人力资源管理结构设置，已经在很多大型企业中得到有效实施。例如，在西门子公司，人力资源管理职能分为三类：一是人力资源战略职能，主要负责与大学的联络、人力资源管理工具的开发等，包括招聘、薪酬福利、领导艺术等方面的培训课程，以及人力资源政策的开发、法律事务等。二是人力资源咨询职能，即由人事顾问面向各业务部门的经理以及普通员工，提供关于招聘、雇佣以及员工发展方面的咨询。三是事务性管理职能，主要负责日常工资发放、医疗保险缴纳、档案管理、签证等方面的事务。这种组织结构设计的特点是，将第二种职能当作人力资源部门面向公司普通员工与各部门经理的窗口，由一个工作人员负责多个部门；而第一种职能和第三种职能则是人事顾问的两大支柱。

（二）人力资源管理流程再造

流程是指一组能够一起为客户创造价值的相互关联的活动进程，是一个跨部门的业务行程。流程再造，也称"业务流程再造"，是指对企业的业务流程，尤其是关键或核心业务流程，进行根本的再思考和彻底的再设计。其目的是使这些工作流程的效率更高，生产出更好的产品或提高服务质量，同时更好地满足客户需求。虽然流程再造常常需要运用信息技术，但信息技术并不是流程再造的必要条件。从表面上看，流程再造只是对工作流程的改进，但实际上其对员工的工作方式和工作技能等方面都提出了更高的要求。因此，组织的业务流程再造，需要得到员工的配合，并需要员工做出相应的调整，否则很可能会以失败告终。

流程再造的理论与实践，起源于 20 世纪 80 年代后期，当时的经营环境以客户、竞争以及快速变化等为特征，而流程再造正是企业为最大限度地适应这一时期的外部环境变化而实施的管理变革。它是在全面质量管理、精益生产、工作流管理、工作团队管理、标杆管理等一系列管理理论和实践的基础上产生的，是对发达国家在此前已经运行了 100 多年的专业分工细化及组织分层制的一次全面反思和大幅改进。

企业流程再造的一个经典案例，是美国的福特汽车公司。20 世纪 80 年代初，福特汽车公司财务部的员工人数超过 500 人。在获得了马自达汽车公司 25%的股权后，福特汽车公司发现马自达汽车公司的全部财会工作仅靠 5 名员工完成。尽管福特汽车公司借助办公自动化，使财务部员工减少到 400 人，但仍然无法与马自达汽车公司的人员精简程度相提并论。因此，福特汽车公司开始着手进行流程再造。在采购付款流程方面，福特汽车公司一直沿用传统的流程，即先由采购部发送订单给供应商，同时将订单副本交给财务部；等到供应商将货物运抵福特汽车公司后，公司货物验收单位会详细登记收货情况，并将验收单转交给财务部；同时供应商也会将发票送交财务部；财务部在将三种与货物有关的文件，即订单副本、验收单以及发票收齐并核对无误之后，即可如数付款。实施流程再造之后，采购部在将订单发给供应商的同时，将资料输入联网的数据库；当供应商将货物送往验收单位时，验收员通过电脑查询货物资料，若货物与数据库中的资料吻合，则签收货物，并将有关资料输入数据库，数据库在接到货物验收信息后，便会提醒财务人员据此签发支票；若货物不符合订单要求，验收员会拒绝收货，将其退还给供应商。在新的流程中，财务人员不用再拿着发票核对订单和验收单。福特汽车公司实施流程再造后，只需 125 名财务人员就可以处理整个采购付款流程。

流程再造不仅可以对人力资源管理中的某些具体流程，如招募甄选、薪酬调整、员工离职手续办理等进行审查，也可以对某些特定的人力资源管理实践，如绩效管理系统进行审查。在大量的信息系统运用于组织的人力资源管理实践的情况下，很多流程都需要进行优化和重新设计。在进行流程再造时，人力资源专业人员可以先对现有的流程进行记录、梳理和研究，然后与公司的高层管理人员、业务部门管理人员共同探讨，确定哪些流程有改进的必要。流程再造经常会用到人力资源管理方面的信息技术。大的人力资源管理软件以及共享数据库，为人力资源管理的流程再造提供了前所未有的便利。流程再造以及新技术的应用，能够带来如简化书面记录工作、删减多余工作步骤、使手工流程自动化以及共享人力资源数据等多方面的好处，不仅可以使企业节约在人力资源管理方面花费的时间，还能降低成本，从而提高人力资源管理工作的效率以及有效性。

（三）人力资源管理外包

除了通过内部的努力来实现人力资源管理职能的优化，很多企业近年来还研究了如何通过外包的方式，提高人力资源管理的有效性。外包通常是指一个组织与外部的专业业务承包商签订合同，让它们为组织提供某种产品或者服务，而不用自己的员工在本企业内部生产这种产品或提供这种服务。

很多组织选择将部分人力资源管理活动或服务外包，主要原因有以下四点：

第一，与组织成员自己完成可外包的工作内容相比，外部的专业化生产或服务提供商，能够以更低的成本提供某种产品或服务，从而使组织可以通过外购服务或产品降低生产或管理成本。

第二，外部提供商有能力比组织自己更有效地完成某项工作。之所以出现这种情况，是因为这些外部提供商通常是某一方面的专家。得益于专业分工，这些外部提供商能够积累并整合一系列适用于多家企业的综合性专业知识、经验和技能，这也使得其所提供的产品或服务的质量往往较高。但事实上，很多组织一开始都是出于效率方面的考虑，才寻求业务外包的。

第三，人力资源管理外包，有助于组织内部的人力资源管理人员集中精力，做好对组织具有战略意义的人力资源管理工作，摆脱日常人力资源管理行政事务的困扰，从而使人力资源管理职能对于组织的战略实现有更大、更显著的贡献，真正进入战略性人力资源管理的层次。

第四，有些组织将部分人力资源管理活动外包，是因为组织本身规模较小，没有能力自行完成相关的人力资源管理活动，所以只能借助外部的专业化人力资源管理服务机构，寻求某些特定的人力资源管理服务，如建立培训体系、设计培训课程等。

那么，哪些人力资源管理活动会被外包出去呢？最初，企业主要将人力资源管理中的一些事务性工作外包出去，如招募和甄选的前期工作、一些常规性的培训项目、养老金和福利的管理等。现在，许多传统性人力资源管理活动，以及一些变革性人力资源管理活动，也开始被企业外包出去。有些企业甚至将人力资源管理中50%~60%的职责都外包出去，只把招募高层管理人员和大学毕业生的工作，以及人力资源的战略管理工作，留在组织内部完成。人力资源管理活动的外包，可以帮助组织节约时间和成本，提高组织为员工提供的各种人力资源管理服务的质量，使组织能够将精力集中在自己的核心经营活动上。但需要注意的是，走这种道路的很多公司，在将来也许会面临许多潜在的问题。这些问题主要表现在以下几个方面：

首先，短期内可能不会实现成本节约。因为这些将人力资源业务外包出去的公司，不仅要设法处理好与外部伙伴之间的合作关系，同时还要重新思考战略性人力资源管理在公司内部扮演的角色。虽然将人力资源管理中的一些行政职能外包，可以使人力资源专业人员将更多的精力集中于战略性人力资源管理活动上，但是企业中现有的人力资源专业人员可能并不具备做出战略贡献的能力。因此，企业还必须在提升现有人力资源专业人员的水平方面进行投资。

其次，将人力资源管理业务外包的企业，可能会对某个单一外部服务提供商产生依赖，促使外部提供商提高服务价格。此外，组织和外部服务提供商可能会在由谁占据主导地位的问题上产生冲突。

最后，人力资源管理外包，可能会向员工发出错误的信号，员工可能会认

第九章　人力资源管理职能的战略转型与优化

为公司将大部分人力资源管理职能外包出去，代表着公司并不重视人的问题。

人力资源管理外包存在的上述潜在问题，提醒企业在实施人力资源管理服务外包的时候，必须充分考虑外包的成本和收益以及可能出现的各种问题。目前，我国出现了一批专业化的人力资源管理外包服务提供商，其可以提供从人员招募甄选、员工培训、薪酬福利管理到外派员工管理、劳务派遣、劳动合同管理等各种人力资源管理外包服务。但是不同的企业，服务水平也参差不齐，企业在选择人力资源管理服务提供商的时候，要综合考虑其资质、服务能力、业务专业、未来服务的可持续性，并要就相关的人力资源数据保密等问题签订相关的协议，以确保数据的安全以及保护员工隐私。

尽管人力资源管理服务外包存在上述潜在问题，但人力资源外包的趋势并没有发生变化。这种情况提醒组织内部的人力资源专业人员，必须不断提升战略性人力资源管理方面的技能，否则，自己在将来很可能会因为所从事的工作被外包出去而失去工作岗位。

第十章 人力资源管理中的领导者观念

第一节 领导者的权威观与人员能动性

一、领导者的影响力和权威观

领导的本质是一种影响力,即对一个组织为制定目标和实现目标所进行的活动施加影响的过程。

(一)领导者影响力的来源

1.职位权力

这种影响力与职位相联系,是一种行政性权力,有职,则有权,无职,则无权。它包括惩罚权、奖赏权等。

2.个人权力

这种影响力与职位无关,取决于个人素质,是一种非行政性权力。它包括模范权(高尚的品德、良好的作风)和专长权(丰富的学识、卓越的技术、超凡的能力)。

（二）两种不同的权威观

由于不同学者对上述两种权威来源的认识和理解不同，形成了两种不同的权威观。

1.正式权限论

这是古典管理学派的观点。该学派把领导者看成"经济人"，主要依靠职位权力来树立威信。亨利·法约尔（Henri Fayol）指出："权限是指发布命令的权力和引导员工服从命令的能力。"古典管理学派主张充分地利用职位权力，在发号施令中树立领导权威。

2.权威接受论

这是以切斯特·巴纳德（Chester I. Barnard）为代表的社会系统学派的观点。该学派认为，权威的主要来源是个人权力，而非职位权力。权力和权威并非来自上级的授予，而是来自下级的认可。领导者的权威是否成立，不在于发布命令，而在于命令是否被接受和执行。

二、领导者权威观的作用机制

（一）不同的权威观导致不同的领导行为

典型的领导作风可分为三类：

1.专制作风

专制的领导行为，独断专行，依靠发号施令推动工作，下级没有自由，权力只定位于领导者。这种领导行为来源于正式权限论。

2.民主作风

这是权威接受论导致的领导行为，其特点是讲求民主，注意倾听下级意见，将下级意见吸收到决策过程。领导行为不是靠行政命令起作用，而是靠个人的高尚品德、业务专长所形成的个人权力来发挥作用，权力定位于群体。

3.放任作风

将权力分散于组织每个成员的手中,决策由每个人自己做出,一切措施也由下级摸索制定。领导者放弃权力,当然也就没有权威可言。这种情况并不多见。

社会心理学家库尔特·勒温(Kurt Lewin)指出,在实际的领导过程中,领导者一般采用处于两种类型之间的混合型作风,即家长式作风、多数裁定作风、下级自决作风。

(二)不同的领导行为导致不同的下级行为

领导者的权威观(管理人员特征)、团体因素、部下特征、组织因素共同决定了领导行为,而领导行为又强有力地影响着下级行为,不仅影响到下级的满意度,而且影响到对下级的激励力度,从而影响到下级的劳动态度(出勤率、人员流动率)和劳动效果(劳动生产率)。

具体而言,三种不同的领导行为,导致下级行为具有不同的特点:

其一,专制作风的领导通过严格的管理、重奖重罚,使组织完成工作目标。尽管这种做法具有一定的效率,却往往造成组织成员的消极态度和明显的对抗情绪,以致人员流动率高、出勤率低、不满事件多、劳资纠纷严重、领导者与被领导者关系对立。

其二,民主作风的领导,能够使组织工作效率达到最高。这种领导行为不仅能较好地达到工作目标,而且能使组织成员更加积极主动,表现出高度的主观能动性和创造精神。下级的物质需要和精神需要同时得到满足,组织人员出勤率高,流动率低,劳资关系缓和。领导者与被领导者关系和谐,突出的表现是形成了团队精神。

其三,放任作风的领导工作效率最差。领导者对组织活动没有评判和规定,不关心组织成员的需要和态度。虽然组织成员有一定士气(这种士气往往不是指向组织目标),但是工作效率低下,不能达成工作目标。下级群龙无首,行为失控,似一盘散沙,丧失了组织凝聚力。

三、领导者树立正确权威观的做法

为了有效地对下级行为进行引导,实现组织目标,领导者应努力树立正确的权威观。

(一)破除对职位权力的迷信

对领导者来说,职位权力是影响力的基础,没有足够的职位权力,便难以发挥领导作用。但领导者必须破除对职位权力的迷信,不要以为"有权就有威",要看到职位权力的局限——它造成的下级服从是被迫的、浅层次的,组织成员往往是口服心不服的。因此,领导者不要过分依赖职位权力,应该把注意力转移到树立和运用个人权力上来。领导者应该看到,只有个人权力才是影响力的根本,它能使下级自愿地服从,这样领导者才能真正树立起威信。

(二)正确认识权力的来源

领导者的权力来自哪里?信奉职位权力的人会回答:"上级给的。"而信奉个人权力的人往往会回答:"个人赢得的。"这两种回答皆有片面性,都忽视了一个关键环节,下级的认可。离开下级的认可,职位权力和个人权力都难以建立,更难以奏效。离开下级的认可和支持,任何领导、任何权威都是无本之木、无源之水。领导者应该认识到:权力不仅是上级给的,更是下级给的。

(三)正确地使用权力

要想正确地使用权力,领导者应做到以下两点:

1.认识到影响力是双向的

领导者既要主动地对下级施加影响,同时又要主动地接受下级对自己的影响(倾听下级意见,吸收其合理建议,主动邀请下级参与决策过程)。只有这样，领导者才能实施有效的领导，充分地开发和利用本组织有限的人力资源。

2.坚持"以权谋公"

领导者要运用权力实现组织目标，坚持廉政（出以公心，办事公正，一身正气，廉洁奉公）和勤政（认真负责，忠于职守，勤劳敬业，取得实绩），而不是以权谋私。只有这样，领导者才能得到下级的认可和拥护，才能树立与职务相称的威信，才能发挥领导作用，把下级的积极性和聪明才智汇成一股合力，形成巨大的综合能量。

第二节　领导者的人才观与队伍素质

一、现代领导者应具备的人才观

现代领导者应具备的人才观包括以下三项内容：

（一）人才是最宝贵的财富

人才包括各个行业、各个领域、各个层次的优秀人物，即具有在自己所在领域能做出超出一般人的贡献的能力的人。政治家、军事家、艺术家、科学家、发明家、组织家、技术专家、优秀技术工人、劳动模范等，都是各行各业的人才，是推动各行各业迅猛发展的主要动力，是民族、国家的中流砥柱。人们在自己及民族和国家的奋斗历程中，认识到一个平凡而伟大的真理：人才是最宝贵的财富。

（二）人才是事业成败的关键

《襄阳记》中有一句名言："功以才成，业由才广。"人才是成就事业的关键因素。要干一番事业，没有人才，只能是空谈。资金、设备、土地固然重要，但它们都是由人来掌握和控制的。在人、财、物等因素中，人是最活跃的因素。

（三）识才、育才、留才、用才是领导者的重要职责

既然人才是成就事业的关键，那么领导者的一个十分重要的职责，就是要识别人才、培养人才、留住人才和使用人才。领导者要有苏轼所说的"士有一言中于道，不远千里而求之"的求才若渴、爱才如命的精神。

二、各级领导者在人才观上面临的挑战

随着我国市场经济的发展，各级领导者逐渐认识到人才的重要性以及人力资源开发与管理的艰难，深切感受到人才竞争的压力，以及在人才观上面临的挑战。领导者要想迎接此挑战，应该实现以下三个方面的变革：

（一）理论观念的变革

理论观念的变革主要包括以下几方面：

其一，总的指导思想，应从计划经济时的指导思想向社会主义市场经济时的指导思想转变。

其二，人才观念应从封闭向开放转变。要从小单位的狭小眼光，转变为面向全国、面向世界的人才大市场观念。

其三，对品德标准的理解，应从"表态""站队"等传统标准，转变到责任心、进取心、团结、敬业、廉洁、奉献等现代标准。

其四，对才干标准的理解，应从"听话""勤恳""按部就班"的"守业型"标准，向善于学习、敢于开拓创新的"创业型"标准转变。

其五，用人的角度，应从重在过去表现、重在有无问题、重在"死材料"的"防范型"思路，转变为重在现实表现、重在有无潜力、重在"活材料"的"开发型"思路。

（二）思维方式的变革

思维方式的变革主要包括以下几个方面：

1.思维背景的变革

过去，人事工作是在封闭式、神秘化和政治化的背景下进行的，一些用人者知识面狭窄、缺少人力资源开发与管理的现代知识，导致思考问题的知识背景单调。在今天，为适应社会主义市场经济的需要，各级领导者和人力资源专业人员，应该努力掌握人力资源开发与管理的现代理论和方法，使自己的眼界变得开阔起来，思考问题的知识背景变得丰富起来。

2.思维坐标系的变革

过去，领导者习惯于"纵向比较"，自己跟自己比，满足于"步子不大年年走，成绩不大年年有"。现在，领导者应该转而重视"横向比较"，与兄弟单位比，与先进组织比，在比较中择优和进取。

3.思维模式的变革

在人才管理上，管理者过去习惯于采用"相斥选择"，其典型公式是："或者……或者……""不是……就是……"。现在应该尽量采用"相兼选择"，其典型公式是："不仅……而且……""既……又……又……"。

思维模式的变革，还表现为从"有问题推理"转向"无问题推理"。

有问题推理的思维模式是："凡不能证明无问题，就是有问题。"无问题推理的思维模式是："凡不能证明有问题，就是无问题。"

从实事求是的原则出发，坚持以事实为根据，以法律为准绳，则"无问题推理"是科学的，这也是爱护、尊重人才的表现，还体现了对人的处理慎之又慎的原则。

（三）工作方式的变革

现代领导者在人事工作方式上，应从主要依靠个人直觉和经验的"经验型"，向主要依靠现代管理科学的"科学型"转变。这种转变的内涵有以下四点：

其一，从人事工作单纯依靠个人经验的方式，转变为依靠人力资源开发与管理的现代理论，并且将理论与实践相结合的方式。

其二，逐步变革和完善人力资源开发与管理的各项制度，如招聘制度、培训制度、用人和调配制度、薪酬管理制度、绩效管理制度、劳动关系制度、职业生涯管理制度、组织文化建设制度等，形成一个完整、科学的制度体系，实现制度化管理与人本管理的有机结合。

其三，使人力资源管理信息化。人力资源的各方面信息的采集、储存、处理和利用，都通过计算机来进行，从而实现人才全信息显示和网络化管理，开阔人力资源开发管理工作人员的眼界，不断提高人力资源开发管理工作的效率。

其四，实现人力资源管理机构工作的科学化。应当改变人力资源开发管理部门人员的知识结构，吸纳具有外语知识、计算机知识、人力资源管理知识、管理科学知识、数学知识、心理学知识以及自然科学技术知识的有关人员，促使人力资源开发与管理工作向知识化和专业化发展。组织机构也应适应信息化和专业化的需要，进行必要的改革。

第三节　领导者的价值观与组织文化

一、领导者是组织文化的缔造者

（一）组织的主导价值观是领导者个人价值观的群体化

组织的创始人追求什么，提倡什么，反对什么，其用什么样的价值标准去要求部下，用什么样的理想和信念领导队伍，都会对组织文化的形成发挥关键性的作用，而这一切都是在其个人价值观的指导下发生的。

美国学者理查德·霍德盖茨（Richard M. Hodgetts）在研究中发现，成功组织的领导者最看重的是自我实现和尊重，其下属也对自我实现和尊重很感兴趣；一般组织的领导者及其下属则最关心尊重和社交需要的满足；而不成功组织的领导者及其下属的价值取向集中在物质、安全和生理需求层次。他指出，成功组织的领导者往往吸引与之相似的特定类型的下属，一般组织和不成功组织的领导者也是一样。而且这些下属有着与其上司相类似的需求动力。

因此，在一般情况下，组织的主导价值观（组织文化的核心），不过是组织创始人个人价值观的延伸、扩展和最终的群体化。换句话说，组织文化就其实质来说，是组织成员对组织创始人的个人价值观的认同和发展的结果。

最著名的例证是松下公司，松下精神、松下文化是松下幸之助的思想通过朝会、周会、员工培训等环节向员工灌输、渗透，并在员工行为上开花结果的产物。再如，海尔公司的文化，与张瑞敏的价值观紧密相连，海尔文化形成的过程，可以说是张瑞敏的哲学思想、经营理念、管理思路和理想信念的群体化过程。

（二）组织领导者是组织文化更新的推动者

组织创始人的后继者的个人价值观，往往表现在对组织文化的更新上。众所周知，组织文化不是一成不变的，随着内外部环境的变化，组织文化更新的压力也会越来越大（例如，中国的改革开放迫使众多组织改变自己的组织文化）。组织文化向哪个方向变和怎样变，有其客观的规律性，但形成什么样的特色和个性，则在很大程度上取决于领导者的价值标准。

（三）组织领导者是组织文化建设的指挥者

组织文化建设是指组织有意识地发扬其积极的、优良的文化，克服其消极的、不良的文化的过程，亦即使组织文化不断优化的过程。

不言而喻，组织文化建设的指挥者是组织领导者。具体而言，组织主要通过哪些渠道（传帮带、物质载体、业余文化活动），主要采用什么手段（正强化、负强化、领导示范、榜样引导、社会教育、自我教育），树立什么样的标兵（组织文化的人格化）等，都是由主要领导者决定的，而这一切影响到组织文化建设的方向、力度和深度，最终影响组织文化建设的效果。

二、领导者应确立科学的、高境界的价值观

综上所述，领导者的个人价值观，对组织文化的影响举足轻重，并带有全局性。因此，组织领导者的价值观，就显得格外重要。

从中外成功组织的经验来看，领导者的价值观应该符合客观规律，是科学的；同时又应走在时代的前列，具有高格调、高境界。

（一）事业至上

身为领导者，人生目的和追求是什么？是追求金钱、追求地位，还是追求

事业？这是一个首要的价值观抉择问题。

在事业与金钱发生矛盾，或事业与个人地位发生冲突时如何选择，是对领导者价值观的重要考验。一个优秀的领导者，应该毫不犹豫地选择事业，只有执着追求事业的人，才能最终成就事业。

（二）国家至上

优秀的领导者，不应忘记古典管理理论创始人之一法约尔的名言："整体利益至上。"一个人或一个部门的利益，不能置于整个组织的利益之上；家庭利益高于每个家庭成员的利益；国家利益高于一个公民或一些公民的利益。

（三）信誉至上

在处理组织同社会的关系时，组织的形象靠什么树立？答案是信誉。一些品牌商品为什么长销不衰？一些"老字号"的金字招牌为什么几百年不倒？靠的就是货真价实和诚信。因此，所有组织的领导者都应牢固确立"信誉至上"的价值观，必须严格地遵循一个道德信条——诚实。

（四）进取为荣

作为组织的领导人，往往会受到更多的诱惑，也会接受更直接的考验。人生的价值，不在于你消耗了多少财富，而在于你为社会创造了多少财富（物质财富和精神财富）。一心追求事业的人，恨不得全身心地投入事业，哪里会有时间和兴趣去沉迷享乐？特别是处在创业阶段的领导者，更应该力戒奢靡，以不断进取、追求卓越为荣。

（五）群体为高

领导身居高位，怎样看待部下和全体员工，怎样处理个人与群体的关系，是领导者价值观的另一个侧面体现。

无论领导者有多么杰出的才能，都不可能无所不知、无所不能。优秀的领导者应该清醒地看到个人的局限性，看到群体的决定作用，在决策时主动"集思广益"，在行动时发动和依靠全体成员，不轻视任何个人。总而言之，领导者要牢固地树立"群体最高明"的价值观。

（六）以人为本

从事任何事业，都离不开资源，包括人、财、物、时间、知识等资源。领导者应该清楚地认识到这些资源的重要性，这是价值观的另一个领域。

许多领导者"见钱不见人"或"见物不见人"，真正优秀的领导者把人看作决定一切的因素，看作使组织兴旺发达的根本，并且真正树立"以人为本"的管理理念。

（七）服务制胜

21世纪，人类进入了"服务制胜"的时代。因此，千方百计地满足客户需要，努力提高售前服务、售中服务和售后服务的质量，为客户创造价值，成为组织领导者必须具备的思想和信念。

只有组织领导者自己具备服务理念还不够，其还应大力倡导，并千方百计地将这些理念变成员工"优质服务"和"超值服务"的实际行动，促使组织的竞争力大幅增强。

（八）创新是命

在经济全球化和信息化的形势下，组织创新则生，守旧则亡。创新是组织的生命，技术创新可以造就出一系列新的产品，管理创新可以造就出一大批创新人才，最终为客户创造新的价值，为社会创造新的财富和新的文明。

领导者应该牢固树立创新观念，开拓观念，以及不断进取、超越自我的观念，还要做到自觉学习，并组织团队学习，用学习带动创新。学习型组织是创造性最强的组织。

三、领导者应提高文化自觉性和文化影响力

领导者不仅要缔造组织文化,树立科学的、高境界的价值观,更重要的是要以身作则,提高文化自觉性和文化影响力,将组织文化特别是组织价值观念植根于员工的心中。组织的领导者需要做到以下几个方面:

(一)具备基本素质

作为一个领导者,需要有大志向、大智慧、大胸怀和大毅力。

大志向就是要树立远大的抱负和理想,勾画出组织发展的宏伟蓝图,制定实现蓝图的行动方略;要树立正确的义利观,把为社会创造价值作为事业奋斗的目标,目光长远,立足整体,面向未来。

大智慧是指能够洞察时代变化,能够前瞻预测,能够不断地变革创新。领导者要有厚德载物的包容之心、以义求利的责任之心、三顾茅庐的爱才之心。只有这样才能吸引人才,融合全体员工的智慧,形成具有高度凝聚力和一致性的组织文化。

大毅力是一种永不服输的力量,是一种愈挫愈勇、奋斗不止的精神,是在困难面前为部下做出表率,带领队伍打硬仗的行动力。没有大毅力,锤炼不出有竞争力的组织文化。

(二)增加文化底蕴

增加文化底蕴有以下三种方法:

其一,学习系统的管理理论,通过系统的学习提升管理理论水平。

其二,学习优秀组织的成功经验。通过研究、参观考察,学习优秀组织管理者的思想方法和思维方式。

其三，学习古代的管理智慧。从古代的管理思想中吸取精华，将中国古代博大精深的管理思想，运用到现代组织的管理中，提升文化管理水平。

（三）正确地进行角色定位

在组织文化的设计和战略的制定上，领导者需要充当设计师的角色，创造符合组织发展需要的文化环境，制定符合组织发展需要的战略措施。组织文化建设，需要领导者宣传贯彻组织文化思想理念，帮助员工形成符合组织理念的价值观念和行为方式。而学习型组织的建设，需要育才型的领导像园丁一样创造学习的氛围，鼓励员工自觉学习，提高组织的学习创新能力。

（四）提升个人魅力

领导者在进行文化建设的过程中，还要注重提升个人魅力。领导者的魅力来自以下几个方面：

一是非凡的眼光：高瞻远瞩、决胜千里的眼光。

二是卓越的能力：策划力、执行力、学习和创新能力。

三是高尚的品德：正直无私、厚德载物、凝聚人心的品德。

四是深刻的思想：分析问题、解决问题时，思路清晰独特，教育人、感染人时，思想非凡。

第十一章 企业职业经理人制度与契约化管理探索

第一节 职业经理人制度概述

一、制度及职业经理人制度

职业经理人制度就像企业会计准则、社会保险制度等一样，都属于制度的范畴。为了正确地认识和理解职业经理人制度，我们首先从制度入手来进行研究。

（一）制度的概念及构成

1. 制度的概念

汉语中，"制"有节制、限制的意思；"度"有尺度、标准的意思。"制度"合起来，意思就是节制人们行为的尺度。因此，制度可以解释为：要求成员共同遵守的、按一定程序办事的规程。

制度属于社会科学中的概念。多年以来，有很多学者对制度进行了研究。但是，到目前为止，人们对制度的定义并没有达成一个统一的认识。有人认为，制度就是行为的规则或方式；有人认为，制度是实现某种功能和特定目标的社会组织乃至整个社会的一系列规范体系。虽然人们对制度的定义不尽相同，但是在以下几个方面对制度有着相同或相近的认识。

（1）制度与人们的行为有着内在联系

人们的行为是人们内在心理的表现，如果人人都去追求自身利益的最大化，其结果只能是秩序的混乱或者低效率。因此，对人们的行为，必须进行科学合理的限定或者规定，以确保人们的行为有序、高效，从而抑制人们交往过程中可能出现的任意性和机会主义。这种约束人们行为的一系列规则，就是制度。

（2）制度是一种"公共物品"，它不针对某一个人

制度在群体中发挥作用，是在一定范围内，人人都可享用的"公共物品"。制度是依靠某种惩罚或激励措施而得以贯彻，由此将人们的行为导入可合理预期的轨道上的。制度从理论上来说，是人人可以享用的，不具有排他性。但是，有的制度对大多数人来说是有利的，而对少数人来说是不利的，因此这部分人会对这些制度产生排斥性。

总结上面所论述的制度概念，我们认为制度就是人们需要共同遵守的办事规程或行动准则。

2.制度的构成

对于制度的构成，众多学者有着不同的认识与看法。其中，道格拉斯·诺斯（Douglass C. North）对制度内容构成的阐述被许多人所接受。道格拉斯·诺斯认为，制度包括三个部分：正式规则、非正式规则和实施机制。这三部分构成了完整的制度内涵，是一个不可分割的整体。

规则是行为的模式。规则可以是正式的、成文的、已经上升为国家意志的，并受国家法律保护的制度；同时，也可以是非正式的、不成文的、没有上升为国家意志的、不受国家法律保护的制度。

正式规则又称正式制度，是指人们有意识地创造的一系列政治、经济规则及契约等法律法规，以及由这些规则构成的社会等级结构，包括从宪法到成文法与普通法，再到明细的规则和个别契约等，它们共同对人们的行为进行激励和约束。正式规则主要指现实中人们较易识别的，与人们的生活直接相关的，各种正式的、成文的、微观的制度等。

非正式规则又称非正式制度，是人们在长期实践中无意识形成的，具有持久生命力，并构成世代相传文化的一部分，包括价值信念、伦理规范、道德观念、风俗习惯及意识形态等。非正式规则主要指各种不成文的、非正式的习俗、惯例和约定等。

实施机制是为了确保正式规则和非正式规则得以执行的相关制度安排，是制度安排中的关键一环。

正式规则的主要特征在于其具有强制性，例如，劳动合同管理、工资管理、社会保险福利待遇、工时休假、职工奖惩以及其他劳动管理规定等。

非正式规则具有自律性，例如，不同文化对于个人行为以及组织行为，具有重要的影响作用。一个人的社会化，是在一定文化环境中形成的，文化对个人的非正式约束，往往通过社会监督和舆论等来完成。

（二）职业经理人制度的概念及构成

1.职业经理人制度的概念

根据对制度的研究来看，制度与人的行为存在内在联系。因此，职业经理人制度，与涉及职业经理人的有关行为也存在内在联系。

例如，企业选聘职业经理人，就涉及职业经理人的行为。为了降低人们在企业选聘职业经理人过程中的不确定性，维护秩序，企业就需要制定所有参与成员共同遵守的一些办事规程和行动准则，以便确保选聘职业经理人任务目标的完成。

此外，职业经理人的培养、职业经理人的选用等，都需要所有参与成员共同遵守的办事规程和行动准则，从而为完成任务或目标提供保证。

因此，职业经理人制度，就是在与职业经理人有关的行为中，需要人们共同遵守的办事规程或行动准则。

2.职业经理人制度的构成

职业经理人的行为可归为两个方面：

一方面是企业微观层面的有关职业经理人的行为，例如，企业选聘职业经理人条件、职业经理人薪酬设定、职业经理人绩效考核、职业经理人契约化管理、职业经理人监督追责、职业经理人退出、职业经理人培养、企业职业经理人的行为标准以及评价等。

另一方面是社会宏观层面的有关职业经理人的行为，例如，从法律层面，如何对职业经理人的行为进行保护与约束，如何制定职业经理人信用体系，如何促进职业经理人的合理有效流动，如何促进整个社会的职业经理人队伍培养，如何评价职业经理人，以及如何使职业经理人形成良好的意识形态、价值观念和职业道德等。

因此，通过对职业经理人行为的分析，职业经理人制度应包含两个层面的内容：

一个是企业微观层面的职业经理人制度体系，如职业经理人选聘制度、职业经理人考核制度、职业经理人薪酬制度、职业经理人契约化管理制度、职业经理人监督制度、职业经理人退出制度、职业经理人培养制度、职业经理人流动制度等正式规则，以及企业自身长期形成的职业经理人价值观念、道德规范和意识形态等非正式规则。

另一个是社会宏观层面的职业经理人制度体系，如职业经理人信用制度、职业经理人法律制度、社会化的职业经理人培养制度、社会化的职业经理人评价制度、社会化的职业经理人流动制度等正式规则，以及社会长期形成的职业经理人价值观念、道德规范和意识形态等非正式规则。

除了职业经理人正式规则和非正式规则，职业经理人规则的实施机制，也是职业经理人制度中一个不可分割的部分，是确保职业经理人规则得以执行的关键。针对职业经理人每一项相应规则，必须有与之相衔接的职业经理人规则的实施机制。例如，职业经理人标准体系、职业经理人选聘机制、职业经理人薪酬体系、职业经理人考核体系、职业经理人退出机制、职业经理人监督追责机制、职业经理人培养机制、职业经理人评价机制、职业经理人人才市场体系、职业经理人信用体系、职业经理人有关法律法规等，以及促进形成良好的职业经理人价值观念、道德规范和意识形态等的实施机制。

目前，不论是国有企业还是民营企业，基本都已建立了比较完善的企业管理层的制度体系和实施机制。但是，这些制度体系和实施机制，与真正的职业经理人制度还有很大差距，例如，国有企业在高管薪酬和绩效考核机制上，还没有完全市场化；许多民营企业还没有真正建立起现代企业制度，"人治"现象比较严重，还没有形成一套真正的职业经理人制度。建立现代企业制度，推行职业经理人制度，将成为中国企业进一步发展的必要途径。

二、职业经理人制度产生的原因

（一）企业与职业经理人委托代理的需要

企业所有者与职业经理人之间的关系，属于一种委托代理关系。企业所有者是企业资产的委托人，职业经理人是企业资产的代理人。企业所有者与职业经理人，在信任关系的基础上，签订委托代理合约，规定双方的权利、责任和义务。

委托代理关系实际上是一种契约关系。委托人与代理人之间，不是一种普通的合作关系，而是通过契约，严格规定了双方的权利与责任。同时，委托代理关系也是一种利益关系。委托人一方要事先确定一种报酬机制，激励代理人尽心尽责，努力实现委托人利益最大化的目标；代理人据此选择自己的努力方向和行为方式，以求自身利益的最大化。但是，由于未来的不确定性、委托人与代理人之间的信息不对称和有限理性、委托人与代理人目标的不一致性等，委托代理关系隐含着诸多代理风险。例如，在委托代理关系确定以前，代理人就掌握了一些委托人所不知道的信息，从而利用这一信息优势，订立对自己有利的契约；在执行过程中，代理人有可能偏离委托人的目标要求，做出损害委托人利益的行为。

亚当·斯密（Adam Smith）在《国富论》中就曾指出："让经理人管理股

东财产，会产生疏忽、懒惰，以及只考虑自己利益，而不为股东利益考虑的弊端。很难期望他们带着同样焦虑的警惕心，来关心他人的资金。"人们将如何让经理人像所有者一样关注股东利益，以及由此产生的股东与经理人之间的矛盾，称为"斯密难题"。

职业经理人的出现，是社会分工的结果，从而引导专业的人做专业的事，确保企业得到持久的发展与延续。但是，企业所有者与管理者之间的委托代理关系，也造成了许多问题的出现。委托人和代理人各自追求的目标，是不完全相同的。委托人追求企业所有者权益的最大化；代理人把企业看成工资、地位和在职消费的来源，谋求自身利益的最大化。由于高昂交易成本和信息不对称的存在，委托人无法事先订立完美契约来限定职业经理人的种种经营控制行为，所以委托代理问题必然产生。这些委托代理问题归纳起来有如下几种：

1.逆向选择

职业经理人可能在与企业所有者确定委托代理关系以前，就掌握了一些企业所有者所不知道的信息，从而利用信息优势，订立对自己有利的契约。

2.道德风险

由于信息不对称，企业所有者无法或不能低成本观察到职业经理人的行动，职业经理人就可能从自身利益，而非从企业所有者利益出发采取行动。这种利己行动，往往是以损害企业所有者利益为代价的，包括在职消费、肆意无效扩张、任用与自己有特殊关系而又缺乏相应才能的人员等。

3.留存收益

留存收益是企业在经营过程中所创造的，由于企业经营发展的需要或法定，没有分配给所有者而留存在企业里的盈利。留存收益是企业从历年实现的利润中提取或留存于企业的内部积累，它源于企业的生产经营活动所实现的净利润。随着企业规模的扩大，职业经理人会拥有更大的权利、更高的声望、更多控制董事会的能力，以及更高水平的报酬，其可能从留存收益中获益。

4.短期行为和风险规避

企业现金流的时间选择，可能也会引发企业所有者和职业经理人之间的利益冲突。企业所有者会关心企业长期的现金流,但是职业经理人可能只关心他们任期内的现金流,这导致职业经理人偏向于短期收益较高的项目,而放弃净现值更高的长期项目。这个问题的出现概率,随着职业经理人接近退休或者准备离开公司而提高。

由于委托代理问题的存在,有关各方必须建立一套有效制衡的制度,来规范和约束代理人行为,使代理人目标与委托人目标趋向一致,从而减少代理风险,提高企业经营效率和投资回报,保障职业经理人的经营管理不偏离正确的方向。

(二)社会发展环境的需要

随着社会分工专业化和市场规模的扩大,商业交易形式极其复杂,交易的参与者很多,信息不完全或不对称,欺诈和违约等行为难以避免。因此,社会上存在着许多有关职业经理人的问题。

1.职业经理人才总量不足

经过多年的职业经理人才队伍建设,职业经理人才数量有了较大幅度的增加,但职业经理人才总量仍显不足,高层次职业经理人才匮乏;从整体上看,我国职业经理人队伍总体素质有待提高,与国际先进水平相比,还有一定的差距,不能充分满足现代企业的发展需求。

2.职业经理人才市场尚不完善

职业经理人是一种社会资源,是可根据市场机制进行有效配置的资源。随着我国社会主义市场经济体制的不断完善,企业日益融入全球经济体系,中国企业对职业经理人的需求也越来越大。但是,目前还没有专门的职业经理人才市场,国内相当一部分从事经营管理人才中介服务的机构,规模小,从业人员素质低,专业区分不细化,特色品牌不多,职业经理人还未能充分按照市场机制进行有序的流动和有效的配置。

3.职业经理人才发展体制机制障碍尚未消除

受传统经济体制、所有制结构等因素的影响,许多企业人事制度改革滞后,与现代企业制度相配套的各项机制还不健全。目前，成体系的职业经理人评价标准尚未形成，职业经理人评价标准不统一、不科学、缺乏针对性，评价主体不尽合理等问题仍然存在。在激励机制上，灵活多样、体现人才价值的分配制度尚未建立；人才配置尚未突破身份、地域等的限制，不能促进职业经理人才的合理流动。职业经理人培养机制、评价机制、推荐机制和流动机制等还存在许多问题，这些直接影响了职业经理人才资源按照市场发展要求进行有效配置，限制了企业的发展。

4.职业经理人相关法治体系有待健全

政府相继出台了一系列与职业经理人相关的法律法规，但解决企业与职业经理人之间纷争的法治体系还不够健全。企业普遍反映，政府应加大职业经理人方面的法治体系建设，以便为企业引入职业经理人保驾护航。

5.职业经理人信用体系有待建立

目前，职业经理人队伍整体的职业素养不是很高。有些职业经理人拿回扣，做假账欺骗企业所有者；有的盗走企业的技术；有的凭借掌握的客户资源或销售渠道，与企业所有者抗衡，甚至另立门户，成为企业的竞争对手；有的直接加入竞争对手企业，利用掌握的原企业的商业秘密，反戈一击，给原企业造成重大损害。因此，企业所有者难以信任职业经理人，许多企业不敢聘用职业经理人。

企业所有者与职业经理人之间的委托代理关系，是建立在信任的基础之上的。如果缺乏必要的信任，企业所有者与职业经理人之间互相猜疑，必然会提高代理成本，或影响职业经理人的才能发挥。

有关资料显示，美国也存在过社会信用缺失的情况。由于本国人口流动及外来移民的大量涌入，社会上出现机会主义、搭便车和道德败坏的行为，企业所有者对职业经理人缺乏足够的信任，更愿意雇用其他诚实可靠或有血缘关系的人来管理企业。随着美国社会制度的发展，信用体系逐渐完善，这一问题才得到较好的控制。

除此之外，社会上还存在着许多影响职业经理人发展的社会环境问题。这些问题都需要通过建立职业经理人制度来解决，以促进职业经理人、企业和社会的健康持久发展。

第二节　企业契约化管理发展历程

东方社会契约制度的出现，虽早于西方社会，但西方社会的契约制度却更为完善。从社会管理的角度看，契约不仅仅是人与人之间的约定，也是国家权力和民间社会权力边界的约定。当然，契约理论是用来分析和指导企业管理实践的，而且这种理论应该作为企业契约化管理的一种重要的工具。契约理论是一种在西方社会中成熟起来的社会理论，我们在运用该理论的过程中还必须考虑到中国的实际情况。进一步说，契约理论与企业管理实践的关系，应该是一种互动的关系，契约理论可以在中国企业管理实践中得到检验和完善。

一、西方契约理论的历史

西方契约思想源远流长，最早可追溯到古希腊。亚里士多德的思想对后世契约理论影响深远。中世纪末期，晚期经院学者运用他们的思想阐释罗马法，形成了完整的契约理论体系，为近代契约理论的发展奠定了基础。

古希腊哲学家伊壁鸠鲁（Epicurus），持个人主义国家观。他认为，从本质上讲，人都是自私的，只会谋求自身利益，人们为了互利才缔结契约，并在此基础上追求公正。人们只是因为害怕他人以同样的自私行为危害自己的快乐，才通过互相约定，达成有效的妥协，采取一套尊重别人权利和使自己的权利同样免受侵害的方案。在伊壁鸠鲁看来，国家与法律正是这种契约的产物，它们的价值在于保障个人的自由和安全。

与伊壁鸠鲁不同,亚里士多德把契约与正义联系起来。他在《政治学》中写道,正义"包含两个因素——事物和接受该事物的人,大家认为相等的人就该配给相等的事物"。正义的平等仅限于地位相等的人,而不普及全体。从亚里士多德的交换正义的思想之中,后世的思想家发掘出丰富的契约思想。这些思想经过中世纪神学家阿奎那(Thomas Aquinas)的诠释,得到进一步的完善。16世纪末和17世纪初,晚期经院学者成功地运用亚里士多德和阿奎那的契约思想阐释了罗马法,形成了完整的契约理论体系。

罗马的自然法思想对契约理论的形成也影响巨大。罗马自然法理论的首要代表人物是西塞罗(Marcus Tullius Cicero)。西塞罗认为,国家是人民的事务,有明确的主权在民的意识,而公认的法律实际上就是一种约定,只不过约定的方法在西塞罗看来是一个历史或自然的过程。西塞罗认为,国家的目的在于人们"共同的利益"。在《论义务》中讨论功利时,他明确提出,建立立宪国家和自治政府的主要目的,就在于保护个人的财产权。在这里,他以财产权为媒介,把个人的权利引入了国家的政治层面,同时还把渗入罗马人灵魂的私法中的契约观念,引入了公法领域。

11世纪晚期和12世纪早期,教会与各种世俗的权威相分离,教会法与教会统治的其他方式相分离。教会契约法律体系开始形成,它是从教会对誓言的管辖权中逐渐发展起来的。当时,教会拥有大量土地,主教和修道院院长也是庄园主,享有与非教会庄园主同样的经济权利。此外,教会法院还寻求并获得对俗人之间契约的广泛管辖权,契约当事人应在协议中包含一项"信义保证"——这是教会契约法得到遵守的根本保证。"信义保证"使教会法院获得契约的管辖权,而诚实信用本身就成为对契约履行的神圣性的一种必要检验。清教徒在对神的秩序的信仰和契约严格责任之间建立了联系。"一旦在我们中间有人订立契约,就必须遵守互相之间的约定。"这是一位清教徒领袖于1647年写下的,"废除这个原则的结果就是混乱。"这充分表明,契约意识已经深入一般民众的内心了。

近代资产阶级契约理论，是中世纪神学契约理论发展的历史产物。其中，霍布斯（Thomas Hobbes）、洛克（John Locke）的契约理论，开辟了西方近代契约理论思想之先河。从霍布斯到黑格尔（Georg Wilhelm Friedrich Hegel），社会契约论者不断地深化人的基本权利。由此，近代契约理论使得人的主权思想逐渐确立起来，人开始作为自由独立的、具有自己理性和意志的人，进入社会生活。正是对人理性的抬高和对人的天赋权利的宣扬，共同奠定了近代社会契约理论的根基。觉醒起来的人，开始用契约精神来处理人与人以及人与国家之间的关系。

作为一种理论，西方契约理论的生命力十分顽强。特别是在近代，随着民族国家的产生和新兴资产阶级的崛起，传统的契约理论又被借用来寻求以正义为前提的社会平等。西方契约理论始终坚守两条最基本的价值或观念：其一是自由的价值，即意愿而非暴力才是政府的基础；其二是正义的价值，即权利而非权力，才是所有政治社会以及任何一种政治秩序的基础。契约理论在社会政治领域应用的关键就是如何划分国家权力和公民权利。这一点，正是中国企业治理中迫切需要解决的问题。

契约社会的建立，是人类文明发展的必然结果。从历史来看，越是尊重契约精神的社会，其文明程度也就越高，其社会发展也就越有秩序和效率。契约理论源自商品交换，发展于市场经济，而后又渗透到社会的各个领域，成为西方社会无处不在的一种文明。契约意识成为一种共识，成为一种自律。整个社会因契约而生成，依契约而运转。到了18世纪，在西方世界，源远流长的契约文化得到了发展，形成了比较完整、系统的社会契约理论。在格劳秀斯（Hugo de Groot）、霍布斯、洛克、孟德斯鸠、潘恩（Thomas Paine）等人提出的社会契约理论的基础上，法国思想家卢梭发表了《社会契约论》。在这部极大地影响了人类历史进程的光辉著作中，卢梭告诉人们，人人生而平等，主权在民，私权高于一切，有了私权的让渡，才构成了公权、形成了国家。因而，只有全体公民才有权通过立法来限制公权、约束国家，而公民的立法就是一种契约，即社会契约。也就是说，全体公民才是社会契约的主体，而国家则起源于自然

第十一章 企业职业经理人制度与契约化管理探索

状态下的社会契约。

传统社会是一种身份管理的社会,现代社会是一种契约治理的社会。"从身份到契约"这句名言,是近代英国思想家梅因(Henry James Sumner Maine)在《古代法》中论及法的起源和发展时得出的结论。在他看来,"所有进步社会的运动有一点是一致的。那就是,在社会运动发展的过程中,家族依附的逐步消灭以及代之而起的个人的增长。'个人'不断地代替了'家族',成为民事法律所考虑的单位。社会前进是以不同的速度完成的,有些社会在表面上停滞不前,但实际上并不是绝对停滞不前,只要经过缜密研究这些社会所提供的各种现象,就可以看到其中的古代组织在崩溃,……我们也不难看到,用以逐步代替源自'家族'的各种权利义务上的那种相互关系形式……就是'契约'。在以前,'人'的一切关系都是被概括在'家族'关系中的,把这种社会状态作为历史上的一个起点,从这一个起点开始,我们似乎是在不断地向着一种新的社会秩序状态移动。在这种新的社会秩序中,所有这些关系都是因'个人'的自由合意而产生的。"这样,梅因得出他常常引用的结论,"所有进步社会的运动,到此处为止,是一个'从身份到契约'的运动。"

契约关系的核心就是缔结契约的各方之间的权利、义务、责任的平衡与互动。契约关系的确立,意味着契约主体必须为自己的选择承担相应的责任。契约不仅强调自由意志,更强调契约主体的责任。同时,契约本身就是一个承诺,是对未来关系的一种约定。因此,契约的履行,需要缔结契约的各方恪守信用。契约规定着利益双方在权利与义务方面的双向依存关系,是现代商业文明发展的基石,是法治社会的构成要素之一。双方签订购销合同并忠实地履行,是商业性质的契约;人们制定法律制度并自觉地遵守执行,是社会性质的契约。形成文字的合同、法律、法规,是实体化的契约;被人们自觉遵守的社会公德,则是精神化的契约。契约文化倡导的是平等、尚法、守信,并且被社会公认的行为规则,是一种代表了人类文明和进步的规则。在现代文明中,契约文化是这个日新月异的社会得以存在和发展的根基。契约文化不但是现代工业文明、商业文明赖以存在的基础,而且也是现代国家政体、民主和法治存在的前提。

二、中国历史上的契约文化及相关理论

中国是世界上契约关系发展很早的国家。早在西周时,就有了一些对契约的界定,如《周礼》中就有"六曰听取予以书契"(《周礼·天官冢宰·小宰》)。取予,是指财物所有权从取到予的转移。这种转移过程应以书契为凭。现存最早的契约,是近三千年前镌刻在青铜器皿上的《周恭王三年(公元前920年)裘卫典田契》等四件土地契。将契约文字刻写在器皿上,就是为了使契文中规定的内容得到多方承认、信守。"信"是契约最基本的要求,也是儒家的一种道德规范,即言出要兑现。孔子要求做人要"言必信,行必果""敬事而信",即要身体力行,说话算数。"信"就是指遵守承诺、诚实,被儒家列为"五常"之一。但是,这种"信"与西方清教徒基于宗教信仰的根深蒂固的契约诚信是不同的。这种"信"没有也不可能成长为现代契约观念。

随着官方契约制度的确立,民间也相应形成了一套乡法民约。在吐鲁番出土的一件唐代的文书中,写有"准乡法和立私契"[《唐咸亨五年(公元674年)王文欢诉酒泉城人张尾仁贷钱不还辞》],这是说民间私人之间订立私契,都遵循"乡法"。所谓"乡法",就是指民间世代承袭的习惯法,其中最核心的思想就是以诚信待人处世。在大多数情况下,民间契约在乡法民约的制约下,都能正常地运行。但是,靠单纯道德性的乡法来贯彻诚信原则,有时也显得无能为力。随着经济社会的发展,契约的形式也越来越受到重视。从这一情况可以看出,社会阶段越落后,文化水平越低下,契约的形式也就越重要,验证契约的主要标志就是契约的形式。判书虽是一种原始、落后的契约形式,但其"半分而合"的方法,毕竟是我们祖先的一大发明,对于促进当时商品交换的发展,起到了重要的作用。这种把契约的形式和内容结合得更紧密的做法,使契约的质量得到了极大的提高,从而提高了契约的效力。

中国古代对契约的重视,除了形式上的关注,还有政府的参与。这种政府对民间契约行为的干预,对后世的影响是很深远的,它体现了一个国家权力的

庞大力量。

综上所述，在现代社会中，契约理念作为市场经济与市民社会交往主体之间，意志自律和自由公正的产物，反映了市民社会的基本精神，构成了市民社会的运作逻辑。实际上，市场经济就是某种意义上的契约经济，市民社会就是某种意义上的契约社会。因为市民社会正是以各种契约的形式规范着交往主体的行为，实现着经济活动的理性与公平的。随着社会的发展、市场经济的不断成熟，契约已经广泛进入社会经济生活的各个领域，成为现代经济秩序的基础。

第三节 企业推行职业经理人制度与契约化管理的具体策略

实行契约化管理，是职业经理人制度建设中非常重要的一环。其核心内容的设定，对职业经理人的绩效评价、薪酬激励以及监督管理、退出等制度都有非常显著的影响。在实践中，企业推行职业经理人制度与契约化管理的策略有以下几点：

一、明确发展目标

企业推行职业经理人制度，实行契约化管理，首先要明确发展目标。目标的制定，具体可参考同行业企业发展目标和企业近几年的经营业绩。在明确发展目标之后，企业要根据职业经理人负责的具体工作，把企业目标落实到与职业经理人订立的契约中，即企业应依据企业发展目标，确定职业经理人的年度和任期的绩效考核指标，并在契约中明确这些指标。

二、确立契约形式和内容

契约化管理最重要的内容,是董事会与职业经理人应就经营目标任务、业绩合同、薪酬激励计划、履职待遇、考核管理等内容进行协商,并依据我国的国情和法律体系,在目标测算的基础上,拟订职业经理人相关契约。职业经理人契约是企业与经理人双方针对诉求谈判的结果。企业与职业经理人应该签订的基本契约如下:

(一)劳动合同

企业应依据《中华人民共和国劳动合同法》,与职业经理人签订劳动合同,建立劳动关系。职业经理人签署的劳动合同,和一般员工的劳动合同基本无太大区别。合同中都要明确劳动合同期限、工作时间和休息休假、劳动报酬、社会保险、劳动保护及培训、补充保险、福利待遇、保守秘密等事项,同时也要明确解约的触发条件和解约的补偿条款等。劳动合同是建立劳动关系的必备合同,它不但是明确企业与职业经理人雇佣关系的基础,也是职业经理人退出企业、重新进入市场的法律依据。

(二)职业经理人聘用合同

企业董事会应按照《中华人民共和国公司法》和公司章程,与职业经理人协商签订职业经理人聘用合同。董事会与职业经理人签订的职业经理人聘用合同,应明确岗位拟聘责任、聘任期限、双方的责任、权利和义务及绩效目标,按照公司发展战略与规划,约定薪酬构成与计发方式、奖惩依据、离职或者解聘条件、责任追究等条款。职业经理人聘用合同的基本构架如下:

①聘用职务;
②聘用期限;
③聘用方式;

④甲方授予乙方的权限；

⑤甲方为乙方提供的工作报酬、薪酬约定；

⑥甲方考核乙方之后的权利调整；

⑦乙方任期内应完成的主要目标；

⑧乙方的主要职责；

⑨乙方禁止性行为；

⑩乙方议事规则；

⑪乙方违反公司法、章程、规章制度和合同的处罚；

⑫合同解除；

⑬违约责任。

职业经理人的薪酬约定（工作报酬），一般在聘任合同中予以体现，在聘期结束后，如需续签延长聘任合同，则薪酬约定相关条款会重新制定。薪酬约定是企业和职业经理人双方最重视的契约内容，是委托代理关系中的重要内容。

职业经理人薪酬约定，是企业与职业经理人签订的，关于职业经理人报酬的组合构成及兑现方式的条约。职业经理人的报酬，可包含工资、现金奖励、股票期权、递延现金和股票奖励、金色降落伞计划、股票升值权益计划和远期股票等。

制订职业经理人薪酬约定时要考量的因素非常多。每一种约定的内容设置，都会有正面影响和负面影响，企业设置职业经理人的薪酬约定时，应该尽量把这些内容对企业发展的正面影响和负面影响同时考虑到。例如，就职业经理人薪酬约定中的股票期权来说，它并不一定会为企业带来益处。期权契约如果设置不当，也会为企业带来负面影响，如可能会带来投资冲动、美化报表以及增加税务支出等不良影响。有关研究表明，当企业代理问题严重时，股票期权契约这种形式能较好地解决问题。所以，是否选择股票期权这种激励的形式，要充分考虑企业的需要和实际情况。

很多企业对如何与职业经理人订立薪酬约定感到困扰。薪酬约定的订立，对企业和职业经理人来说，是一个相对较为复杂的博弈过程。其复杂性在于，职业经理人的薪酬约定，是对职业经理人能力和业绩达成情况进行定价的约定。职业经理人薪酬约定中设定的薪酬和激励措施，既要结合市场的行情、职业经理人的能力水平，同时也要考虑企业的承受能力，以及企业的规模、效益等实际情况。但是，这样的定价，职业经理人能不能接受，企业完全无法预测。

企业职业经理人薪酬约定，一直都是职业经理人制度建设中的难点问题。尤其对于国有企业来说，如果给职业经理人定的价格过高，会引起社会的普遍争议，还会导致企业内部分配公平性的问题。但是如果定价过低，则难以吸引优秀的职业经理人才进入企业。

（三）年度和任期经营业绩责任书

企业与职业经理人在其任期开始时，要约定任期的经营责任。双方可以在职业经理人聘用合同中，对任期的经营责任和目标予以明确说明，也可单独设立和签订任期经营业绩责任书，明确职业经理人任期考核的核心指标、任期激励、责任追究等条款。在明确任期经营责任和目标之后，企业应该在每年年初与职业经理人协商签订年度经营业绩责任书。

年度经营业绩责任书中应明确职业经理人的岗位职责、年度重点工作和工作目标、个人重点工作评价指标等。经营业绩责任书基本构架如下：

①考核依据；

②考核期；

③考核内容；

④年度薪酬激励；

⑤各方权责；

⑥责任书的变更、解除和终止；

⑦责任书生效条件。

总裁或总经理的责任书，应该与董事会直接签订，而其他职位的责任书，董事会可委托总裁或总经理签订。董事会按照公司职业经理人绩效考核制度和职业经理人薪酬制度执行考核和激励。根据责权对等原则，公司董事会负责考核总经理，董事会和总经理共同考核其他职位的职业经理人。

三、平等协商

从企业角度来说，企业可以用契约化方式对职业经理人进行种种约束，例如通过解约违约金、竞业禁止等协议，减少职业经理人离职给企业带来的损失；同时也可以依照契约对职业经理人进行激励，促使职业经理人为企业带来理想业绩，以此达到企业利益的最大化。从职业经理人角度来衡量，职业经理人契约化管理，同样是对职业经理人利益的保护，可以保障职业经理人获得合法的权利和应得的利益。职业经理人契约的制定应该秉承一个原则，那就是任何一个契约的订立，必须以不委屈任何一方为前提，必须基于各方的自由意愿，经过平等协商，实现多方利益的平衡，只有这样才利于达到双方共赢的结果。对于那些职业经理人根本无法达成的约定或职业经理人极力否定的约定，契约中应尽量避免。否则，契约的订立，不但不能对职业经理人起到激励和约束作用，反而造成职业经理人与企业之间的隔阂。职业经理人契约化的本质，是双方对于约定目标的明确和保护条目的设定。

因此，在制定和实施职业经理人契约时，双方应充分交换意见，可以多次协商达成一致。例如，可通过薪酬谈判的方式，商定薪酬约定的具体条目。目标责任书之类的契约，也要在双方沟通和对企业经营状况客观分析的基础上，科学起草和确定。

参 考 文 献

[1] 白宇.科技创新驱动企业战略发展的策略分析[J].企业科技与发展，2020（11）：3-5.

[2] 曹荣烽.大数据时代施工企业人力资源管理的策略探析[J].环渤海经济瞭望，2022（7）：88-90.

[3] 陈海燕.企业人力资源管理激励措施[J].经济师，2023（8）：276-277.

[4] 陈松亮.人力资源管理的新观念和策略研究[J].中国集体经济，2024（9）：125-128.

[5] 程瑞华.企业战略管理与人力资源管理的融合关系及融合措施[J].商场现代化，2023（4）：114-116.

[6] 程武.新经济时代企业战略发展趋势探讨[J].全国流通经济，2021（24）：35-37.

[7] 丁芳.新时期支撑企业战略发展的财务管理对策研究[J].企业改革与管理，2022（21）：133-135.

[8] 杜磊.中小企业战略性人力资源管理的发展趋势与建议探究[J].现代商业，2019（7）：46-47.

[9] 高晓蕾.浅谈多元化发展战略与企业人力资源管理控制关系[J].赤子，2019（19）：152.

[10] 顾佳丽，赵丹丹，徐雨悦，等.企业人力资源管理创新策略[J].合作经济与科技，2023（18）：106-108.

[11] 郭文娟.新时期人力资源管理创新与改革[J].中国市场，2023（7）：112-114.

[12] 郭瑶.文化建设在人力资源管理中的作用及策略[J].四川劳动保障，2023

（6）：17-18.

[13] 胡丹丹.不同企业文化下战略人力资源管理实践的组织绩效[J].今日财富，2022（19）：139-141.

[14] 胡可可.人力资源管理中的人才吸引与留存策略研究[J].中国集体经济，2024（8）：137-140.

[15] 黄灵俏.战略发展视角下企业人力资源管理现状与创新[J].数字化用户，2023，29（19）：49-51.

[16] 蒋泽玉.企业数字化转型对人力资源战略的影响[J].南北桥，2023（22）：82-84.

[17] 靳晓梅.基于战略人力资源管理的绩效管理战略研究[J].全国流通经济，2023（6）：128-131.

[18] 靳晓旭.全球化人力资源管理与系统落地[J].企业管理，2024（1）：120-123.

[19] 李纯刚.论企业文化在企业战略发展中的作用[J].中国有色金属，2021（5）：64-65.

[20] 李华.人力资源管理与企业绩效的关联性分析和探讨[J].企业改革与管理，2022（18）：68-70.

[21] 李慧.战略性人力资源管理：人力资源管理的新趋势[J].中小企业管理与科技，2022（18）：60-62.

[22] 李佳.战略人力资源管理与企业绩效的关系研究[J].南北桥，2023（13）：82-84.

[23] 李倩.基于战略导向，构建HRBP实践模式[J].人力资源，2024（3）：116-117.

[24] 梁中昊.企业组织变革与战略人力资源管理[J].农机市场，2023（2）：33-35.

[25] 林信.企业人力资源绩效考核体系的构建与完善措施探讨[J].中小企业管理与科技，2023（11）：109-111.

[26] 蔺青, 孟奎. 企业人力资源管理信息化思考[J]. 合作经济与科技, 2023 (7): 136-137.

[27] 刘江迪. 企业文化对企业战略发展作用探析[J]. 现代企业文化, 2020 (34): 1-2.

[28] 刘璐. 浅谈企业战略发展的有效途径[J]. 商业观察, 2022 (2): 64-66.

[29] 刘芮岑. 大数据背景下人力资源管理浅探[J]. 南北桥, 2023 (15): 64-66.

[30] 刘巍. 企业人力资源管理数字化转型的思考[J]. 全国流通经济, 2022 (26): 71-74.

[31] 卢楠. 企业人力资源管理模式选择[J]. 合作经济与科技, 2023 (21): 136-138.

[32] 罗勇. 新经济时代企业战略发展趋势探讨[J]. 乡镇企业导报, 2022 (11): 4-6.

[33] 罗宇. 基于大数据背景下的人力资源管理发展研究[J]. 全国流通经济, 2023 (13): 117-120.

[34] 孟令钗. 创新驱动发展战略下企业人力资源管理策略探究[J]. 商场现代化, 2022 (14): 64-66.

[35] 钱静怡. 企业人力资源管理中柔性管理的应用分析[J]. 中国集体经济, 2023 (5): 109-112.

[36] 任天阳. 企业人力资源管理中的薪酬管理分析[J]. 投资与创业, 2023, 34 (9): 120-122.

[37] 桑颖. 基于企业战略的人力资源规划研究[J]. 中国市场, 2024 (5): 120-123.

[38] 孙海. 企业人力资源管理的内控建设研究[J]. 中国市场, 2023 (3): 151-153.

[39] 田园. 战略人力资源管理在企业管理中的作用研究[J]. 河北企业, 2024 (3): 116-118.

[40] 王美. 企业人力资源管理探究[J]. 中国集体经济, 2024 (7): 89-92.

[41] 王楠. 企业人力资源培训创新途径与开发策略探析[J]. 企业改革与管理, 2024（1）: 102-104.

[42] 王维. 人力资源管理模块在企业管理中的应用[J]. 企业改革与管理, 2023（4）: 74-75.

[43] 吴名沽. 战略发展视角下企业人力资源管理现状与创新[J]. 现代企业, 2023（5）: 7-9.

[44] 吴佩琳. 代经济时代下人力资源管理探讨[J]. 投资与创业, 2024, 35（1）: 152-154.

[45] 吴雪梅. 基于企业战略发展的管理会计优化策略研究[J]. 财经界, 2023（21）: 129-131.

[46] 武洁. 人力资源管理中的合理激励[J]. 知识经济, 2022, 65（9）: 93-95.

[47] 向琴. 企业人力资源管理机制分析：以WX集团为例[J]. 上海企业, 2024（3）: 113-115.

[48] 邢宝昌, 李兴华. 多元化战略对企业发展的影响分析[J]. 现代商业, 2023（17）: 153-156.

[49] 徐明军. 企业成长战略与人力资源管理战略研究[J]. 全国流通经济, 2022（29）: 75-78.

[50] 徐松华. 互联网时代人力资源管理新思维的探索[J]. 全国流通经济, 2022（18）: 91-94.

[51] 杨思露. 企业人力资源开发与管理战略的改革与发展[J]. 人才资源开发, 2023（15）: 83-85.

[52] 张丙江. 浅析人力资源管理在企业中的重要作用[J]. 商场现代化, 2023（17）: 104-106.

[53] 张虎. 企业战略人力资源管理的优化策略探讨[J]. 企业改革与管理, 2022（16）: 94-96.

[54] 张静. 企业战略性人力资源管理理念与模式研究[J]. 中国市场, 2023（5）: 108-110.

[55] 张慢.中小企业战略发展面临的问题及解决对策[J].投资与创业，2020（1）：123-124.

[56] 张明.战略导向企业全面预算管理模式研究[J].财会学习，2023（12）：55-57.

[57] 张育伦.关于战略性人力资源管理与企业发展的相关性分析[J].新金融世界，2020（7）：159，161.

[58] 郑莎.国企物资管理部门人力资源管理体系[J].现代经济信息，2023，38（19）：155-157.

[59] 郑晓，杨凌燕.大数据背景下企业合理开展人力资源管理探究[J].中国市场，2024（2）：105-108.

[60] 郑玉恩.企业绩效考核的管理与创新研究[J].全国流通经济，2023（13）：137-140.

[61] 周苑纤.人力资源管理助力改制企业可持续发展[J].商场现代化，2022（15）：127-129.

[62] 朱彩秋.浅谈人力资源管理中的员工薪酬管理[J].办公室业务，2023（19）：128-129，153.

[63] 庄宇韬.企业数字化人力资源管理探讨[J].合作经济与科技，2023（4）：113-115.